OPTIMISER
SON RÉFÉRENCEMENT
WORDPRESS

DESIGN//EB

3e ÉDITION

Daniel Roch
Préface d'Olivier Andrieu

OPTIMISER SON RÉFÉRENCEMENT WORDPRESS

Référencement naturel (SEO)

EYROLLES

ÉDITIONS EYROLLES
61, bd Saint-Germain
75240 Paris Cedex 05
www.editions-eyrolles.com

Merci à

Olivier Andrieu, Vincent Faurie, ma sœur Hélène Guihéneuf,
Willy Bahuaud et Ronan Chardonneau,
pour leur confiance, les conseils et les opportunités
qu'ils m'ont donnés dans ma carrière professionnelle.

Ma femme,
car elle me supporte tous les jours (et croyez-moi, c'est pas facile facile…).

Les communautés de WordPress et du référencement naturel,
sans qui ce CMS n'existerait pas, et sans lesquelles je ne ferais pas ce livre.

Préface d'Olivier Andrieu

Il y a quelques années, j'ai fait la connaissance de Daniel Roch, un passionné de la première heure du CMS WordPress. Il avait envie de communiquer sur la meilleure façon d'optimiser cet outil pour obtenir une meilleure visibilité sur Google. À cette époque, j'avais envie de publier un guide PDF sur le sujet pour mon site Abondance.com. Autant dire qu'il nous a été facile de trouver un accord...

Le chemin du guide numérique d'une centaine de pages vers un « vrai » livre a été également la voie toute tracée, et logique, pour la suite des opérations. L'étape 2, inéluctable, évidente. L'ouvrage *Optimiser son référencement WordPress* allait donc naître, bien évidemment chez Eyrolles, un choix d'éditeur judicieux (et si je le dis, bien sûr, ce n'est pas parce que c'est aussi mon éditeur depuis plus de vingt ans...).

Cette préface inaugure la troisième édition de ce livre, qui connaît un succès mérité depuis sa première version. Comme tous les outils digitaux, et le Web en général, WordPress évolue, connaît de très nombreuses versions nouvelles, ajoutant à chaque mouture des fonctionnalités, comblant des manques, proposant des innovations. Des extensions ou *plug-ins*, à l'origine également du succès de cette plate-forme, naissent, meurent ou se modifient. Il faut donc suivre ces évolutions grâce à une veille approfondie. Ainsi, la mise à jour d'un ouvrage qui parle de SEO au travers de ce CMS s'avère vite indispensable pour rester *up to date*.

WordPress est un vrai succès de par le monde et connaît depuis ses débuts un essor jamais démenti. Si l'on en croit Wikipédia en décembre 2016, ce CMS est utilisé par 27 % des sites web dans le monde, alors que les parts de marché de ses concurrents directs sont de 3,4 % (Joomla) et 2,2 % (Drupal) seulement… Il équipe donc un quart des sites web de la Toile, loin devant ses plus proches concurrents. Des chiffres qui veulent tout dire. Et son succès tient aussi au fait que le SEO a toujours été dans son ADN. Mais il ne faut pas croire, comme on l'entend dire ici ou là, qu'« un site sous WordPress, plus un ou deux plug-ins, permettrait d'avoir un site optimisé pour Google ». C'est faux, et il s'agit là d'un piège dans lequel il ne faut pas tomber !

La grande facilité d'installation et de prise en main de cette plate-forme peut laisser penser qu'une optimisation SEO sera tout aussi facile pour votre site web. S'il est exact que de nombreuses fonctionnalités faciliteront votre travail, il n'en reste pas moins vrai – et vous vous en apercevrez vite en lisant ces pages – que cela nécessite un vrai travail, rigoureux et sérieux, pour obtenir de bons résultats.

Un CMS se doit avant tout d'être bien optimisé et configuré. Il s'agira parfois d'un travail d'orfèvre. Aussi, vous apprécierez de disposer d'un guide pour vous prendre par la main et vous mener avec sérénité sur la voie du succès. Et ça tombe bien (remarquez avec bonheur à quel point la vie est bien faite...), ce guide, vous le tenez entre vos mains...

Je souhaite donc, comme pour les éditions précédentes, bonne chance à cet ouvrage qui n'a pas besoin de mes encouragements pour obtenir le succès qu'il mérite de façon évidente. Je ne peux que vous en souhaiter bonne lecture, une optimisation efficace de WordPress pour votre SEO et – ce sera alors dans l'ordre des choses – un bon référencement !

Olivier Andrieu
Éditeur du site Abondance.com

Table des matières

Avant-propos

« Vers l'infini et au-delà ! »
Toy Story.

WordPress est l'un des outils de création de sites les plus utilisés au monde ; il se retrouve dans près de 27,6 % des sites Internet et représente même jusqu'à 58 % de part de marché sur l'ensemble des CMS (source : W3Techs).

Mais comment rendre un site WordPress plus visible dans les moteurs de recherche, notamment sur Google ? L'objectif de ce livre est de pouvoir expliquer aux référenceurs et développeurs, aussi bien débutants que chevronnés, toutes les méthodes à appliquer.

Le logo officiel de WordPress

La raison de l'engouement dont WordPress fait l'objet depuis des années est simple : il est rapide à installer et facile d'utilisation. Il contient par défaut toutes les fonctions dont peut avoir besoin un webmaster, mais surtout, il est déjà partiellement optimisé pour le référencement naturel. Malgré tout, il reste du travail à faire… car WordPress présente de nombreux défauts, et il lui manque un certain nombre de fonctionnalités…

Pour en exploiter la puissance, il faut en effet savoir l'utiliser correctement. Que faire de la toute dernière visseuse électrique du marché si l'on ignore comment s'en servir correctement ? WordPress ne déroge pas à cette règle.

En outre, même pour ceux qui savent l'utiliser, il a deux énormes points faibles :

- la duplication des contenus ;
- l'absence d'options pour gérer certains éléments basiques du référencement.

Pourquoi ce livre ?

Ce guide exhaustif s'attache à montrer tous les aspects à modifier et à optimiser pour le référencement naturel (SEO, pour *Search Engine Optimization* en anglais). Certaines parties s'adressent aux débutants qui doivent apprendre à mieux connaître WordPress, tandis que d'autres sont dédiées aux référenceurs expérimentés et aux développeurs web. Tout le monde y trouvera donc son bonheur.

Pourquoi Google ?

Les pages de ce livre feront souvent référence au moteur de recherche Google et ne parleront pas des autres moteurs tels que Yahoo!, Bing, Baidu ou encore Yandex. Il y a deux raisons principales à cela :

- une grande majorité des conseils donnés pour ce moteur de recherche sont valables pour les autres ;
- Google possède en France une part de marché écrasante, avec un taux s'élevant à plus de 93 % pour le trafic de recherche (source : http://gs.statcounter.com/). Ne pas être visible sur Google, c'est donc n'être visible nulle part, du moins en France et en Europe…

Nous allons donc naturellement nous focaliser sur les critères déterminants de l'algorithme de Google, lorsque nous optimiserons le CMS WordPress.

Enfin, sachez que cet ouvrage porte principalement sur l'*optimisation* de WordPress pour le référencement. Il ne s'agit pas d'un guide complet d'*utilisation* de cet outil ni d'amélioration de ses performances ou de sa sécurité (même si nous aborderons toutes ces thématiques). Si vous débutez, nous vous conseillons vivement de commencer par un ouvrage complémentaire permettant de découvrir WordPress.

Avertissement

WordPress et les extensions évoluent rapidement. Avant de continuer votre lecture, vous devez savoir que le livre a été rédigé avec WordPress 4.7.2, et pour les versions d'extensions qui seront indiquées dans chaque chapitre. Il est donc possible que certains éléments aient changé depuis l'édition de ce livre.

Comment lire cet ouvrage ?

Après avoir publié un premier e-book avec l'aide d'Olivier Andrieu et deux versions de ce livre intitulé *Optimiser son référencement WordPress*, c'est avec un énorme plaisir que je rédige un ouvrage encore plus complet sur WordPress et le référencement naturel. Cela n'a pas été facile de m'adresser à tous les profils en même temps, car certains d'entre vous sont référenceurs, d'autres développeurs ou encore simples utilisateurs. Certains ont un modeste blog personnel, tandis que d'autres utilisent WordPress au quotidien dans leur travail. Ma difficulté a donc été d'écrire sans délaisser aucun angle, en restant pertinent quel que soit votre niveau de connaissance du Web, du référencement, du CMS et bien sûr du développement. Ainsi, certaines des optimisations présentées ici pourront sembler évidentes à certains, d'autres plus complexes.

RESSOURCES **Site compagnon du livre**

Il est possible qu'une erreur se soit glissée dans cet ouvrage, que vous vouliez approfondir certains éléments, que vous ayez besoin de recopier les codes PHP, HTML et JS donnés dans cet ouvrage, ou encore que vous ayez besoin d'informations complémentaires pour mieux comprendre les tenants et les aboutissants de certaines préconisations. C'est pour cette raison qu'a été créé un site compagnon, où vous pourrez trouver les éventuelles corrections et errata de ce livre, ainsi qu'une partie des codes PHP qui y sont présentés pour faciliter le copier/coller.

  ‣ https://www.wp-referencement.fr

Par où commencer ce livre, donc ? Par la page que vous êtes en train de lire, en poursuivant jusqu'à la fin pour être sûr de tout appréhender. Même si vous pensez maîtriser WordPress, je vous déconseille fortement de délaisser certains chapitres, même les plus basiques d'entre eux.

J'insiste tout particulièrement sur le fait que vous ne devez pas survoler certains chapitres. On pense bien souvent maîtriser certains aspects (par exemple, le fonctionnement du cœur de WordPress, les réglages de base, les thèmes, etc.). Pourtant, dès que l'on creuse, il y a de très nombreuses petites subtilités que vous risquez de manquer, et qui pourtant feront toute la différence pour avoir un WordPress réellement optimisé. Très souvent dans notre agence, on passe après le travail d'autres développeurs ou référenceurs expérimentés lors de nos audits. Et nous constatons que beaucoup des préconisations disséminées dans ce livre ne sont pas respectées.

De même, si certains chapitres ne concernent pas votre site (par exemple, ceux sur le e-commerce ou l'Ajax), prenez néanmoins le temps de les lire : certains conseils peuvent parfois s'appliquer à d'autres typologies de sites WordPress, notamment le vôtre.

À propos de l'auteur

Je m'appelle Daniel Roch. Je suis consultant, expert en référencement naturel et spécialiste du CMS WordPress – vous l'auriez deviné !

Ave un parcours atypique, une licence de Langues étrangères appliquées de l'université de Nantes et une maîtrise en Création et Management de la PME obtenue à l'IDRAC de Nantes, c'est finalement vers le Web et le référencement que je me suis tourné en 2008.

Depuis plusieurs années, j'accompagne les professionnels dans l'analyse et l'optimisation du CMS WordPress pour développer un réel support de communication ergonomique, visible et rentable, tout en leur apportant un savoir-faire effectif quant à leur visibilité sur Internet via le référencement naturel sous tous ses aspects.

En alliant mes connaissances en SEO et en approfondissant les fonctionnalités de WordPress, j'ai ainsi développé mon expertise pour l'amélioration et l'optimisation de ce CMS, aussi bien pour l'utilisateur que pour le moteur de recherche. Dans ce livre, je vous dévoile donc les techniques, astuces et méthodologies visant à améliorer le référencement de WordPress, tant sur l'indexation et le *crawl* que sur la structure, le maillage interne ou encore l'optimisation sémantique.

Pour aller plus loin, si j'ai à mon actif la publication de ce livre et la rédaction d'articles sur SEOMix, je participe également à différentes conférences en tant qu'orateur, notamment lors des événements suivants : WordCamp, SMX Paris, SEO Camp, QueDuWeb, SEMrush, TeknSEO ou meet-ups locaux.

Vous pouvez me retrouver ainsi sur les différents réseaux sociaux, mais également lors des différentes formations et conférences que j'ai le plaisir de pouvoir donner.

Retrouvez-moi sur SeoMix, Twitter, Facebook ou Google+

- ‣ https://www.seomix.fr/
- ‣ https://twitter.com/rochdaniel
- ‣ https://www.facebook.com/seomix

SEO KEY, notre extension pour le référencement naturel de WP

Nous parlerons notamment dans cet ouvrage des extensions utiles pour donner de la visibilité à votre CMS dans les moteurs de recherche. Malheureusement, la quasi-totalité d'entre elles fournissent uniquement des fonctionnalités : elles ne vont ni auditer, ni optimiser automatiquement WordPress. Leur ergonomie est catastrophique : elles vont parfois oublier des outils vitaux, tout en proposant des options inutiles ou sources d'erreur.

Chez SeoMix, nous sommes justement en train de développer une telle extension. À l'heure où j'écris ces lignes (mars 2017), le projet est déjà en cours de développement et devrait sortir dans le courant de l'année. Pensez à suivre nos publications sur SEO KEY : https://www.seo-key.com/.

SOE KEY : une extension simple et plus performante
pour améliorer son référencement naturel

Remerciements

Cet ouvrage est l'aboutissement de longs mois d'efforts, de réflexion, de tests et de mises à jour. Je tiens à remercier tous ceux et celles qui m'ont aidé et encouragé dans ce projet.

À commencer par Olivier Andrieu. Le pape du référencement m'a tout simplement donné l'opportunité d'écrire ce livre. Je me rappelle encore le jour où j'ai reçu un e-mail de sa part en janvier 2011 : « Je recherche un ou plusieurs rédacteurs pour ma lettre pro (Recherche et Référencement). L'idée est d'écrire un article sur les aspects SEO des principaux CMS du marché (un article par CMS). Est-ce que ça pourrait t'intéresser ? Je crois que tu connais bien WordPress notamment… »

Depuis lors, je suis rédacteur pour l'excellente newsletter professionnelle du réseau Abondance.com. En 2012, nous avons travaillé ensemble sur une première version de ce livre : un PDF sur WordPress et le référencement naturel. C'est donc encore une fois un énorme merci que je veux exprimer pour la visibilité que la mission a pu me donner, me forçant chaque mois à décortiquer un aspect différent du référencement naturel, en me mettant en contact avec les éditions Eyrolles et en me donnant le plaisir de travailler avec lui. La vie professionnelle peut connaître de réels bonds en avant grâce à la rencontre de personnes passionnées et expertes dans leurs domaines. Ce fut le cas avec Olivier. Merci encore !

Parmi celles et ceux que je veux également remercier chaleureusement se trouve mon ami Willy Bahuaud de wabeo.fr, sans doute l'un des meilleurs développeurs Word-Press que je connaisse. Il a su me conseiller et m'encourager tout au long de l'aventure SeoMix, tout en me donnant régulièrement de vigoureux encouragements, pour terminer ce livre et m'améliorer dans mon expertise sur WordPress. Merci, mec.

Merci aussi à Julio Potier de boiteaweb.fr pour la relecture et, surtout, pour la qualité de ses remarques sur mes différents codes. Julio, c'est un peu le psychopathe de l'optimisation et de la sécurité sur WordPress : vous lui donnez 20 lignes de code et il vous redonne 2 lignes pour faire la même chose de manière plus rapide et plus sécurisée…

Merci aussi à ceux et celles qui ont relu ce livre et m'ont donné leurs avis, critiques et suggestions pour l'améliorer.

Pour les deuxième et troisième éditions, je remercie également ceux qui ont participé à l'élaboration de certains chapitres de ce livre :

- Julio Potier, expert en sécurité WordPress : secupress.fr ;
- Willy Bahuaud, un très bon développeur Ajax et WordPress : wabeo.fr ;
- Gaël Poupard, intégrateur de talent, spécialiste de l'accessibilité : ffoodd.fr ;
- Alex Bortolotti, spécialiste des thèmes WordPress : wpmarmite.com.

J'en profite aussi pour remercier mon réseau professionnel, et plus particulièrement Vincent Faurie, Luc Germond ou encore Rudy Meyer pour les opportunités professionnelles de mon début de carrière, et qui m'ont permis de faire le métier que je fais actuellement.

Bien entendu, merci à ma femme Élodie avec qui je partage ma vie depuis déjà 14 ans et qui m'encourage au quotidien dans mes projets professionnels. Merci aussi à mes parents et à ma sœur du blog com2filles.com pour ce même soutien et pour m'avoir plongé dans le monde de l'informatique depuis ma tendre enfance. Si je suis un geek, c'est de leur faute…

Enfin, ma gratitude va au café, au Nutella, à Winnie l'Ourson, et à vous pour votre indulgence face aux quelques blagues que je vais vous infliger.

Bien entendu, merci à vous d'avoir acheté et lu ce livre. J'espère qu'il vous aura aidé à optimiser le référencement de votre site WordPress et que vous aurez pris plaisir à le parcourir.

C'est parti !

Les bases

Avant d'entrer dans le détail des optimisations que l'on peut apporter au CMS WordPress, il faut d'abord comprendre les bases du référencement naturel et comment fonctionne cet outil open source.

Les bases du
référencement naturel

1

Les explications qui suivent sont à garder en tête tout au long de ce livre. Elles sont indispensables pour comprendre les autres chapitres.

Il est toujours utile de rappeler certains concepts et de donner quelques définitions. Cette partie peut sembler rébarbative, mais elle est obligatoire pour réellement comprendre la suite de ce livre. Armez-vous d'un thé ou d'un café, vous en aurez besoin…

ATTENTION **Ceci n'est pas un livre dédié uniquement au référencement ou à WordPress**

Sachez tout d'abord que ce livre n'est pas destiné à vous enseigner tout sur le référencement naturel ni à maîtriser le CMS de bout en bout, mais bien à utiliser correctement et à optimiser WordPress dans l'optique d'un meilleur référencement. Je vous recommande donc chaudement de lire également des livres entièrement dédiés aux différents aspects du référencement naturel, ou à WordPress :

- *Réussir son référencement web*, Olivier Andrieu, Eyrolles 2016
- *Bien rédiger pour le Web*, Isabelle Canivet-Bourgaux, Eyrolles 2017
- *WordPress pour le blogueur efficace*, François-Xavier Bois, Eyrolles 2010
- *Mémento Programmation WordPress*, Jonathan Buttigieg, Eyrolles 2012
- *Professionnal WordPress Plugin Development*, Brad Williams, Ozh Richard et Justin Tadlock, Wrox 2011

Le positionnement et le trafic

Principe de base

Le référencement naturel, aussi appelé SEO *(Search Engine Optimization)*, a pour but d'augmenter le trafic d'un site Internet et, dans la mesure du possible, d'obtenir le trafic le plus pertinent possible : en d'autres termes, il s'agit de faire venir des visiteurs et de potentiels clients.

Pour ce faire, il faut se positionner le plus haut possible dans les résultats de Google, et ce pour chaque expression ou mot-clé pertinent que pourrait saisir un internaute. Si l'on faisait une analogie avec madame Pichon la boulangère, le référencement naturel consisterait à promouvoir la boulangerie pour faire venir un maximum de clients. C'est pourquoi la boutique doit être placée dans une rue fréquentée, avec une enseigne visible, tout en communiquant efficacement, par exemple dans le journal local. En référencement naturel, cela revient au même : il faut donner de la visibilité à vos contenus. Vous pouvez proposer les meilleurs produits et services du monde, cela ne servira à rien si personne ne vient sur votre site Internet.

Des résultats personnalisés

Le souci, c'est que les moteurs de recherche aiment jouer avec les nerfs des référenceurs. On peut ainsi être en deuxième position sur son ordinateur, mais en dixième sur celui du client. Cet écart de perception s'explique par différents facteurs qui peuvent se cumuler les uns avec les autres :

- votre historique de recherche : si vous avez l'habitude de cliquer sur les résultats d'un même site, celui-ci va avoir tendance à remonter chez vous (**et uniquement chez vous**) ;
- votre localisation géographique : Google peut modifier les résultats présentés en fonction de votre lieu de connexion et de l'expression tapée ;
- la présence et le nombre de publicités AdWords (que certaines personnes, ne connaissant pas le référencement, considèrent comme des positions naturelles) ;
- le fait que vous ne soyez pas connecté au même serveur chez Google. Internet étant une jungle de contenus, certains serveurs sont mis à jour avec un décalage de quelques heures à quelques jours par rapport aux autres. Vous pouvez ainsi voir une position que le reste de la France ne verra que le lendemain ;
- l'affichage de la recherche universelle ou non, c'est-à-dire de contenus « enrichis » dans la page de résultats (des images, de la vidéo, Google Actualités, Google Shopping…).

Par exemple, on peut voir dans la figure 1-1 :

- quatre publicités en haut de page ;
- trois résultats naturels juste en dessous ;
- le comparateur de prix de Google à droite (Google Shopping).

Figure 1–1
Les résultats renvoyés
par Google pour la requête
« Ordinateur portable »,
avec l'affichage de résultats
sponsorisés, de résultats naturels et de résultats provenant
de Google Shopping

Ayez donc toujours en tête qu'il n'existe pas un seul positionnement, mais bien plusieurs positionnements différents en fonction des utilisateurs, des requêtes et des
positions géographiques.

Figure 1–2
Chaque utilisateur peut avoir
des résultats différents.

Pour positionner un contenu, trois grands axes sont pris en compte (figure 1-3). Nous allons les passer brièvement en revue un peu plus loin.

Figure 1–3
Les trois grands critères influençant le positionnement d'un contenu

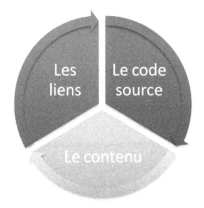

D'ailleurs, nous vous conseillons fortement de suivre le positionnement de votre contenu via des outils externes (dont nous parlerons à différentes reprises au fil de ce livre). Ainsi, il vous faudra toujours :

- disposer d'un outil de suivi de positionnement (par exemple, Ranks, MyPoseo, etc.) ;
- suivre votre trafic en référencement naturel via un outil de web analytics (Piwik ou Google Analytics, par exemple) ;
- consulter votre positionnement, les éventuelles erreurs et votre trafic en inscrivant gratuitement votre site dans la Search Console de Google.

Petit lexique

Commençons d'abord par donner quelques définitions utiles pour tout le livre, que nous approfondirons par la suite, bien entendu.

Crawl : c'est le fait, pour un moteur de recherche, de parcourir les contenus présents sur le Web.

Indexation : c'est le fait, pour un moteur de recherche, d'analyser, classer puis ajouter des contenus dans sa base de données, pour pouvoir ensuite proposer des résultats aux internautes.

Bot et robots : il s'agit de programmes informatiques. Les moteurs de recherche les ont créés afin de pouvoir parcourir le Web pour trouver et analyser de nouveaux contenus. Google a ainsi son robot Googlebot, qui va « crawler » et indexer votre site Internet.

URL : c'est l'adresse d'un contenu web, par exemple http://www.seomix.fr/vive-wordpress/.

Les langages (HTML, CSS, JS, PHP, SQL) : il s'agit des principaux langages web, et notamment ceux utilisés par WordPress. En voici une explication (très) simplifiée.

- **HTML** : c'est le contenu texte de vos différentes pages. C'est aussi le contenu que « lit » Google.
- **CSS** : permet de mettre en page vos contenus (couleurs, polices, alignements, etc.) – c'est ce qui correspond à l'aspect visuel.
- **JS** : le JavaScript est un langage permettant de rajouter des « effets » et fonctionnalités plus complexes (par exemple, Facebook fait beaucoup appel à ce langage).
- **PHP** : c'est le langage qui permet de faire fonctionner WordPress et qui est utilisé pour chaque fonctionnalité du site (menus, formulaires, connexion, abonnements, etc.).
- **SQL** : il s'agit de la base où sont stockées les données de votre site.

Ajax : il s'agit d'une manière de développer avec du JavaScript. Cela permet de charger ou d'exécuter certaines fonctions de manière dynamique. Par exemple, l'Ajax est souvent utilisé par les sites *one-page* ;

Site one-page : c'est un site dont tout le contenu se trouve sur une seule et même page (ce qui est une très mauvaise idée en SEO)

Redirection 301 : c'est le fait de rediriger l'utilisateur d'une URL A vers une URL B. Le fait de préciser « 301 » indique que cette redirection est censée être permanente ;

Erreur 404 : une URL en 404 renvoie le code d'erreur 404, qui correspond souvent à la mention « Page non trouvée ». C'est le cas lors de la suppression d'un contenu ou à la modification d'une URL ;

Balisage schema.org : il s'agit de ce que l'on appelle des « données structurées », qui visent à aider les moteurs de recherche à mieux comprendre les contenus. Par exemple, on peut avoir un balisage schema.org pour baliser une recette de cuisine ;

Balisage Hn : les balises Hn sont des codes HTML qui permettent de créer des titres dans un contenu. Elles servent ainsi à structurer une publication pour les moteurs de recherche et pour les logiciels d'accessibilité. Cela peut s'apparenter aux sections dans une dissertation (grand 1, petit a, petit b, etc.) ;

Metas : il s'agit d'informations situées dans le code des pages consultées, en l'occurrence dans le `<head>`, et qui permettent de transmettre des données au navigateur, aux moteurs de recherche ou encore à d'autres sites. Certaines balises `meta` ont ainsi une vraie utilité pour le référencement naturel.

Open Graph : renvoie à un type spécifique de metas, à savoir celles qui sont liées à Facebook, et qui aident le réseau social à mieux comprendre chacun de vos contenus, notamment pour en faciliter le partage.

Flux RSS : les flux RSS sont un type de données très courant sur le Web. Ils listent aussi des contenus dans un format standard facilement réutilisable par d'autres outils ou logiciels. Sur un site, un flux RSS va souvent lister les derniers contenus ou les contenus mis à jour. On peut alors les utiliser pour faire sa veille (avec Feedly, par exemple) ou pour importer sur un autre site les contenus concernés. Ils peuvent parfois être appelés « flux d'actualités » ou « feeds ».

Le socle technique et le code source

Principe de base

Google est un robot. C'est un programme informatique. Ceci explique pourquoi il n'est pas capable de réellement comprendre un contenu texte, pas plus qu'il ne peut analyser le contenu réel d'une image ou d'une vidéo. Le robot de Google, appelé Googlebot, analyse uniquement du contenu HTML, pour ensuite le classer et le proposer à l'internaute.

Pour être bien référencé, il faut donc en premier lieu permettre à Google de comprendre parfaitement vos différents contenus, sans erreurs.

Indexation et crawl

Le premier concept à connaître avant de « s'attaquer » au reste du livre, c'est l'indexation des contenus.

Pour fournir à l'utilisateur une liste de résultats lors d'une recherche, Google va chercher dans son index (sa base de données) les contenus pertinents. L'index du moteur de recherche contient ainsi des millions et des millions de pages différentes pour chaque requête saisie par l'internaute.

Figure 1–4
Il y a 2 200 000 résultats pour la seule expression « j'aime WordPress ».

Pour ajouter un contenu à cette liste et mettre à jour ceux qui y figurent déjà, Google utilise des robots automatisés que l'on appelle Googlebots. Ils vont suivre les liens qu'ils trouvent pour naviguer ainsi de contenus en contenus. C'est ce que l'on appelle le crawl.

Quand un robot découvre un nouveau contenu ou une page mise à jour, il actualise sa base de données en analysant le contenu HTML (et donc le texte) : c'est ce que l'on appelle l'« indexation ».

Pour être visible sur Internet, la première étape indispensable est donc d'être indexé. Les pages et contenus de votre site doivent être bien conçus pour permettre à n'importe quel moteur de recherche de les comprendre. À ce stade, un site Word-Press vierge présentera déjà quelques lacunes. Et pour peu que vous ayez installé des extensions et un thème non optimisé, vous pourrez sans le vouloir bloquer partiellement ou complètement ce crawl et cette indexation.

Dans cet ouvrage, nous allons justement voir comment faciliter le crawl et l'indexation de vos différents contenus au travers des différents chapitres.

Figure 1–5
L'explication visuelle de
l'indexation et du crawl

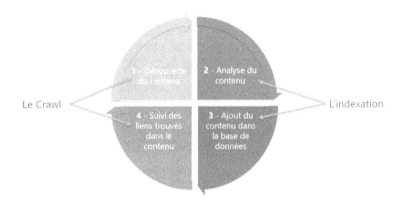

Le budget de crawl

Bien que Google soit une entreprise grande et puissante, le moteur de recherche ne dispose pas de ressources illimitées. Voilà pourquoi Google ne peut pas passer un temps infini lors du crawl et de l'indexation de vos contenus. Il doit donc faire des choix. Par défaut, tout nouveau site possède un budget de crawl, ou budget d'exploration, qui s'avère limité. Ce dernier peut augmenter principalement grâce à deux critères : une popularité de plus en plus grande (plus de liens vers votre site) et davantage de contenus pertinents (source officielle : https://webmaster-fr.googleblog.com/2017/01/definition-budget-exploration-crawl-budget.html).

C'est pour cette raison que vous devez toujours avoir en tête l'objectif suivant : **chaque URL de mon site doit être unique, et je dois supprimer toute URL qui ne répond pas à un besoin précis de l'internaute.** Nous verrons tout au long du livre comment y parvenir.

Les freins au référencement

Nous allons expliquer ici ce qui peut bloquer Google, et donc vous nuire. Vous comprendrez plus facilement pourquoi WordPress est parfois mal optimisé à la base et comment on peut corriger le tir.

Les formats inconnus

Le premier élément qui va freiner Google ou l'empêcher de bien référencer votre site, c'est l'utilisation de formats de contenus que le moteur de recherche a du mal à analyser et à comprendre.

En premier lieu, on trouve le format Flash, que Google ne sait absolument pas interpréter. Si votre site WordPress utilise cette technologie, évitez-la absolument, avant même d'avoir commencé à travailler votre référencement naturel.

Figure 1–6
Fuyez le format Flash !

D'autres formats de contenus peuvent gêner plus ou moins votre visibilité. Je pense notamment aux formats et technologies suivants :

- le chargement dynamique des contenus en Ajax (s'il est mal conçu) ;
- le JavaScript, même si Google parvient de mieux en mieux à le comprendre ;
- les PDF, qui ne remplaceront jamais un vrai contenu texte pour optimiser le maillage interne ;
- les images, du moins si vous oubliez la balise de description `alt` et si elles sont affichées en dehors d'un contexte logique (nous en reparlerons plus loin).

Le blocage

Au-delà des formats de contenus, d'autres éléments peuvent tout simplement vous faire disparaître des moteurs de recherche. Il s'agit souvent de l'erreur d'un développeur : un oubli ou une fonction mal codée qui va « corrompre » le code source de vos contenus – ce qui pourra vous coûter cher. Les moteurs peuvent donc parfois mal interpréter vos différentes pages, et décider de les supprimer de l'index ou de leur donner moins d'importance.

Parmi les erreurs courantes que l'on trouve sur WordPress ou sur les autres CMS, citons :

- l'ajout de balises `meta noindex` ou `nofollow` qui demande à Google de désindexer le contenu actuel ;
- des redirections de contenu inutiles ;
- une duplication trop importante d'une même publication (à savoir, le même contenu présent sur plusieurs pages).

En d'autres termes, vous devez concevoir votre site pour qu'il soit lisible non seulement par les visiteurs, mais aussi par les moteurs de recherche.

La duplication de contenus

Nous allons ici aborder le principal problème de WordPress au niveau SEO. Pour Google, trouver un contenu identique sur plusieurs pages est une mauvaise chose. Et ce pour plusieurs raisons :

- l'indexation des contenus est plus compliquée et plus longue : comme le moteur de recherche doit indexer des contenus dupliqués, il va forcément perdre du temps sur des pages inutiles ;
- le moteur aura du mal à déterminer quel contenu est original, il ne saura donc pas lequel montrer au visiteur ;
- la popularité d'un seul contenu est diluée entre plusieurs adresses différentes ;
- Google cherche à répondre aux besoins des internautes, vous devez donc produire du contenu pertinent **unique**.

En conséquence, Google dévalorise les contenus dupliqués. Il existe en réalité deux types de contenus dupliqués.

Le contenu dupliqué externe

Le contenu dupliqué externe est simple à comprendre : il s'agit de sites qui volent vos contenus. C'est sans doute la pire forme de duplication de contenus, et il faudra faire valoir vos droits auprès du propriétaire du site concerné ou de son hébergeur pour mettre fin au vol en question. Ce type de duplication peut même vous faire disparaître des moteurs de recherche, gardez donc toujours en tête ces trois conseils :

- publiez des contenus uniques ;
- ne volez pas les publications des autres ;
- faites supprimer les contenus qui vous ont été volés. Je vous recommande de contacter les webmasters concernés pour leur demander le retrait des publications en question, si nécessaire en les menaçant ou en faisant appel à un avocat.

L'autre moyen de combattre ce type de vol est de donner plus de popularité à votre contenu et à votre site dans son ensemble. Ainsi, le moteur de recherche saura que vous êtes le véritable auteur du contenu volé.

Le contenu dupliqué interne

On trouve également le contenu dupliqué interne. Malheureusement, c'est très souvent le cas sur WordPress qui, par défaut, duplique un même contenu sur plusieurs pages différentes.

Google ne vous donnera pas de pénalité directe pour ce motif, mais votre site perdra en crédibilité, pertinence et popularité. Dans la pratique, à chaque fois qu'il trouve le même contenu sur votre site mais sur une page différente, il risque d'estimer que cela ne vaut plus la peine de continuer son indexation et son crawl. Vous allez également diluer entre plusieurs pages la popularité qui ne devait correspondre qu'à un seul contenu.

C'est un peu comme si vous faisiez lire à un enfant dix fois d'affilée la même leçon : vous risquez de perdre son attention…

Le contenu

C'est la base du référencement. Quand un internaute fait une requête sur Internet, **il cherche une réponse à un besoin** : acheter un produit, entrer en contact avec l'entreprise, télécharger un logiciel, obtenir des informations, apprendre à faire une action précise, se divertir…

Il y a une expression courante en référencement : « Content is King ». Le contenu doit être pertinent et unique. Il doit également être lisible et structuré, tout en incitant l'internaute à accomplir l'action que vous désirez, par exemple, acheter vos magnifiques produits ou s'inscrire à votre superbe newsletter.

Le référencement passe donc forcément par une phase de création et d'optimisation de contenus pour chacun des besoins exprimés par vos clients. Vous devrez donc vous assurer que pour chaque expression tapée par l'internaute vous avez bien un contenu pertinent et ciblé à lui proposer.

La structure

Tout d'abord, il faut que la structure de votre site Internet permette de trouver chaque contenu de manière aisée et naturelle, le contenu en lui-même ne suffisant pas. Pour ce faire, Google doit comprendre vos pages, pour ensuite les proposer aux internautes. Le code source de votre site va alors être plus ou moins bien interprété par Google, en fonction notamment de l'utilisation de technologies bloquantes comme le format Flash ou de l'emploi abusif ou mal implanté de JavaScript. Rassurez-vous, nous reparlerons de ces aspects dans les différents chapitres de ce livre.

Ensuite, avoir une structure cohérente au sein d'un site Internet implique plusieurs choses :

- un enchaînement logique entre les différentes sections ;
- des liens entre les contenus ;
- l'absence de freins dans le code source de vos pages ;
- des contenus non dupliqués.

Là encore, on peut faire une magnifique analogie avec la supérette du coin : si celle-ci change l'agencement des allées, vous risquez d'être perdu. Si, en revanche, chaque produit a une place logique, vous pouvez acheter très facilement et rapidement tous vos articles.

Une optimisation sémantique

Une fois WordPress bien structuré, il faudra aussi optimiser chaque contenu en soi. Même si Google ne comprend pas réellement votre contenu texte, il faut essayer le plus possible de répondre aux différents besoins de l'internaute, tout en optimisant sémantiquement ses publications et le code HTML qui va avec. Ainsi, un bon contenu respectera forcément certaines règles dont nous reparlerons plus tard :

- le contenu est unique ;
- il est suffisamment long (au moins 200 à 300 mots) ;
- la publication cible une expression précise qui sera répétée dans le contenu ;
- le contenu utilise d'autres termes du même univers sémantique (synonymes, pluriels, termes utilisés conjointement avec celui ciblé, etc.) ;
- le contenu est correctement hiérarchisé au moyen d'un balisage adéquat (balisage Hn, balisage schema.org, etc.).

Les liens

Principe de base

Enfin, les liens vont donner de la popularité à vos contenus, aussi appelés *backlinks* ou encore « liens entrants ».

À l'heure actuelle, ces liens restent un levier très fort pour améliorer votre référencement naturel. Le fait d'avoir de nombreux backlinks optimisés, notamment depuis des sites « populaires », permet de réellement améliorer sa visibilité, quel que soit son secteur d'activité. Et ces liens peuvent provenir de sources très différentes, par exemple :

- des partenaires, clients et fournisseurs ;
- des annuaires ;

- des blogs ;
- des sites de communiqués de presse ;
- des forums ;
- des sites d'actualité ;
- des réseaux sociaux ;
- d'autres sites à vous ;
- etc.

Pour ce point, je vous recommande une fois de plus d'acheter un livre entièrement dédié au référencement naturel pour en comprendre tous les tenants et les aboutissants. Par cette affirmation, je veux préciser que vous ne devez **jamais** négliger les liens dans votre stratégie de référencement naturel. L'expression que j'ai utilisée précédemment est en effet incomplète : « Content is King, but Links are Queens. »

Popularité et PageRank

> À SAVOIR **Il existe plusieurs termes pour parler de ce concept**
>
> Plusieurs expressions sont utilisées pour parler de la popularité d'une page ou d'un site. Ne vous étonnez donc pas de trouver ces différentes appellations : popularité, *juice*, jus, Citation Flow ou encore PageRank.

Nous parlerons souvent de popularité dans cet ouvrage. Ce terme définit le poids et la valeur d'une page aux yeux des moteurs de recherche :

- plus une page est populaire, plus elle a de chances d'apparaître dans les moteurs de recherche ;
- plus une page reçoit de liens, plus elle sera populaire ;
- plus ces liens proviendront de pages populaires, plus ils transmettront de popularité : la popularité est « contagieuse ».

La figure 1–7 permet de mieux comprendre ce qu'est la popularité, et surtout comment elle peut se transmettre de page en page.

Vous devez donc retenir une chose : il faut créer des liens vers les contenus que vous voulez mettre en avant.

Google utilise un indicateur de mesure : le PageRank. Sur une échelle de 0 à 10, il détermine la popularité d'une page. Auparavant, on pouvait récupérer cette valeur par différents outils gratuits sur Internet. Je préfère cependant continuer à utiliser le terme de popularité au sens large, car la note affichée par le PageRank présentait et présente encore de nombreux défauts :

- le PageRank est une note attribuée par Google à une page à un instant t. Elle n'est plus mise à jour publiquement : le PageRank réel d'une page peut donc être

Figure 1–7
Les pages peu populaires font des liens vers une page « E », qui devient dès lors populaire.
© Wikipedia : http://fr.wikipedia.org/wiki/PageRank

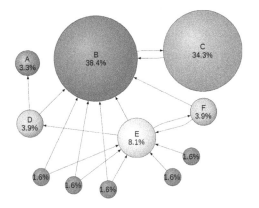

inférieur ou supérieur à la valeur que vous voyez (le PageRank n'a pas été mis à jour depuis début 2013, et ne le sera **plus jamais**).

• le PageRank est un critère parmi d'autres dans le positionnement d'une page sur Google. Un contenu ayant un PageRank de 3 peut donc tout à fait générer plus de visites qu'un autre contenu ayant un PageRank de 5.

Préférez plutôt des indicateurs provenant d'autres outils, le mieux étant d'en utiliser plusieurs simultanément pour avoir un ordre d'idée réel de la popularité d'une page :

• Ahrefs : https://ahrefs.com/ ;
• Majestic SEO : https://fr.majestic.com/ ;
• Open Site Explorer : https://moz.com/researchtools/ose/.

À l'heure actuelle, les deux indicateurs les plus utilisés par les référenceurs sont ceux de Majestic SEO :

• le Citation Flow : un indice de 0 à 100, qui note la popularité brute d'une URL ;
• le Trust Flow : un indice de 0 à 100, qui mesure la qualité de la popularité.

Ces deux indicateurs sont très utiles pour savoir si un contenu est populaire. Attention cependant, ils peuvent être faussés. Alors, ne les considérez jamais comme des indicateurs fiables à 100 %, et ce d'autant plus qu'ils sont calculés à partir de la base de données de Majestic SEO, et non avec celle de Google.

La suroptimisation

La suroptimisation est un autre problème que vous pourrez rencontrer. Rendue célèbre avec les algorithmes de Google « Panda » et « Penguin », elle peut également provoquer une pénalisation ou une disparition pure et simple du moteur de recherche.

Le référencement naturel consiste à améliorer la visibilité d'un contenu. Mais certaines pratiques sont considérées par Google comme déloyales ou non naturelles, et le moteur de recherche cherche alors à leur donner moins d'importance, voire à les sanctionner. C'est le cas des sites qui cumulent des éléments trop visibles d'optimisation, par exemple l'ajout systématique de mots-clés un peu partout, ce que l'on nomme *keyword stuffing*.

En d'autres termes, il faut optimiser votre contenu pour les mots-clés que vous ciblez, sans pour autant que ce soit trop parfait ou visible. Vos optimisations doivent donc rester « naturelles ».

REMARQUE **Mais dans ce livre, on va suroptimiser WordPress ?**

En parlant d'optimisation, certains d'entre vous se diront parfois que ce livre est à la limite de la suroptimisation sur certains aspects, ou qu'il va trop loin sur des éléments « secondaires ».
Vous n'aurez parfois pas tort, mais sachez que ces optimisations ont toutes un intérêt pour le visiteur. Pour savoir si oui ou non vous devez faire telle ou telle optimisation, pensez toujours à ceci : **tant que cela apporte une plus-value aux internautes, c'est une optimisation qu'il faut effectuer.**
Gardez toujours en tête que l'optimisation doit servir le visiteur. Si elle permet de mieux décrire un contenu, de faciliter la navigation sur votre site ou de mieux mettre en avant un contenu pertinent et/ou vos produits et services, vous pouvez y aller les yeux fermés.

Mais que veut Google ?

C'est le point le plus important à comprendre. Google, tout comme les autres moteurs de recherche, cherche le profit, comme n'importe quelle autre entreprise au monde. Pour gagner de l'argent, il faut que les internautes fassent appel à ses services. Et pour y parvenir, Google est obligé de proposer des résultats pertinents.

Votre site doit donc être unique et intéressant pour l'internaute, quel que soit son besoin. Cette démarche va avoir un impact sur tout votre site de manière très logique. Vous devrez ainsi proposer constamment :

- des contenus qui vont réellement répondre à un besoin ;
- des articles uniques et différents de ceux de vos concurrents ;
- une structure logique et bien pensée ;
- des contenus pertinents (pensez donc à supprimer toute page qui ne sert à rien pour l'internaute) ;
- un design ergonomique, rapide à charger et adapté aux mobiles : les moteurs de recherche commencent en effet à pouvoir analyser une mise en page, et son impact sur l'internaute.

Si vous avez bien compris tout ce que l'on vient de dire, tout ce qui sera énoncé ensuite dans ce livre vous paraîtra bien plus logique… Et vous vous en sortirez très certainement avec votre référencement naturel !

Comprendre WordPress   2

Pour référencer WordPress, il faut d'abord comprendre parfaitement ce CMS. Au début, c'était un simple moteur de blogs. Les entreprises et les référenceurs y faisaient appel pour alimenter un espace Actualités sur leurs sites.

WP, un moteur de blogs ?

Dans la tête de beaucoup de développeurs, WordPress est aujourd'hui encore un outil dédié à la création de blog. Mais c'est entièrement faux ! WordPress a réussi à évoluer de manière importante depuis plusieurs années, et vous pouvez désormais vous en servir pour tous types de sites. De très grandes marques l'utilisent pour réaliser des sites institutionnels, dynamiques et complexes, comme Dassault Aviation, Vivendi, Bouygues, Coca Cola ou encore Renault. Voici, par exemple, ce que vous pouvez faire avec WordPress :

- un blog ;
- un site vitrine ;
- une WebTV ;
- un site e-commerce ;
- un réseau social ;
- un annuaire ;
- etc.

En d'autres termes, WordPress est modulable. 49 600 extensions sont en effet disponibles sur le site officiel http://wordpress.org/plugins/ (soit presque 15 000 de plus qu'en 2015). Le CMS va d'ailleurs bien plus loin, puisqu'il vise, dans les prochaines années, à évoluer grâce au langage JavaScript, le rendant ainsi bien plus performant. Et c'est justement cette souplesse actuelle et future qui va nous permettre de l'optimiser en profondeur pour le référencement naturel.

WordPress, c'est lent…

L'autre préjugé auquel je souhaite tordre le cou tout de suite, c'est la puissance de WordPress. Certains clients et confrères m'ont fait remarquer que, pour eux, le CMS était lent et peu puissant. Je vais vous donner un seul exemple pour vous prouver le contraire : le site WordPress.com héberge des millions de sites et, pourtant, il utilise une seule et unique installation du CMS. En d'autres termes, si on sait s'en servir et le paramétrer, on peut tout faire avec WordPress, sans jamais manquer de puissance ni de réactivité.

WordPress, ce n'est pas sécurisé

C'est aussi l'une des affirmations que l'on entend très souvent chez ses détracteurs : WordPress ne serait pas sécurisé. En soi, c'est vrai et faux. En fait, le cœur de WordPress est en béton armé. Les failles y sont rares, et souvent minimes en termes d'impact potentiel. Le hic vient plutôt des extensions et thèmes créés par des milliers de développeurs et intégrateurs partout dans le monde, et qui ont tendance pour certains à ne pas respecter les bonnes pratiques de sécurité du CMS. Ce sont souvent eux (et les utilisateurs) qui provoquent des failles et qui font croire que WordPress n'est pas sécurisé. En réalité, WordPress n'est ni plus ni moins sécurisé qu'un autre CMS… Gardons à l'esprit qu'aucun site ne sera jamais sécurisé à 100 %.

Maintenant que ces a priori sont éliminés, passons aux choses sérieuses.

Quelques définitions importantes

Dans ce chapitre aussi, vous n'échapperez pas à quelques définitions et rappels. Il est en effet impératif pour vous et moi d'utiliser un langage commun, surtout lorsque nous aborderons dans quelques chapitres les parties plus avancées sur le référencement de WordPress.

Pour bien le référencer, il faut en effet bien connaître certaines appellations propres au CMS, et qui peuvent vous induire fortement en erreur.

Extensions ou modules

Si vous souhaitez ajouter une fonctionnalité à un site WordPress, vous pouvez installer ce qu'on appelle une extension – nous en parlerons à de multiples reprises tout au long de ce livre (traduction officielle de l'anglais « plug-in ». Parfois encore, vous lirez peut-être le terme « module »). Sachez que, quel que soit le mot employé, il sera toujours question de la même chose. Les extensions servent à ajouter des fonctionnalités et à gérer le contenu, contrairement aux thèmes qui vont gérer l'aspect visuel. D'ailleurs, si votre thème vous permet d'ajouter de nouveaux types de contenus ou de nouvelles fonctionnalités, c'est qu'il est mal conçu.

Sachez aussi qu'il existe ce que l'on appelle des « mu-plugins » *(Must Use Plugins)*. Il s'agit également d'extensions, mais qui fonctionnent un peu différemment :

- elles s'activeront automatiquement ;
- vous ne pourrez pas les désactiver ni les désinstaller avec l'interface de WordPress (vous devrez pour ce faire vous connecter à votre serveur en FTP, SFTP ou SSH).

En d'autres termes, ces mu-plugins sont utiles quand on veut qu'une fonctionnalité reste active, peu importe ce que pourrait faire l'utilisateur dans l'administration de son site.

Les ID

Les ID sont un concept important pour toutes les optimisations techniques que vous allez devoir mettre en place : sous WordPress, chacun de vos contenus, quel qu'il soit, possède un identifiant chiffré unique, c'est ce que l'on appelle l'ID. Ce dernier permet au CMS de retrouver ses petits dans la base de données. Par exemple, lors de la création de votre site, l'article d'exemple « Bonjour tout le monde » qui est automatiquement créé possède l'ID 1.

Vous verrez d'ailleurs qu'une partie de nos optimisations feront appel à ces ID, que ce soit pour un article, un utilisateur, une page, une image, une étiquette ou encore une catégorie.

Taxonomie et post type

Sous ces termes barbares se cachent deux fonctionnalités indispensables et très simples à comprendre. Si vous ouvrez votre dictionnaire, vous apprendrez qu'une taxonomie est une classification d'éléments.

Sur WordPress, une taxonomie est ainsi un moyen de classer un contenu. Le meilleur exemple de taxonomie dans ce CMS, ce sont les catégories.

Les articles et les pages sont quant à eux des *post types*, c'est-à-dire des types de contenus. WordPress dispose de deux post types par défaut que je viens de citer, mais on peut très bien les supprimer, les renommer, les modifier et en ajouter d'autres. On pourrait ainsi créer de nouveaux post types, comme le font certaines extensions (l'extension WooCommerce ajoute par exemple un nouveau post type « Produit »).

Prenons un exemple très concret : une catégorie (taxonomie) sert à classer des articles (post types). Les taxonomies permettent de classer, d'ordonner et de structurer des post types, en d'autres termes différents types de contenus.

> DÉFINITION **Selon le codex de WordPress, voici ce qu'est une taxonomie**
>
> « Basically, a taxonomy is a way to group things together ». En résumé, les taxonomies sont un moyen de regrouper des éléments ensemble.

Sur WordPress, nous avons donc par défaut :

- quatre taxonomies : les catégories, les étiquettes, les auteurs et les dates ;
- trois post types : les articles (également appelés « posts »), les pages et les *attachments* (j'y reviendrai un peu plus loin).

> ATTENTION **WordPress n'est pas logique**
>
> WordPress considère à tort qu'il n'existe officiellement que deux taxonomies par défaut : les catégories et les étiquettes. Mais il faut savoir que les auteurs et dates classent également les post types articles. Il s'agit donc bel et bien de taxonomies.

Vous allez voir que c'est un élément crucial de WordPress, car tout découle de cette structure pour l'optimisation SEO. Avant, les référenceurs codaient leurs pages de manière statique, ce qui leur permettait d'adapter la structure de leur site. Aujourd'hui, on a tendance à trop se reposer sur le fonctionnement de base de nos CMS, ce qui génère souvent une structure peu adaptée, notamment à cause des taxonomies.

Il faut retenir deux choses :

- la liste précédente recense les taxonomies et post types par défaut : rien n'empêche de les supprimer, d'en modifier le comportement ou d'en ajouter ;
- les taxonomies sont à l'origine de la plupart des problèmes de duplication de contenus de WordPress.

Entrons un peu plus dans le détail de ces fameuses taxonomies. Comme je viens de l'expliquer, chaque article de WordPress est classé selon quatre critères :

- la catégorie (obligatoire) ;
- la date (obligatoire) ;
- l'auteur (obligatoire) ;
- les étiquettes (facultatif).

Une image valant mille mots, voici une représentation basique des taxonomies d'un article dans WordPress.

Figure 2–1
Un article (qui est un post type) est classé selon au minimum quatre taxonomies différentes.

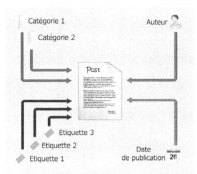

Sur WordPress, la page d'une taxonomie va donc regrouper tous les contenus associés à celle-ci, comme cette catégorie (l'image a été tronquée) ou encore cette page auteur.

Figure 2–2
Un exemple de catégorie dans le thème par défaut

Figure 2–3
Un exemple de page d'auteur dans le thème par défaut

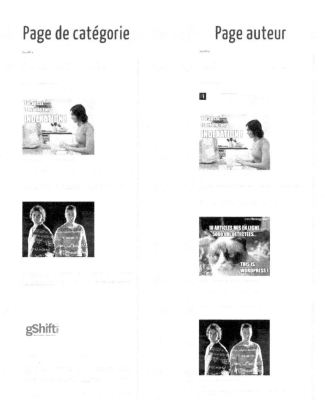

Vous noterez au passage la forte similarité de ces deux pages, qui risque de provoquer du contenu dupliqué. Nous verrons plus loin dans cet ouvrage comment corriger ce problème.

Les post types par défaut

Comme expliqué plus tôt, les pages et les posts (les articles) sont deux post types de base sous WordPress. Mais il faut réellement différencier ces deux types de contenus pour ne pas faire d'erreur, et surtout ne pas faire d'amalgame dès lors que l'on utilise un terme aussi générique que « page ».

La page web

Sur Internet, une « page web » est un document HTML. En fait, toutes les pages que l'on consulte sur Internet sont des pages web. Le document HTML peut être généré de multiples façons ; il peut être soit dynamique, soit statique.

La page WordPress

Sur WordPress, une page est un type de contenu. Ce « contenu » est mis en forme et généré par l'interface de WordPress, mais son but premier est d'être généralement un contenu relativement statique. C'est notamment le cas de la page *Contact* ou de la page *À propos*, ou encore de pages présentant l'histoire de l'entreprise ou bien les principales gammes de produits.

En d'autres termes, on est supposé faire appel aux pages pour des contenus qui sont amenés à durer dans le temps ou à ne pas être modifiés régulièrement.

Les différences entre page et post

Nous venons de voir qu'une page WordPress était un élément généralement statique du site. À l'inverse, les articles sont plutôt pensés initialement comme des contenus dynamiques. Les différences entre page et post sont les suivantes.

- **Les articles**
  - Ils sont regroupés dans des catégories et sous-catégories.
  - Ils peuvent être liés entre eux via des étiquettes, via un auteur ou par une date de publication. Ils seront donc accessibles via ces différentes structures et arborescences.
  - La date de publication peut servir de critère de regroupement.
  - Ils apparaissent par défaut dans les flux d'actualités RSS.

- **Les pages**
  - Elles ne peuvent pas avoir de catégorie ni d'étiquette.
  - Elles peuvent dépendre d'une page principale et deviennent alors des sous-pages.
  - Elles n'apparaissent pas dans les flux d'actualités RSS.
  - Elles peuvent être définies comme l'accueil du site.
  - Leur date de publication ne peut pas, par défaut, servir de critère de regroupement.

Là encore, une image sera bien plus parlante pour bien comprendre.

Figure 2–4
Les différences entre une page
et un article (tous les deux sont
des post types).

La question est donc de savoir dans quels cas utiliser chaque type de contenu, et la réponse est relativement simple :

- le contenu statique de votre site devra être créé sous forme de pages ;
- le reste sera créé sous la forme d'articles.

En général, les pages sont les contenus qui doivent être accessibles de partout, comme la page *Contact*, le plan d'accès ou encore la page *À propos*.

Mais attention, sachez qu'il est possible de modifier tous ces comportements par défaut : associer une catégorie à une page par exemple, ou bien encore ajouter d'autres types de contenus.

Les différents « mots-clés » de WordPress

Les « étiquettes »

Un nouveau nom pour les mots-clés de WordPress

Nous allons parler ici des étiquettes (anciennement appelées « mots-clés » dans WordPress). Il s'agit d'une fonctionnalité qui peut très rapidement nuire au référencement naturel.

Avant d'expliquer plus en détail ce dont il s'agit, il faut savoir que depuis la version 4.2 de WordPress, la version française du CMS a modifié son interface. Les « mots-clés » s'appellent désormais « étiquettes ». Cela ne change strictement rien au concept de base, ni au problème SEO engendré.

Ce changement étant récent, nous continuerons de parler de mots-clés dans ce livre. Si vous voyez dans votre interface le terme « étiquette », il s'agira bien de la même chose.

Qu'est-ce qu'une étiquette dans WordPress ?

L'ancien terme « mot-clé » peut prêter à confusion. Dans ce CMS, les mots-clés sont une manière de classer un contenu, ce qu'on appelle – on vient de le voir – taxonomie. Sur WordPress, rappelons qu'il existe quatre manières par défaut de classer vos articles :

- les catégories ;
- les mots-clés ;
- la date ;
- l'auteur.

Le fonctionnement des étiquettes est on ne peut plus simple. Lorsque vous éditez un article, un champ de saisie *Étiquettes* s'affiche ; cliquez ensuite sur *Ajouter*.

Notez que si vous ne voyez pas ce champ, c'est peut-être que vous n'éditez pas un type de contenu qui peut posséder des étiquettes (par exemple, les pages de WordPress en sont dépourvues par défaut). Ou il se peut que cet élément soit masqué. Dans cas, le bouton *Options de l'écran*, en haut à droite, vous permettra de l'afficher.

Le problème, comme nous le reverrons plus tard, c'est que ces étiquettes peuvent être ajoutées très facilement par l'utilisateur, ce qui peut ainsi créer des dizaines, des centaines, voire des milliers de pages de listing de contenus, certaines d'entre elles étant très similaires les unes aux autres.

Étiquettes, tags, mot-clé principal et balises meta : attention aux confusions !

Les étiquettes de WordPress ne doivent pas être confondues avec la balise `meta keywords`, ni avec les mots-clés (les expressions) sur lesquels vous souhaitez vous positionner, ou encore avec le mot-clé principal de l'extension Yoast SEO dont nous parlerons plus loin. Nombreuses sont les personnes qui mélangent un peu tout ; il en est de même en anglais, où on va utiliser les mêmes termes ou des termes similaires pour désigner des éléments différents *(tags, keywords…)*.

Voici les éléments importants dont il faut prendre connaissance pour éviter de vous induire en erreur.

- La balise `meta keywords` ne sert plus à rien depuis déjà de nombreuses années. Auparavant, elle permettait d'ajouter dans le code source des pages une liste de mots-clés pour mieux décrire le contenu.

- Quand on parle des mots-clés sur lesquels se positionner, vous ne devez surtout pas utiliser la fonctionnalité de WordPress, car cela sera contre-productif dans la plupart des cas. En effet, si vous ciblez une expression lorsque vous rédigez un contenu, c'est avant tout ce dernier qu'il faut optimiser (nous expliquerons plus loin comment faire).

- Yoast est une extension de référencement qui peut vous induire en erreur, car elle affiche lors de la rédaction un champ *Mot-clé principal* censé vous aider à optimiser votre contenu. Sachez que remplir ce bloc ne va pas améliorer votre référencement : cela affichera uniquement des statistiques pour vous aider à optimiser le contenu actuel en fonction du mot-clé ciblé.

- Les étiquettes (les anciens « mots-clés ») de WordPress permettent de classer vos contenus selon certains termes, et de générer ainsi de nouvelles pages listant tous les contenus associés.

Tout au long de cet ouvrage, il sera souvent question des mots-clés de WordPress, notamment lors de la rédaction de contenus, le paramétrage des extensions ou encore l'optimisation de votre thème. C'est des mots-clés que vous voulez positionner en référencement que nous parlerons.

The Loop (la boucle de WordPress)

On ne peut parler de WordPress sans parler de la boucle, appelée en anglais « The Loop ». C'est un concept simple, mais qu'il faut assimiler pour pouvoir maîtriser tout le chapitre consacré aux thèmes.

Vous l'aurez remarqué, WordPress affiche par défaut sur l'accueil d'un site un nombre déterminé d'articles (nombre que l'on définit dans l'administration de son CMS). Il en est de même pour les catégories, les étiquettes, les archives par date, etc.

WordPress fait appel aux fichiers de votre thème pour savoir comment afficher ces articles, et chaque développeur peut ainsi définir le rendu visuel qu'il désire.

Pour le rendu de chaque contenu, on utilise une boucle qui détermine pour chacun d'entre eux les informations à afficher et le rendu visuel.

Voici la structure basique de chaque fichier de thème WordPress :
- l'en-tête de la page *(header)* ;
- la boucle ;
- le pied de page *(footer)*.

La boucle est un code qui sera exécuté pour afficher chaque contenu. Si vous avez demandé 10 articles, elle s'exécutera 10 fois de suite avant de s'arrêter (par exemple, sur l'accueil). À l'inverse, dans un contenu comme une page ou un article, la boucle ne s'exécutera qu'une seule fois.

Voici une explication visuelle de cette fameuse *loop* : on peut voir qu'elle s'exécute plusieurs fois dans les pages qui listent des contenus, par exemple dans une catégorie :

Figure 2–5
Le concept de la boucle de WordPress

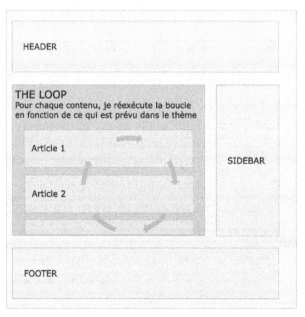

Si l'on regarde le code, voici ce à quoi ressemble une boucle dans WordPress :

La boucle de WordPress

```php
<?php
if ( have_posts() ) :      // Si j'ai des contenus
while ( have_posts() ) : // Pour chaque contenu que je devrais afficher
the_post();                // On récupère les données de l'article
?>

// Ici, on place le code qui va générer l'article, par exemple
// le titre, l'image, le texte, l'auteur, la date, etc.

<?php
endwhile; // Fin de la boucle pour ce contenu
endif;    // Fin de la boucle
?>
```

Comprendre ce concept vous sera indispensable quand vous modifierez et optimiserez votre thème. Il y a d'ailleurs plusieurs choses à savoir sur la boucle :

- pour chaque post type ou taxonomie, il y a au moins une boucle : la boucle principale ;
- on peut ajouter autant de boucles secondaires que l'on veut, et pour cela il faudra utiliser un new WP_Query : http://codex.wordpress.org/Class_Reference/WP_Query ;
- on peut filtrer les données de la boucle avec des *hooks*, ce que nous verrons plus loin dans ce livre. On peut ainsi modifier la façon dont une boucle est censée fonctionner.

Structure et fonctionnalités du CMS

Le cœur de WordPress

Avant d'aller plus loin, il faut également comprendre le fonctionnement de WordPress, et notamment l'arborescence des fichiers, qui se compose de trois répertoires distincts :

- wp-admin : tout ce qui concerne l'administration ;
- wp-includes : tout ce qui fait fonctionner globalement WordPress ;
- wp-content : le contenu de votre blog (extensions, thèmes, images, vidéos, etc.).

À la racine du site, on trouvera aussi le fichier de configuration du site appelé wp-config.php, ainsi que différents fichiers qui permettent de lier l'ensemble des fonctionnalités les unes aux autres.

> ATTENTION **En aucun cas, vous ne devrez toucher à l'un des fichiers situés dans wp-admin ou wp-includes**
>
> Il s'agit des fichiers permettant de faire fonctionner le cœur de WordPress. Si votre développeur ou vous-même souhaitez modifier une fonctionnalité, il faudra utiliser une extension ou un thème situé dans wp-content, comme nous l'expliquerons plus loin. Il vous faudra aussi éviter de modifier les fichiers présents à la racine (excepté wp-config.php ou le fichier .htaccess).

Ainsi, le répertoire wp-content est destiné à stocker tous vos contenus, vos extensions et le thème (l'aspect visuel de votre site). Cela inclut :

- tous les fichiers mis en ligne par les différents utilisateurs (images, vidéos, musiques, PDF…), dans wp-content/uploads ;
- votre thème WordPress dans wp-content/themes ;
- les extensions que vous aurez installées dans wp-content/plugins ;
- les fichiers de traduction dans wp-content/languages ;
- les extensions obligatoires (les mu-plugins) dans wp-content/mu-plugins ;
- les fichiers permettant la mise en cache de vos pages (pour un site plus rapide), souvent situés dans wp-content/cache.

Les hooks

Les hooks constituent un concept important de WordPress quand on cherche à optimiser, à modifier ou ajouter des fonctionnalités. La philosophie du CMS est d'être une sorte de boîte à outils entièrement évolutive. Un hook, c'est une porte d'entrée pour les développeurs de thèmes et d'extensions. Ces « hooks » permettent ainsi de pouvoir désactiver des fonctionnalités du CMS, d'en ajouter, de changer l'ordre de chargement de ces dernières ou encore de modifier des données en cours de route.

Ici aussi, prenons un exemple simple. Dans WordPress, il existe une fonction nommée wp_head(). Cette fonction est un hook qui permet à d'autres fonctions d'ajouter de nombreuses informations dans la balise <head> de toutes vos pages. Puisque c'est un hook, elle permet par exemple :

- de supprimer certaines lignes que WordPress ajoute (comme les flux RSS) ;
- d'en ajouter d'autres (c'est notamment ce que font les extensions de référencement naturel et les thèmes pour ajouter des fichiers CSS et JS) ;
- de modifier certains éléments ajoutés par WordPress dans cette section.

Quasiment toutes les fonctions ont des hooks dans le cœur de WordPress. Cela permet donc de modifier le comportement de WordPress sans jamais toucher aux fichiers d'origine du CMS, et ainsi de pouvoir tout gérer via des extensions ou votre thème.

Prenons quelques exemples. Imaginons que nous ayons besoin de réaliser trois actions différentes :

- ne pas afficher les articles d'une catégorie précise ;
- ajouter des éléments visuels grâce à du CSS ;
- ajouter de nouvelles informations dans le `<head>` de chaque page.

Pour ce faire, je vais créer trois fonctions différentes, et je vais demander à WordPress de les exécuter grâce aux hooks prévus à cet effet pendant le chargement du cœur du CMS.

Figure 2–6
Un explication visuelle
du concept des hooks

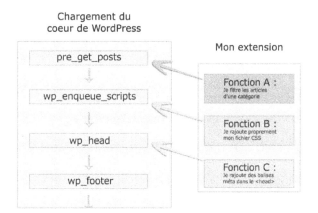

Pour être plus précis, les hooks sont de deux types :

- les actions qui correspondent à des étapes précises du chargement de WordPress : https://codex.wordpress.org/Plugin_API/Action_Reference ;
- les filtres qui permettent de modifier des données en cours d'utilisation : https://codex.wordpress.org/Plugin_API/Filter_Reference.

ATTENTION **Les hooks dans vos développements**

Si vous vous intéressez au développement web avec WordPress, sachez que vous pouvez vous aussi créer des hooks dans vos extensions ou votre thème. C'est d'ailleurs une bonne pratique à mettre en place si vous voulez que votre code puisse être modifié proprement et facilement par d'autres développeurs.

Comment WordPress se charge-t-il ?

Le chargement de WordPress se fait dans un ordre précis, comme le font d'ailleurs les autres CMS. En soi, cela va surtout intéresser les développeurs, mais pas uniquement. Mais dès lors que l'on doit optimiser le référencement de WordPress, il faut comprendre globalement ce qui se passe afin que nos fonctions puissent se greffer au bon moment et sur le bon hook, c'est-à-dire ni trop tôt, ni trop tard.

Si l'on simplifie ce chargement, voici ce que WordPress fait quand vous accédez à une URL :

- WordPress s'initialise (avec le fichier index.php à la racine du site) ;
- il récupère ensuite la configuration de votre base de données (le fichier wp-config.php) ;
- WP récupère ensuite les traductions ;
- il charge alors les extensions obligatoires, les mu-plugins pour gérer l'affichage du site ;
- puis vient le tour des extensions ;
- il initialise alors les règles de réécriture pour faire de jolies URL ;
- vient ensuite le code de votre thème enfant suivi dans la foulée du code de celui du thème parent ;
- WordPress s'initialise alors globalement ;
- le CMS traite l'URL demandée, enfin.

Toutes ces étapes (il y en a beaucoup d'autres) correspondent en fait aux hooks de type « Action » : https://codex.wordpress.org/Plugin_API/Action_Reference.

Et si c'est important, c'est que certains hooks sont indispensables pour faire du référencement de manière optimale. En voici quelques exemples dont nous reparlerons plus tard :

- pre_get_posts : c'est le hook qui permet de manipuler les contenus à afficher. Il peut permettre, par exemple, d'exclure les articles d'une certaine catégorie en page d'accueil.
- template_redirect : c'est le hook qui permet de réaliser proprement une redirection 301.
- wp_head : c'est le hook qui permet d'ajouter, retirer ou modifier le code qui est affiché dans la balise HTML <head> de vos contenus.

Pour ceux qui souhaiteraient « creuser » le sujet, voici deux ressources utiles pour aller bien plus loin :

- https://gist.github.com/johnbillion/4fa3c4228a8bb53cc71d
- https://www.slideshare.net/Boiteaweb/comment-se-charge-wordpress-le-loading-du-core

Permaliens, slugs, URL et URI

À plusieurs reprises dans ce livre, nous allons parler de permaliens, de *slugs*, d'URL et d'URI. Voici de quoi il s'agit.

- L'URL *(Uniform Resource Locator)* est l'intégralité de l'adresse web d'un contenu. On aura par exemple : http://www.seomix.fr/15-minutes-seo-cms-seocamp/.

- L'URI *(Uniform Resource Identifier)* est l'identifiant d'un contenu. Autrement dit, il s'agit de la dernière partie d'une URL. Dans mon exemple, ce serait donc : `15-minutes-seo-cms-seocamp`.

Dans WordPress, on parlera souvent de « permaliens » et de « slugs » (qu'on peut traduire par « identifiants »). Le permalien correspond à l'URL (l'adresse complète) et le *slug* à l'URI (la dernière partie de l'URL).

Il est donc possible de modifier l'URL d'un contenu sans toucher à son slug, par exemple en changeant le nom de domaine ou en modifiant les éventuelles catégories qui s'affichent. À l'inverse, toute modification du slug va forcément modifier l'URL de vos contenus.

Rétroliens, pings et trackbacks

Les pings

Il s'agit à la base d'un concept informatique généraliste : un *ping* est une information envoyée à un autre site, un autre logiciel ou un autre serveur.

Sur WordPress, les pings servent à envoyer un signal indiquant qu'un nouveau contenu a été publié ou que ce dernier a été mis à jour.

Ils n'améliorent donc pas directement votre référencement, mais ils jouent sur votre indexation. Lorsque vous publiez un article sous WordPress, un ping est automatiquement envoyé à certaines plates-formes, indiquant aux moteurs de recherche et aux outils en ligne d'indexer votre nouveau contenu.

C'est donc utile pour diffuser votre contenu plus rapidement, surtout sur un site récent ou sur un site n'ayant pas beaucoup de liens pointant vers lui en retour. Les sites très populaires n'auront donc pas l'usage d'une telle fonctionnalité.

Rétroliens et trackbacks

Un rétrolien est un lien créé de manière automatique entre deux contenus sur le Web.

> REMARQUE **Il existe plusieurs appellations pour ce concept**
> Vous trouverez parfois des sites préférant l'appellation anglaise *trackback,* tandis que d'autres font un amalgame avec les pings. Faites donc attention à bien comprendre de quoi on parle à chaque fois.

Prenons un exemple concret : si un article A insère dans son contenu un lien vers un article B, alors un lien automatique sera créé sur la page B vers la page A. C'est ce que l'on appelle un rétrolien.

Figure 2–7
Quand une page A fait un lien
vers une page B, la page B
affiche un lien retour sous
la forme d'un commentaire.

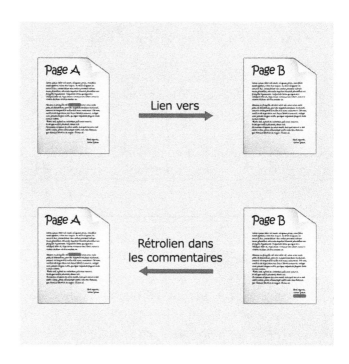

Dans WordPress, vous les voyez apparaître dans l'administration du site comme des commentaires, à ceci près qu'il n'y a jamais de photo et que le texte généré est entièrement automatisé.

Figure 2–8
Dans cet exemple, on peut voir
trois rétroliens réalisés depuis
les sites blogmemes, tapemoi
et fuzz.

Nous pouvons différencier trois types de rétroliens :

- ceux qui sont internes à votre site (donc reliant deux contenus de ce dernier), ils sont inutiles ;
- ceux que vous générez sur les autres sites vers le vôtre, et qui vous feront donc gagner des liens facilement (mais cela reste en général des liens peu qualitatifs) ;
- ceux qui font des liens vers votre site et qui vont ainsi générer des rétroliens de votre site vers les leurs : nous conseillons de supprimer ces derniers.

Nous en reparlerons dans le chapitre dédié aux réglages de WordPress.

Les pages attachments

À l'origine, un attachment est un fichier associé à un contenu, donc à un post type. Dans la version française, on l'appelle également « page du fichier joint » ou « fichier attaché ». C'est le cas des images, des vidéos ou des fichiers audio que vous insérez dans votre article.

Par défaut, WordPress crée une page dédiée à chaque média mis en ligne : c'est ce que l'on appelle la « page attachment », et celle-ci est (presque) toujours rattachée à un post type : cette page se consulte avec des URL de ce type : monsite.com/?attachment_id=ID, par exemple ?attachment_id=42. Si vous avez opté pour des URL propres dans les réglages de WordPress, ce que nous ferons un peu plus loin, l'URL sera correctement écrite en fonction du nom de l'image. Cela permettra d'obtenir une URL attachment, du type monsite.com/url-article/nom-fichier-image/.

Voici un exemple de *page attachment* avec le thème par défaut de WordPress, ainsi qu'une explication des différents champs qui s'affichent dans ce type de page.

Figure 2–9
Quasiment tous les éléments indiqués avec une flèche peuvent être modifiés par l'utilisateur lors de la mise en ligne, ou plus tard dans le menu Médias de WordPress. ©Photo réalisée par Reno Baldelli

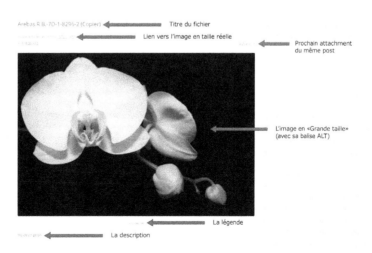

Votre page attachment va donc être liée au contenu auquel vous l'avez ajoutée. En réalité, vous associerez automatiquement les fichiers si vous les avez ajoutés dans la page d'édition d'un contenu (quand vous écrivez un article ou une page, par exemple). Si vous passez par le menu *Médias* (donc sans modifier ou créer de nouveaux contenus), celui-ci ne sera pas associé à un post type précis.

Les mots-clés

3

En référencement, on parle très souvent de mots-clés. Mais de quoi s'agit-il exactement et pourquoi ce concept est-il le fondement de toute optimisation SEO sur un site WordPress ? Dans ce chapitre, nous allons vous expliquer dans quelle mesure les mots-clés sous-tendent l'ensemble de vos pistes d'amélioration. Qu'est-ce qu'un mot-clé en référencement naturel ?

Commençons par les bases. Si l'on devait expliquer ce qu'est un mot-clé en référencement, on dirait que c'est tout simplement le mot ou l'expression tapé(e) par l'internaute dans un moteur de recherche.

Figure 3–1
Les mots-clés
en référencement naturel

Plus vous serez positionné haut dans les premiers résultats des moteurs de recherche pour chacun de vos mots-clés, plus vous aurez de trafic vers votre site, et plus vous aurez de ventes et de conversions par conséquent.

Rappelez-vous toujours qu'un site Internet n'est qu'un moyen de parvenir à un objectif précis. Le référencement est également un moyen d'y arriver, et non une fin en soi.

À quoi une liste de mots-clés sert-elle ?

Avant de commencer à vouloir optimiser votre site WordPress, vous devez déterminer la liste des mots-clés pertinents pour votre activité. En effet, c'est à partir de cette liste de termes et expressions que vous devrez améliorer votre référencement.

Cela vous servira notamment :

- à déterminer la structure principale de votre site ;
- à trouver des idées de contenus ;
- à écrire sur des sujets qui répondent aux besoins réels des internautes, que vous pourrez satisfaire avec vos produits, vos services et vos contenus.

Mots-clés principaux et mots-clés de longue traîne

Parmi les mots-clés qui nous intéressent, il est important de déterminer quels sont les mots-clés principaux et quels sont ceux qui sont secondaires, appelés également « mots-clés de longue traîne ».

Vos mots-clés principaux sont ceux qui représentent le mieux vos produits, vos services ou vos contenus. Ils permettent d'attirer un trafic important : on se basera très souvent sur cette liste d'expressions pour déterminer la structure principale de son site (c'est un point sur lequel nous reviendrons ultérieurement).

Par ailleurs, il est recommandé d'établir une liste de mots-clés secondaires : ils draineront moins de visiteurs, mais se positionner efficacement sur ces derniers sera plus aisé.

> REMARQUE **Le concept de longue traîne**
>
> La longue traîne est à la base un concept économique lié au Web. En e-commerce, la longue traîne correspond à l'ensemble des produits que l'on vend en faible quantité (par exemple, une à deux ventes par an). Mais si on cumule tous ces « petits » produits, cela peut représenter une très grande part du chiffre d'affaires d'un site Internet : c'est ce qu'on appelle la longue traîne.

En référencement naturel, la longue traîne correspond donc à l'ensemble des expressions peu tapées par les internautes, mais pour lesquelles votre site est bien positionné. Dans certains cas, ces mots-clés peu recherchés peuvent représenter une part importante de votre référencement naturel.

Figure 3–2
Le concept de la longue traîne
en référencement

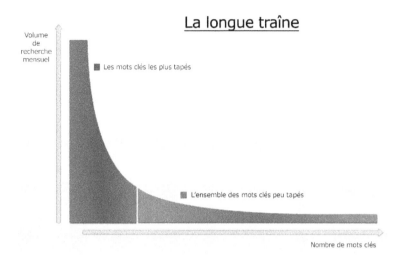

Le positionnement en 1re page et le reste

Le but, en SEO, c'est d'être en première position afin de capter le plus gros trafic potentiel. Bien entendu, être présent dans le top 3 est déjà une excellente chose ; mais se trouver en première page constitue une nécessité.

Retenez plusieurs choses pour comprendre quelle est la valeur de votre positionnement :

- Si vous n'êtes pas en 1re page, c'est comme si votre référencement était nul. Seuls les mots-clés positionnés sur la première page de résultats de Google permettent de réellement capter du trafic.

- Il peut arriver qu'un positionnement en deuxième page soit intéressant, mais ce n'est vrai que pour les mots-clés les plus recherchés par les internautes (ce qui est rarement le cas).

- Sachez que plus votre expression sera proche de la 1re position, moins son positionnement sera susceptible de fluctuer d'un seul coup (sauf pénalité). En général, les termes situés en 1re page de Google peuvent varier de 2 ou 3 places chaque jour, tandis que des termes en 4e ou 5e page, par exemple, pourront parfois varier de plusieurs dizaines de rangs chaque jour (+20, -30, etc.).

- Le référencement prend du temps : parfois, il vous faudra plusieurs mois avant de parvenir en deuxième ou première page d'un moteur de recherche. Il est **impératif** que vous ayez conscience que le SEO est un investissement à moyen et long termes, et jamais à court terme.

Figure 3–3
L'objectif, être premier
ou dans le top 3

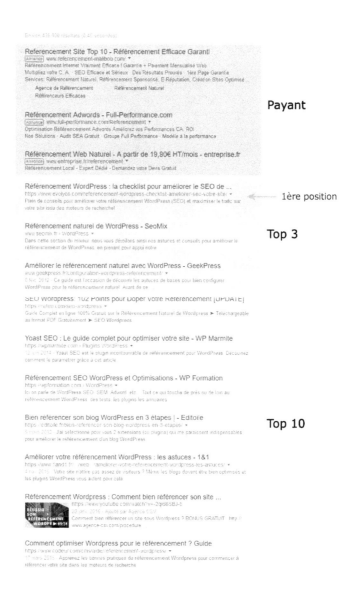

Pour rappel, les résultats de Google sont personnalisés en fonction de chaque utilisateur. Vous devez donc **toujours** utilisez un outil externe pour suivre votre positionnement, par exemple Ranks ou MyPoseo.

Pensez aussi à analyser votre évolution en prenant une période assez longue, par exemple sur les 30 ou 90 derniers jours, ou mieux encore par rapport à la même date l'année précédente. Il vous faut savoir qu'analyser vos mots-clés chaque jour constitue souvent une perte de temps et peut fausser votre analyse.

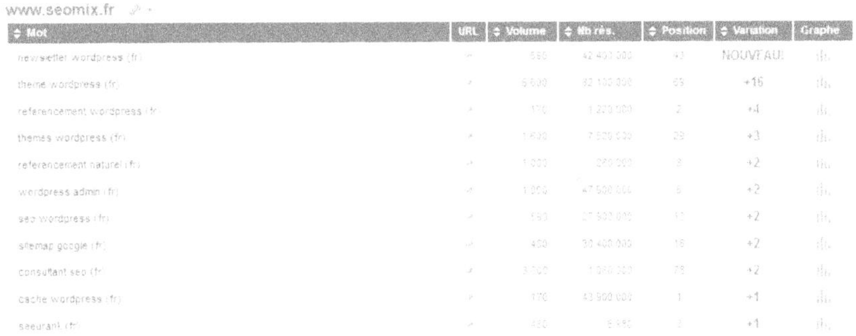

Figure 3–4
Un exemple de suivi
de positionnement
avec Ranks

Comment choisir un mot-clé pertinent ?

On ne choisit jamais ses mots-clés sur un seul critère. Pour les sélectionner et pouvoir ensuite les utiliser dans votre stratégie SEO, vos mots-clés doivent respecter plusieurs critères.

Le besoin de l'internaute

La première condition à respecter est la suivante : ces expressions doivent correspondre à un besoin auquel vous pouvez répondre. Par exemple, si je suis une jardinerie, l'expression « tondre la pelouse » est pertinente, car je peux vendre une tondeuse et différents outils pour y parvenir.

Un mot-clé doit donc correspondre à un besoin exprimé clairement comme « achat voiture occasion » ou à un besoin exprimé indirectement comme celui sur la tonte de pelouse.

Autre exemple : l'expression « idée de sorties », si nous sommes une salle de spectacle. L'internaute ne cherche pas forcément une salle de spectacle spécifiquement (et il n'y a peut-être même pas pensé) ; pourtant, notre offre peut répondre à sa demande initiale.

Univers sémantique

Attention, il y a une exception à la règle précédente sur les besoins indirects. On peut parfois garder certains termes pour lesquels on ne va pas répondre au besoin de l'internaute ou pour lesquels on ne va pas créer de nouveaux contenus. C'est le cas des expressions figurant dans le même univers sémantique, c'est-à-dire des mots-clés proches en termes de signification.

Par exemple, voici un ensemble de mots issus du même univers sémantique : garage, voiture, moto, route, essence, déplacement, autoroute, etc.

Pour certains de ces termes, il est possible que vous ne puissiez pas répondre au besoin exprimé. Pourtant, ces mots-clés vont vous permettre de compléter vos contenus, renforcer la pertinence globale du site et permettre d'avoir une approche globale de votre secteur d'activité sur votre site Internet. Il faut donc les garder de côté pour les réutiliser plus tard dans vos contenus.

Les mots-clés génériques ou ambivalents

À l'inverse, vous aurez compris qu'il est important d'éliminer les termes qui ne répondent pas aux besoins de l'internaute et qui ne relèvent pas de votre univers sémantique.

On conseille donc de supprimer tout mot-clé trop générique, par exemple : service, accompagnement, solution, etc.

On va aussi essayer de ne pas travailler les mots-clés trop flous. Par exemple, le terme « Jaguar » peut autant correspondre à la marque de voiture qu'à l'animal. Posez-vous **systématiquement** la question des différents sens possibles des expressions que vous voulez cibler en référencement naturel.

Quel est le potentiel de trafic ?

C'est l'un des points les plus importants pour choisir son mot-clé : le volume de recherches mensuel, c'est-à-dire le nombre de personnes qui recherchent cette expression sur Google tous les mois.

Prenons un exemple pour comprendre l'importance de ce volume. Nous allons prendre des pourcentages moyens sur les différents calculs (les chiffres sont des ordres de grandeur : ils varient fortement d'une requête à une autre et d'un secteur d'activité à un autre). Nous allons aussi partir du principe que l'on aura les meilleurs chiffres.

- Notre site est en 1re position sur une requête précise. Cette requête est tapée 200 fois par mois.
- Sur 100 recherches, entre 70 et 80 % des clics se feront sur des résultats naturels, le reste sur des résultats payants. Nous avons donc 160 clics naturels.
- On estime que le taux de clics sur la 1re position est compris entre 20 et 50 %. Nous aurions donc 80 visiteurs chaque mois (soit à peine 3 par jour sur ce mot-clé).
- Les taux de conversion moyens sur Internet sont situés entre 0,5 et 5 %. Nous pourrions donc avoir 4 conversions par mois (4 ventes, 4 abonnements, 4 prises de contact, etc.).

Comme vous le voyez, en partant de 200 recherches mensuelles, on peut espérer environ 4 conversions par mois, mais en partant du principe que l'on est en 1re position et que tous nos taux de clics et de conversion sont optimisés.

Qu'est-ce que cela veut dire quand vous choisissez un mot-clé ? Tout simplement qu'il faut éliminer les termes trop peu tapés, pour la simple et bonne raison que les efforts pour se positionner en première position ne seront pas récompensés par un nombre suffisant de conversions.

En général, nous conseillons d'éliminer tout terme saisi moins de 100 fois par mois, voire moins de 200 fois quand vous avez une longue liste d'expressions.

ATTENTION **Gardez parfois vos "petits" mots-clés**

Ceci n'est pas toujours vrai : sur les marchés de niche, on va conserver les mots-clés peu tapés, car ils seront tous peu recherchés chaque mois.
Pensez quand même à garder de côté cette liste de termes que vous éliminez. Ils ne serviront pas pour la structure du site, mais ils peuvent être utiles pour compléter vos contenus ou encore pour trouver des sujets d'articles supplémentaires.

Figure 3–5
Ces exemples de mots-clés sont suffisamment tapés pour être intéressants.

Idées de groupes d'annonces	Idées de mots clés	
Termes de recherche		Nombre moy. de recherches mensuelles
wordpress		201 000
Mot clé (par ordre de pertinence)		Nombre moy. de recherches mensuelles
site wordpress		1 300
wordpress blog		1 600
blog wordpress		1 900
template wordpress		3 600
wordpress francais		1 300
créer un site wordpress		880

Pour connaître ce volume, il existe différents outils, et notamment :

- L'outil de planification des mots-clés d'AdWords (gratuit), disponible à l'adresse https://www.google.fr/adwords/. Cet outil est intégré dans AdWords. Attention cependant, si vous n'avez pas suffisamment de campagnes actives (si vous ne dépensez pas assez d'argent chez Google), il vous donnera une fourchette et non un volume précis. Par exemple, il affichera entre « 1 000 et 10 000 » recherches au lieu de vous indiquer 4 800 recherches mensuelles.
- Deux excellents outils payants que l'on recommande chez SeoMix :
  - Yooda Insight : https://insight.yooda.com/ ;
  - SEMrush : https://www.semrush.com/.

Figure 3–6
Un exemple de volume de recherches avec Yooda Insight

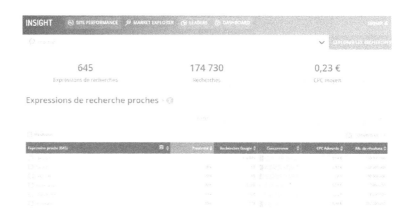

Comment évaluer la concurrence ?

Enfin, la dernière étape pour sélectionner un mot-clé est de regarder la concurrence. Tapez votre expression dans le moteur de recherche, et vérifiez quels contenus sont positionnés dans Google.

Si vous voyez beaucoup de contenus relatifs à votre sujet, cela veut dire que la concurrence est élevée.

Regardez aussi le nombre de résultats affichés, ainsi que la présence ou non de publicités sur cette expression. Plus les deux seront nombreux et élevés, plus la requête sera concurrentielle.

Enfin, profitez-en pour voir ce que disent les autres sites sur ce sujet précis. Cela vous donnera de nombreuses idées pour rédiger et compléter vos contenus (attention, ne faites **JAMAIS** de copier/coller : nous reparlerons de ce point plus tard).

Figure 3–7
Exemple d'une requête
concurrentielle

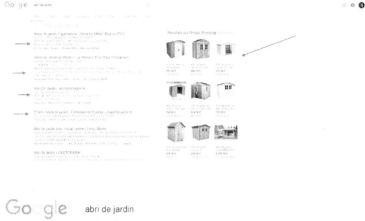

Figure 3–8
Un grand nombre de résultats
est possible sur cette même
requête.

Triez vos mots-clés

Une fois votre sélection effectuée, il est important de trier vos mots-clés. Il faut surtout les trier par thématique, par exemple avec Excel pour que ce soit plus simple. En les classant selon les principales thématiques, vous pourrez déterminer des regroupements de mots-clés, lesquels pourront être utilisés dans l'optimisation de WordPress pour le SEO.

Voici un exemple de regroupement :

Figure 3–9
Triez vos mots-clés
par thématiques principales.

Thématique	Mot-clé	Nbre de recherches mensuelles en France
Compote	compote de pomme	22200
Compote	compotée de pommes	18100
Compote	recette compote de pomme	6600
Compote	compote de poire	3600
Compote	compote pomme banane	2400
Compote	compote de pomme maison	1900
Confit	orange confite	2400
Confit	fruits confits	1900
Confit	confit	1600
Confit	fruit confit	1300
Confit	confit d oignon	18100
Confiture	confiture de figues	27100
Confiture	confiture de fraise	22200

Vos mots-clés et WordPress

À ce stade, vous avez donc une liste de mots-clés principaux et une longue liste de mots-clés secondaires. Nous verrons tout au long du livre à quoi ils peuvent nous servir.

Si vous avez fait tout le travail initial (recherche de mots-clés, nettoyage des mots-clés inutiles, catégorisation), vous allez pouvoir utiliser les mots-clés principaux de chaque regroupement pour déterminer la structure de votre site WordPress, c'est-à-dire le nom de chaque section de votre futur site.

Ensuite, vous pourrez affiner le paramétrage de WordPress, tant au niveau des réglages que des extensions ou du thème. Cela vous facilitera aussi le travail pour rédiger vos contenus : optimiser ceux existant déjà et trouver de nouvelles idées de publications.

Enfin, ce travail vous permettra de déterminer si vous devez aller plus loin dans la conception de votre site WordPress, notamment pour savoir si vous devez utiliser ou non une stratégie de « custom post types » et de « custom taxonomies », ce dont nous serons amenés à reparler, en particulier au chapitre 16.

Gardez donc ce travail de côté pour chacun des chapitres à suivre.

L'importance
de la stratégie SEO

4

Optimiser un site WordPress à un instant t pour le référencement naturel ne suffit pas. Même si vous suivez tous les conseils de ce livre, il vous manquera un point essentiel : avoir une réelle stratégie SEO.

Faire du référencement naturel repose sur plusieurs piliers. Avant de vous lancer dans l'optimisation de votre CMS, il faudra donc définir puis appliquer une stratégie à court, moyen et long termes. Comme expliqué au chapitre 1 sur les bases du référencement naturel, votre démarche reposera sur plusieurs aspects qu'il vous faudra intégrer, en continu, à votre stratégie globale. Vous devez donc absolument prendre conscience que le référencement est un travail de fond, à réaliser dans la continuité. Vous devrez donc y allouer des ressources humaines et financières suffisantes et constantes.

Je vous rappelle qu'à ce stade vous venez de terminer votre audit de mots-clés.

Les aspects techniques

Cet aspect de votre plan d'action SEO est le tout premier à mettre en place. Un site bien référencé est un site bien optimisé au niveau du code source.

Vous devrez donc en premier lieu éliminer toute erreur de code ou tout morceau de code peu compréhensible pour le moteur de recherche, tout en ajoutant des informations qui l'aideront à mieux interpréter l'ensemble du site : balisage schema.org, fichier sitemap.xml, fichier robots.txt, etc. Tous ces aspects seront justement traités intégralement dans ce livre.

COMMENT L'INCLURE DANS SA STRATÉGIE SEO ?

- au début, réaliser une optimisation complète de tous les aspects techniques ;
- puis chaque mois, faire un suivi et une vérification de ces aspects techniques.

Les contenus

Les contenus sont l'un des trois piliers fondamentaux du SEO. Sans publications pertinentes, il sera difficile d'être bien référencé. Il faut avoir conscience que faire du référencement naturel passe forcément par de la rédaction de contenus.

C'est avant tout un travail initial. Lors du lancement d'un site ou de la refonte de ce dernier, vous devrez avoir du contenu pertinent pour l'internaute et le moteur de recherche. Attention, cela ne veut pas dire que tout devra être prêt et les contenus déjà rédigés… Néanmoins, il vous faudra disposer d'une base minimale de contenus, cohérente, saine et pertinente.

Ensuite, les contenus sont indispensables tout au long de la vie d'un site. Quand vous chercherez à optimiser le référencement de WordPress, vous devrez publier réguliè-rement des textes de qualité. L'idée n'est pas de rédiger le plus d'articles possible par jour ou par semaine, mais bien de produire régulièrement des publications optimisées et qui répondent aux besoins de l'internaute.

Vous devrez donc prévoir du temps pour cette tâche récurrente dans votre stratégie SEO. Un bon rythme de publication ? Un à deux bons articles par semaine, par exemple.

COMMENT L'INCLURE DANS SA STRATÉGIE SEO ?

- au lancement du site, il faut prévoir, rédiger et optimiser les contenus de base ;
- puis chaque mois, vous devrez publier régulièrement des contenus de qualité, par exemple un par semaine.

La structure et le maillage interne

En matière de SEO, deux points sont souvent oubliés : la manière de structurer les différents contenus, et la façon dont nous allons créer des liens entre ces derniers. Or ces deux aspects sont importants, car ils vont permettre de donner plus de popularité à certaines publications, ce dont nous reparlerons ultérieurement.

Avant tout, rappelez-vous que cette partie de votre stratégie de référencement découle d'un travail à réaliser en amont de la création ou de la refonte de votre site. Il faut non seulement réaliser un audit des mots-clés, mais aussi et surtout définir la structure idéale de votre site, ce que nous expliquerons plus précisément au chapitre 14. D'ailleurs, il faut prévoir la structure idéale pour le lancement, tout en anticipant les futures évolutions de cette structure.

Une fois ce travail réalisé, vous devrez mettre en place cette structure à la création du site ou lors de sa refonte. Attention, la procédure est bien plus complexe qu'il n'y paraît, et catégoriser vos contenus ne sera pas suffisant.

Puis, une fois le site lancé, il s'agira de peaufiner ce travail au fil des mois. Étant donné que vous publierez régulièrement de nouveaux contenus, il faudra constamment améliorer votre structure et votre maillage interne.

COMMENT L'INCLURE DANS SA STRATÉGIE SEO ?

- avant la création du site, il est impératif de réaliser votre audit de mots-clés et de prévoir la structure idéale de votre futur site ;
- au lancement du site, vous devrez mettre en place, à la fois techniquement et sémantiquement, cette structure dans WordPress ;
- puis, chaque mois, il faudra vérifier si cette structure est toujours d'actualité et l'améliorer progressivement.

Les liens, les liens, les liens

Sans liens, vous n'obtiendrez jamais un bon référencement naturel. Même si Google indique que la création de liens depuis d'autres sites vers le vôtre n'est pas une méthode autorisée, c'est un élément qui reste indispensable en SEO. Dans ce livre, nous n'aborderons pas cet aspect, étant donné qu'il n'est absolument pas spécifique à WordPress.

Gardez bien en tête néanmoins que vous devrez faire en sorte que d'autres sites fassent des liens vers le vôtre, et ce tout au long de la vie de votre site. Ainsi, vous pourrez créer des liens vers votre site sur des annuaires, des forums, des blogs, via des échanges de liens, grâce à des relations presse, en créant des réseaux de sites, en faisant du *guest blogging*, etc.

Si ce point vous intéresse, je vous conseille des ouvrages plus généralistes dédiés au référencement naturel, tels que le très bon livre d'Olivier Andrieu, *Réussir son référencement Web*, publié aux éditions Eyrolles.

COMMENT L'INCLURE DANS SA STRATÉGIE SEO ?

- avant la création du site, vous pourrez déjà créer quelques liens vers votre futur nom de domaine (l'idéal étant d'avoir une simple page intitulée, par exemple, « Très bientôt, le nouveau site de XXX ») ;
- au lancement du site, vous devrez créer des liens pointant vers ce dernier (attention à ne pas en créer trop dans un laps de temps court, surtout pour des sites entièrement nouveaux) ;
- puis, chaque mois, comme pour les contenus eux-mêmes, il vous faudra créer en continu de nouveaux liens vers votre site Internet.

Le suivi

Assurer le suivi de son site est indispensable quand on est webmaster, responsable web-marketing ou encore administrateur système. C'est aussi le cas pour le référenceur.

Ce dernier doit ainsi vérifier continuellement différents points liés au référencement naturel de son site (attention, la liste n'est pas exhaustive).

- Son positionnement :
  - avec un outil de suivi de positionnement (Ranks, MyPoseo, etc.) ;
  - avec le menu *Trafic de recherche>Analyse de la recherche*, dans la Search Console de Google.
- Son trafic SEO :
  - avec le même menu de la Search Console de Google ;
  - avec votre outil de web analytics (Piwik, Google Analytics, etc.).
- Ses conversions (ventes, e-mails reçus, etc.) :
  - via votre logiciel ou extension gérant les ventes, les prises de contact ou les appels ;
  - via votre outil de web analytics.
- Le suivi technique :
  - en utilisant un *crawler* (nous en parlerons plus loin) ;
  - avec tous les menus de la Search Console de Google.
- Le suivi des contenus :
  - les commentaires et échanges que vous aurez avec les lecteurs ;
  - les résultats dans votre outil de web analytics, par exemple :
    - le nombre de ventes ou de prises de contact ;
    - le nombre de visites SEO ;
    - le taux de rebond ;
    - le partage de vos contenus sur les réseaux sociaux ;
    - etc.
- Ses liens :
  - via un outil externe pour connaître vos nouveaux liens et les liens disparus (par exemple avec Majestic SEO, Ahrefs, SEMrush, etc.) ;
  - toujours via les mêmes outils pour suivre les liens des concurrents.

COMMENT L'INCLURE DANS SA STRATÉGIE SEO ?

- le suivi doit être assuré de manière continue, avant, pendant et après la création ou la refonte du site Internet.

Réussir son référencement WordPress

5

Ce chapitre (très court) pose les bases de la réussite de votre référencement naturel avec le CMS WordPress.

Théoriquement, ce livre est un ouvrage complet sur le référencement d'un site réalisé avec WordPress : ce dernier détaille ainsi de A à Z toutes les optimisations qu'il vous faudra mettre en place pour améliorer votre SEO sur ce CMS.

Et pourtant, certains d'entre vous n'obtiendront que des résultats médiocres. Ce qui sera d'autant plus vrai que vous ne respecterez pas les points suivants, à toujours garder en tête.

Avoir une stratégie SEO

Nous avons abordé ce point au chapitre précédent. Si vous vous contentez d'optimiser WordPress à un instant *t* sans avoir de réelle stratégie SEO en continu, vous risquez de ne jamais obtenir de résultats satisfaisants.

Savoir utiliser WordPress

Cela peut paraître évident, mais tout ouvrier doit bien connaître ses outils ; ce qui est également valable pour tout référenceur. Vous devrez donc apprendre à configurer, paramétrer, gérer et utiliser votre CMS. Autrement, vous risquez de faire des erreurs qui pourront nuire à votre référencement naturel, mais aussi à l'ergonomie, à la sécurité, aux performances de votre site ou encore à vos conversions.

Figure 5–1
Il est indispensable
de comprendre ce que
l'on fait avec son CMS.

Il est fortement conseillé d'apprendre réellement à utiliser son outil. Pour y parvenir, vous disposez de plusieurs méthodes :

- Suivre des formations dédiées.
- Lire des ouvrages spécialisés, par exemple :
  - *WordPress 4.5 - Un CMS pour créer et gérer blogs et sites web*, de Christophe Aubry, éditions ENI, 2016 ;
  - *Professional WordPress Plugin Development*, de Brad Williams, Ozh Richard et Justin Tadlock, éditions WROX, 2011 (pour les développeurs, en anglais).
- Faire de la veille grâce à différents sites consacrés à WordPress. Vous pourrez notamment lire les très bons articles des sites suivants :
  - WP Formation : https://wpformation.com/ ;
  - WP Marmite : https://wpmarmite.com/ ;
  - WP Channel : https://wpchannel.com/ ;
  - WPFR : https://wpfr.net/ (association francophone sur WordPress). Pensez d'ailleurs à consulter aussi le forum et le Slack de WPFR qui sont très intéressants.
- Avoir un site de test. C'est d'ailleurs le meilleur conseil que je puisse vous donner : créer un autre site WordPress sur une autre thématique, que vous utiliserez uniquement pour faire des tests (en somme, vous aurez le droit de le « casser »).

Comprendre son WordPress

C'est là que le bât blesse. Il n'y a pas un, mais des WordPress. Le cœur du CMS est le même pour tous. Cependant, vos extensions sont différentes, de même que votre thème.

Vous aurez ainsi des menus différents, avec des options et des comportements différents. Il existe tellement d'extensions et de thèmes que les combinaisons possibles représentent au strict minimum des dizaines de millions de variations possibles. Vous aurez donc toujours des cas particuliers et des exceptions à gérer, tant au niveau du SEO que des autres aspects de votre site (paramétrage, gestion des utilisateurs, sécurité, performances, etc.).

Vous ne devez donc **JAMAIS** partir du principe que les réglages et conseils donnés dans ce livre peuvent s'appliquer en tous points à votre site WordPress. Vous devrez avant tout évaluer ce qui, dans votre CMS, est différent du même CMS de base, sans extension et avec un thème classique.

Le meilleur conseil que je puisse vous donner est le suivant : testez tout ce que je dis dans ce livre, mais ne prenez jamais pour argent comptant ce qui y est mentionné (de même pour ce que vous lisez ailleurs ou ce que l'on vous dit). D'ailleurs, lire un livre ne suffit jamais pour être réellement bon dans un domaine. Ce n'est que le premier pas.

Figure 5–2
Lire un livre ne suffit pas
pour apprendre : il faut tester
et pratiquer !

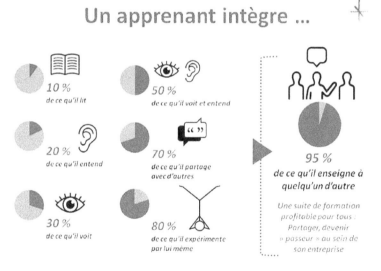

Se méfier de tout

Ce qui nous amène au point suivant : méfiez-vous toujours de tout, et de tout le monde. Ne partez jamais du principe que ce que vous faites fonctionnera correctement. Il faut constamment vérifier réellement ce qui a été mis en place ou non, que ce soit le paramétrage, la rédaction des contenus, la formation des utilisateurs ou le travail des développeurs.

Je vais prendre plusieurs exemples pour bien vous faire comprendre ce point essentiel.

- Vous formez vos utilisateurs au référencement naturel et à WordPress. Pourtant, même formés, ils peuvent faire des erreurs ou oublier certaines tâches… et nuire ainsi à votre SEO.
- Vous cochez une option dans une extension. Au départ, cela fonctionne. Malheureusement, à cause d'une autre extension, il peut y avoir une incompatibilité qui rendra votre paramétrage inopérant.
- Vous catégorisez vos contenus ; vous pensez donc avoir une structure optimisée pour le référencement naturel. Le problème, c'est que votre thème ou des extensions peuvent générer des liens un peu n'importe comment, ce qui peut casser cette structure aux yeux des moteurs de recherche.
- Etc.

Vérifier, vérifier et vérifier

Là encore, si l'on part du principe que ce que l'on va faire ne fonctionnera pas forcément, il faut appliquer la bonne pratique suivante : **vérifier son travail**. Nous l'avons déjà évoqué au chapitre consacré à la stratégie SEO, dans lequel nous indiquions qu'il fallait mettre en place un suivi constant de votre site.

Parallèlement, vous devez également avoir une méthodologie de vérification. Retenez simplement ceci : pour chaque action effectuée (par vous-même ou un utilisateur), vous **devez** vérifier que cette dernière a bien fonctionné. Prenons là encore quelques exemples concrets.

- Je coche une option dans WordPress => je dois vérifier dans un autre navigateur, et sans être connecté à l'administration, si cette option a bien été mise en place.
- Je modifie un contenu => je vérifie que ma modification a bien été prise en compte.
- Je crée une redirection 301 => je teste pour vérifier qu'elle fonctionne correctement.
- Je change l'URL d'un contenu => je vérifie que l'ancienne URL est bien redirigée vers la nouvelle.
- Etc.

Pour ce faire, nous détaillerons la méthodologie à mettre en place au chapitre 22 consacré à l'audit de WordPress.

L'optimisation de WordPress

Nous venons de voir dans les premiers chapitres de rappel qu'un site WordPress bien conçu est un site bien positionné. Il est temps de comprendre précisément comment y parvenir en paramétrant son site, ses extensions, son thème, et surtout en allant plus loin dans la structure et dans le code de ce CMS, avant d'aborder, dans la partie suivante, l'optimisation du contenu.

Réglages du CMS   6

Avant même d'optimiser les contenus, votre thème ou vos extensions, il faut commencer par la base : les réglages par défaut de WordPress.

Bien sûr, nous souhaiterions tous que tout soit parfait dès le départ, mais c'est rarement le cas. Un grand nombre de paramètres sont mal configurés dès l'installation de WordPress, et il nous faut donc les passer en revue un par un pour apprendre à les optimiser.

Si certaines options ne sont pas explicitement mentionnées dans cette partie, c'est qu'elles n'ont aucun intérêt en référencement naturel, et que leur paramétrage dépendra alors entièrement de votre site et de vos besoins réels.

Menu Général

Ce premier menu inclut les réglages les plus basiques de votre site (voir figure 6-1).

Le titre du site

Remplissez-le avec votre nom ou votre marque, éventuellement avec le nom de votre produit, de votre thématique ou votre nom de domaine, par exemple « Agence Web SeoMix ».

N'y placez pas forcément les mots-clés que vous souhaitez mettre en avant. C'est une question de bon sens. Quand on vous demande votre nom dans la rue, vous ne répondez pas « aspirateur sans sac » parce que vous en vendez. Eh bien, c'est la même chose ici.

Réglages généraux

Titre du site   Daniel Roch

Slogan   WordPress FanBoy - SEO Addict
En quelques mots, décrivez la raison d'être de ce site.

Adresse web de WordPress
(URL)   http://daniel-roch.fr

Adresse web du site (URL)   http://daniel-roch.fr
Si vous souhaitez que l'adresse de la page d'accueil de votre site soit différente du répertoire où vous avez installé WordPress, saisissez cett

Adresse de messagerie   daniel@seomix.fr
Cette adresse est utilisée à des fins d'administration, comme les notifications d'utilisateur.

Inscription   ☐ Tout le monde peut s'enregistrer

Rôle par défaut de tout nouvel
utilisateur   Abonné

Fuseau horaire   Paris
Choisissez une ville dans le même fuseau horaire que le vôtre ou un fuseau horaire universel spécifique.

L'heure universelle (UTC) est 2017-04-05 14:24:45. L'heure locale est 2017-04-05 16:24:45.

Ce fuseau horaire est actuellement à l'heure d'été.
Le passage à l'heure d'hiver commence le 29 octobre 2017 3 h 00 min.

Format de date   ● 5 avril 2017   j F Y
    ○ 2017-04-05   Y-m-d
    ○ 04/05/2017   m/d/Y
    ○ 05/04/2017   d/m/Y
    ○ Personnalisé :   j F Y   5 avril 2017

Format d'heure   ● 16 h 24 min   G \h i \m\i\n
    ○ 4:24   g:i A
    ○ 16:24   H:i
    ○ Personnalisé :   G \h i \ 16 h 24 min

Documentation sur le format des dates.

La semaine débute le   lundi

Langue du site   Français

Enregistrer les modifications

Figure 6–1 Le 1er menu de paramétrage « Général » de votre blog WordPress

Si toutefois vous avez un nom de domaine comportant un mot-clé générique, achat-voiture.fr par exemple, vous n'aurez peut-être pas le choix. Cela ne vous pénalisera pas forcément, mais l'utilisation conjointe d'un nom de domaine sous la forme mot-clé.fr et d'un nom de site sous la forme Mot clé envoie un premier signal de suroptimisation du contenu. Soyez vigilant, car vous êtes plus susceptible d'être sanctionné, notamment par l'algorithme Google Penguin.

Le slogan

Le slogan du site, c'est votre accroche commerciale. En communication, on l'appelle *baseline* ou encore *slogan*. En d'autres termes, c'est ici que vous allez pouvoir décrire le contenu de votre site, en une phrase courte et explicite.

Cet élément est régulièrement repris automatiquement à plusieurs endroits dans votre site, en fonction du thème et des extensions que vous utiliserez. Rédigez donc votre slogan en premier lieu pour les visiteurs, et faites en sorte qu'il soit succinct. Voici quelques exemples :

- consultant WordPress et référencement naturel ;
- spécialiste de la réparation de micro-ondes ;
- l'actualité des jeux vidéo ;
- le meilleur de l'optimisation de WordPress ;
- pour les fans de Johnny ;
- etc.

Attention d'ailleurs, car certains thèmes peuvent reprendre automatiquement ce slogan et l'afficher sur votre site. C'est parfois mauvais, parce que ce slogan est alors balisé en h2, ce qui casse la structure sémantique (nous en reparlerons dans le chapitre consacré aux thèmes) ; cela peut aussi tout simplement casser l'affichage de votre site Internet. Si vous êtes dans ce cas de figure, il faudra quand même remplir le slogan, mais il sera obligatoire de corriger ce défaut de votre thème WordPress.

Les autres paramètres généraux

Adresse web de WordPress (Home URL)

Il s'agit de l'URL qui mène à votre installation WordPress, c'est-à-dire l'accès à l'ensemble des fichiers permettant de faire fonctionner le CMS. Lors de l'installation, ce champ est rempli automatiquement, donc **n'y touchez pas**.

Sachez cependant que rien ne vous empêche de déplacer les fichiers du cœur de WordPress à un autre endroit sur votre serveur, même si pour ma part je doute fortement de l'utilité d'une telle action (sauf pour d'éventuels motifs de sécurité).

Adresse web du site (URL)

Il s'agit de l'adresse de votre blog, c'est-à-dire l'adresse que vous voulez que les gens utilisent pour accéder à votre site Internet.

Il s'agit habituellement de votre nom de domaine mais rien ne vous empêche de l'installer dans d'autres endroits, par exemple :

* monsite.com/blog/ ;
* monsite.com/repertoire/cest-super-ici/.

En règle générale, vous n'aurez pas à la modifier, et je vous conseille toujours d'installer votre WordPress à la racine de votre site.

Si vous avez modifié par erreur une de ces deux adresses et que votre blog n'est plus accessible, ne paniquez pas. Le fichier wp-config.php situé à la racine de votre installation WordPress va vous aider. Ajoutez-y simplement ces deux lignes de code, en remplaçant example.com par votre nom de domaine actuel.

Définir l'URL du site et l'URL des fichiers de WordPress

```
define('WP_HOME','http://example.com');     // Pour l'adresse de votre site
define('WP_SITEURL','http://example.com');  // Pour l'adresse web des
                                            // fichiers de WordPress
```

Inscription

Si vous cochez la case *Tout le monde peut s'enregistrer*, n'importe quel internaute aura accès au formulaire d'inscription de votre WordPress, puis à une zone plus ou moins restreinte de l'administration de votre site Internet, en fonction du rôle par défaut que vous aurez défini.

Sauf si vous souhaitez créer un site communautaire ou un site nécessitant une inscription (e-commerce, intranet, etc.), il est déconseillé d'utiliser cette option pour éviter tout problème de spam et de sécurité sur votre site Internet (nous expliquerons plus loin pourquoi cela peut avoir un impact sur votre référencement naturel).

Rôle par défaut de tout nouvel utilisateur

Ici, vous pouvez choisir le rôle de chaque nouvel utilisateur sur votre blog WordPress. Chaque rôle possède un niveau de sécurité propre. Je conseille fortement de n'accorder que le rôle « Abonné » ou « Contributeur » aux nouvelles inscriptions, là aussi pour des problématiques de spam et de sécurité qui pourraient nuire au référencement de votre site.

Les personnes en charge du contenu (et uniquement de cet aspect) devront être auteurs ou éventuellement éditeurs (les éditeurs peuvent aussi modifier les contenus des autres utilisateurs).

Voici une simplification des différents rôles des utilisateurs de WordPress :

Capacités	Administrateur	Éditeur	Auteur	Contributeur
Gestion complète de l'administration (mise à jour, extensions, thèmes, réglages, utilisateurs…)	X			
Modération des contenus (les siens et ceux des autres)	X	X		
Gestion des catégories et des liens	X	X		
Publication d'articles	X	X	X	
Mise en ligne de fichiers médias	X	X	X	
Édition et suppression des posts déjà publiés	X	X	X	
Édition et suppression de ses propres posts	X	X	X	X
Lecture des posts	X	X	X	X

Le codex de WordPress vous apportera, bien entendu, le détail complet des capacités de chacun des rôles : http://codex.wordpress.org/Roles_and_Capabilities.

Fuseau horaire

Même si cela peut paraître superflu, le fuseau horaire peut parfois influer sur votre visibilité, et ce pour une raison simple : si le fuseau horaire est mal paramétré, vos publications programmées à l'avance risquent d'être mises en ligne à la mauvaise heure, vous faisant potentiellement perdre du trafic.

Pour l'éviter, n'utilisez jamais les formats UTC proposés par défaut. Dans la liste déroulante, sélectionnez *Paris* (ou la capitale de votre pays si vous n'êtes pas en France). Ainsi, vous serez sûr de pouvoir toujours vous adapter à l'heure actuelle, notamment pour le passage automatique à l'heure d'été ou d'hiver.

Menu Options d'écriture

Ce menu sert à paramétrer certains comportements par défaut lors de la rédaction et de la publication d'articles.

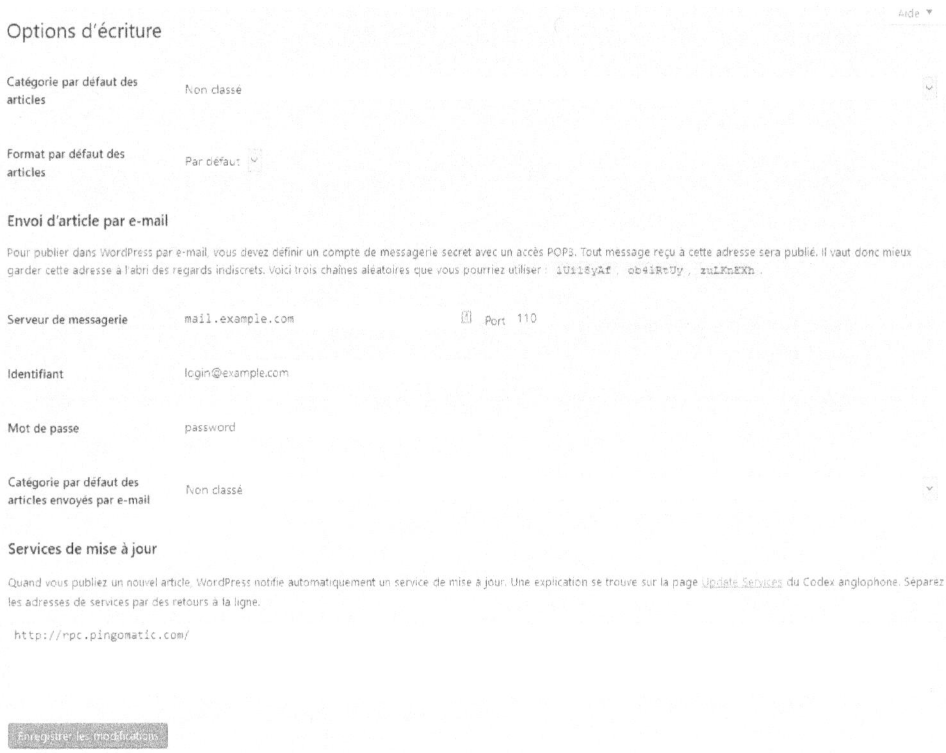

Options d'écriture

Aide ▼

Catégorie par défaut des articles	Non classé
Format par défaut des articles	Par défaut

Envoi d'article par e-mail

Pour publier dans WordPress par e-mail, vous devez définir un compte de messagerie secret avec un accès POP3. Tout message reçu à cette adresse sera publié. Il vaut donc mieux garder cette adresse à l'abri des regards indiscrets. Voici trois chaînes aléatoires que vous pourriez utiliser : 1Us18yAf , ob41RtUy , zuLKnEXh .

Serveur de messagerie	mail.example.com Port 110
Identifiant	login@example.com
Mot de passe	password
Catégorie par défaut des articles envoyés par e-mail	Non classé

Services de mise à jour

Quand vous publiez un nouvel article, WordPress notifie automatiquement un service de mise à jour. Une explication se trouve sur la page Update Services du Codex anglophone. Séparez les adresses de services par des retours à la ligne.

http://rpc.pingomatic.com/

Enregistrer les modifications

Figure 6–2 Le menu Options d'écriture de WordPress

Catégorie par défaut des articles

Cette option vous permettra de définir la catégorie par défaut pour toutes vos futures publications, en l'occurrence pour les articles.

Ne laissez pas dans ce paramètre la fameuse catégorie *Non classé*. Créée lors de l'installation du CMS, elle n'a aucune pertinence ni valeur sémantique pour les moteurs de recherche, ni pour vos visiteurs d'ailleurs. Mieux vaut donc supprimer purement et simplement cette catégorie et mettre ici celle que vous jugez la plus appropriée.

REMARQUE **Pensez à créer d'abord une nouvelle catégorie**

Ne vous acharnez pas à vouloir modifier la catégorie par défaut si vous n'avez pas encore créé de nouvelles catégories dans le menu *Articles>Catégories*. C'est seulement une fois que vous l'aurez fait que vous pourrez modifier la catégorie par défaut, puis supprimer celle intitulée « Non classé ».
L'autre solution consiste à laisser cette option, pour simplement vous rendre dans le menu *Articles> Catégories* pour changer le nom et l'URL (l'identifiant) de la catégorie « non classée ».

Services de mise à jour

C'est le dernier paramètre de la page, et il peut être intéressant. Il permet de mettre en place un système de pings lors de la publication ou modification de n'importe quel contenu de votre site.

Pour rappel, un ping est une notification. En SEO, un ping va ainsi servir à faire connaître plus vite vos contenus ou vos modifications (ce qui accélèrera le crawl et l'indexation de vos contenus).

Sur un tout nouveau site, cette partie sera grisée. Pour l'activer, rendez-vous dans le menu *Réglage>Discussion* et cochez les deux premières options proposées :

- *Tenter de notifier les blogs liés depuis cet article* ;
- *Autoriser les notifications depuis les autres blogs* (notifications par pings et rétro-liens).

Ainsi, dès la publication d'un nouvel article, des pings seront envoyés à différents services, permettant une indexation plus rapide de vos contenus.

Sachez cependant qu'il existe des sites qui listent des actualités et des articles sur différents thèmes, ce sont des agrégateurs – par exemple, http://www.paperblog.fr/. Si votre système de pings liste ce type de sites, il permettra d'améliorer un peu votre référencement naturel par la même occasion. En effet, en indexant votre contenu, ces pings généreront des liens vers vous en retour (même s'il s'agit de liens peu qualitatifs).

ATTENTION **Les pings peuvent vous nuire**

La remarque précédente est vraie uniquement si votre flux RSS contient une partie tronquée de vos contenus.
Si votre flux RSS reprend la totalité de chaque article, cela va générer du contenu dupliqué sur les sites des agrégateurs, ce qui annulera le bénéfice des liens générés et pourra justement vous pénaliser. Nous verrons comment corriger ce défaut de WordPress un peu plus loin.

Pour ajouter des services de pings, vous pouvez insérer une URL par ligne, comme dans l'exemple suivant.

Figure 6–3
Renseignez ici tous vos services de mise à jour.

Services de mise à jour

Quand vous publiez un nouvel article, WordPress notifie automatiquement un service de mise à jour. Une explication se trouve sur la page Update Services du Codex anglophone. Séparez les adresses de services par des retours à la ligne.

http://rpc.pingomatic.com/

Enregistrer les modifications

> Remarque **Services de pings**
>
> Vous aurez accès ci-dessous à une liste de liens relativement exhaustive des services de pings auxquels notifier votre site. Cette dernière a été mise à jour le 5 avril 2017.
>
> ‣ http://feedburner.google.com/fb/a/ping
> ‣ http://rpc.pingomatic.com/
> ‣ http://www.bing.com/webmaster/ping.aspx?siteMap=
> ‣ http://blo.gs/ping.php
> ‣ http://ping.blogs.yandex.ru/RPC2
> ‣ http://xping.pubsub.com/ping/
> ‣ http://ping.pubsub.com/ping
> ‣ http://blogsearch.google.fr/ping/RPC2
>
> Attention, le paramétrage est fait pour la version française du moteur de recherche. Si vous ciblez d'autres langues, ajoutez-les pour la dernière ligne et pour chaque pays avec sa propre extension de nom de domaine. Par exemple :
>
> ‣ http://blogsearch.google.com/ping/RPC2
> ‣ http://blogsearch.google.de/ping/RPC2
> ‣ http://blogsearch.google.es/ping/RPC2
> ‣ …

Menu Options de lecture

Ce troisième menu de WordPress sert à paramétrer la manière dont s'affichent les articles sur le site et dans les flux d'actualités RSS.

Figure 6–4
Vous allez pouvoir configurer ici l'affichage de votre site et de vos contenus.

« La page d'accueil affiche »

WordPress vous laisse libre d'afficher en page d'accueil deux éléments différents :

- soit les derniers articles publiés (comportement par défaut) ;
- soit une page statique.

En référencement naturel, il est préconisé d'opter pour la première solution, parce qu'elle permettra de voir les publications les plus récentes dès la première page du site. Il faut savoir que Google aime les contenus récents : il appréciera donc de trouver des contenus fraîchement publiés plutôt qu'une page statique. C'est également vrai pour vos visiteurs fidèles, qui préfèrent souvent avoir un accès rapide à vos derniers articles plutôt qu'à la même page.

Si vous optez pour l'affichage d'une page statique pour l'accueil de votre site, vous pourrez alors choisir une seconde page qui listera les derniers articles de votre blog, quelles que soient la ou les catégories utilisées. Cette page aura le même comportement que si vous aviez créé une catégorie mère.

L'idéal est donc de trouver un entre-deux : afficher sur l'accueil du site un contenu unique et pertinent, mais aussi les dernières publications.

Quel que soit votre paramétrage, cela risque de nécessiter soit un développement spécifique pour modifier votre thème, soit de définir une page statique pour l'accueil et d'utiliser une extension qui permettrait d'afficher la liste des derniers articles.

« Les pages du site doivent afficher au plus »

Vous pouvez moduler le nombre d'articles à afficher par page. Ce paramètre s'appliquera alors à votre site dans sa totalité, et notamment à :

- la page d'accueil ;
- vos pages de catégorie ;
- vos pages auteurs ;
- vos archives par date ;
- la page de recherche ;
- vos étiquettes ;
- toutes vos autres taxonomies.

Il n'y a pas de nombre d'articles idéal pour le référencement, ni pour l'ergonomie ni pour le temps de chargement de vos pages. Voici néanmoins deux notions élémentaires à prendre en compte pour déterminer le chiffre à utiliser sur votre site :

- plus vous aurez d'articles par page :
  - plus vous renforcerez le contenu et la pertinence de chaque page ;

- mieux vous diffuserez la popularité entre vos pages (numéros de pages moins nombreux) ;
- mais plus vous risquerez aussi de perdre vos visiteurs avec de multiples contenus différents (où dois-je cliquer ?) ;
- et plus vous risquerez d'augmenter le temps de chargement de vos pages.
  - moins vous aurez d'articles par page :
- plus vous ralentirez l'indexation ;
- plus vous réduirez la visibilité des anciens contenus, car le visiteur et le moteur de recherche devront naviguer sur un nombre plus important de pages pour tout voir ;
- mais plus ces dernières auront un temps de chargement rapide.

Il n'y a donc pas de solution miracle. En général, je conseille 20 à 30 articles par page ; c'est selon moi un bon compromis pour une grande majorité de sites Word-Press. À vous de tester en fonction de votre thème et de la vitesse de votre serveur.

« Les flux de syndication affichent les derniers »

Vous pouvez modifier ici le nombre d'articles présents dans votre flux RSS. Libre à vous de choisir le nombre qui vous plaît, étant donné que cela n'impactera pas votre référencement naturel.

En général, vous pouvez indiquer le même chiffre que pour le nombre d'articles.

« Pour chaque article d'un flux, fournir »

Faites très attention à cette option pour les flux RSS : son impact peut être énorme pour votre référencement naturel, surtout pour un site Internet récent et peu populaire.

Rappelez-vous que Google et les autres moteurs de recherche détestent trouver du contenu dupliqué sur Internet, à savoir un même article présent sur plusieurs sites ou à plusieurs endroits de votre propre site Internet. Cela le force à choisir quel est l'article original et quelles sont les copies, et il se trompe souvent (Google considère souvent que le site le plus populaire correspond à l'auteur original). Pire encore, cela dilue la popularité sur des pages inutiles.

Le souci avec les flux RSS, c'est qu'ils facilitent énormément le travail des copieurs. Avec des robots automatisés, ils récupèrent ainsi tout le contenu de votre flux RSS pour le publier ailleurs. Or, si vous fournissez l'intégralité de vos articles dans ces flux, la duplication de contenus sera bien plus facile à réaliser, surtout si vous venez tout juste de lancer votre site avec WordPress.

Je suis persuadé que vous ne voulez pas que vos concurrents utilisent vos propres contenus pour leur référencement naturel… Il est donc très fortement conseillé de tronquer le flux RSS. Pour ce faire, cochez *L'extrait* pour l'option *Pour chaque article, fournir*.

Figure 6–5
Le paramétrage de vos flux RSS

En lisant ces lignes, je sais que certains d'entre vous vont s'arracher les cheveux et se diront que cela fait perdre énormément d'intérêt aux flux RSS, puisqu'ils ne pourront plus être lus aussi facilement par les internautes dans des logiciels et des outils en ligne, comme l'ancien Google Reader ou des équivalents tels que Feedly ou Old Reader. Je vous comprends, mais retenez que :

- l'usage des flux RSS n'est pas très répandu en France : mieux vaut donc gêner quelques utilisateurs et ne pas nuire au référencement naturel de l'ensemble du site ;
- si le contenu est vraiment intéressant, il y a fort à parier que les visiteurs se rendront quand même sur le site pour lire l'intégralité de la publication.

Visibilité pour les moteurs de recherche

Si vous ne souhaitez plus apparaître dans les moteurs de recherche, il suffit de cocher la case *Demander aux moteurs de recherche de ne pas indexer ce site*. Vous l'aurez compris, **ne cochez surtout pas cette option** ! Elle est source d'erreur, et elle ne doit jamais être utilisée pour vos sites en cours de développement ou en cours de refonte.

Utilisez plutôt l'une des deux techniques présentées ci-après.

Le fichier .htaccess

Je sais que certains développeurs et certaines agences créent les sites directement en ligne sur le serveur de leurs clients. Ils cochent ainsi cette option jusqu'à ce que le site soit prêt, pour ensuite donner l'accès aux moteurs de recherche. C'est une très mauvaise idée, car **cela n'empêchera pas** Google d'ajouter dans son index les différentes URL de votre site en cours de développement.

Et surtout, cela va provoquer un bogue temporaire : quand vous allez enfin autoriser Google à indexer votre site, tous les résultats fournis par le moteur de recherche afficheront pendant quelques jours ou semaines le texte qui suit : « La description de ce résultat est bloquée... ». Et non votre vraie description.

Figure 6–6
Google peut indiquer un contenu bloqué par le robots.txt ou par la balise meta robots noindex. (Source image : webrankinfo.com)

WRI - WebRankInfo
www.webrankinfo.com/testabc.php
La description de ce résultat n'est pas accessible à cause du fichier robots.txt de ce site.
En savoir plus

Si vous êtes dans ce cas-là, il vaut mieux protéger votre site de développement à l'aide d'un mot de passe HTaccess. Le moteur de recherche sera ainsi bloqué définitivement. Quand le site sera prêt, il suffira d'enlever cette protection ; Google pourra ainsi indexer tous vos contenus, très rapidement et avec la bonne description. Pour ce faire, des dizaines de tutoriels, disponibles sur Internet, expliquent la marche à suivre (en fonction de votre hébergeur et du type de serveur que vous possédez).

Si vous mettez en place la protection HTaccess, plus besoin, donc, de cocher l'option *Visibilité pour les moteurs de recherche*, car vous risquez tout simplement de l'oublier lors de la mise en ligne (et croyez-moi, cela arrive souvent, même chez les « experts » du métier).

Le fichier de maintenance de WordPress : fichier maintenance.php

```php
<?php $upgrading = time(); ?>
```

Un en-tête 503

Une autre solution pour bloquer temporairement les moteurs de recherche sur un site entier ou une page déjà en ligne consiste à leur indiquer que vos contenus sont en maintenance. Pour ce faire, il faut modifier l'en-tête HTTP de vos URL.

Sur le Web, chaque page renvoie un en-tête HTTP contenant différentes informations sur le contenu demandé. Ainsi, toute page classique renvoie l'en-tête 200, tandis qu'une redirection renvoie l'en-tête 301 et une page d'erreur l'en-tête 404.

Il vous suffit donc, au lieu d'utiliser la technique de l'HTaccess, d'indiquer qu'une page ou le site entier est en maintenance. On va lui renvoyer l'en-tête HTTP 503 (contenu temporairement indisponible). Le plus simple sera donc d'utiliser une extension, Maintenance par exemple : https://fr.wordpress.org/plugins/maintenance/.

Si cela vous intéresse, vous pouvez d'ailleurs suivre les recommandations officielles de Google à cette adresse : https://webmasters.googleblog.com/2017/02/closing-down-for-day.html.

> RAPPEL **La liste des principaux codes HTTP à connaître**
>
> Voici quelques codes HTTP à connaître et qui indiquent le statut d'une URL :
> - 200 : page normale ;
> - 301 : redirection permanente ;
> - 302 : redirection temporaire (mauvaise en référencement naturel) ;
> - 404 : page non trouvée ;
> - 410 : page qui n'existe plus ;
> - 500 : erreur serveur ;
> - 503 : maintenance.

Menu Options de discussion

En fonction de votre configuration, le menu *Options de discussion* peut avoir un impact soit désastreux, soit vertueux sur votre visibilité. Nous allons voir pourquoi.

Réglages par défaut des articles

Ce sont les trois options importantes de ce menu, et il faut que vous les activiez toutes.

- *Autoriser les visiteurs à publier des commentaires sur les derniers articles* : ne négligez jamais le poids des commentaires. Certains peuvent apporter une réelle plus-value à votre site (à condition que vous les modériez pour supprimer les éventuels messages publicitaires et non appropriés). Activez cette option pour faciliter l'échange avec votre communauté et pour augmenter la pertinence de vos contenus.

- *Tenter de notifier les blogs liés depuis le contenu des articles* **et** *Autoriser les liens de notifications depuis les autres* : avec ces deux options, vous pouvez activer les pings dont nous avons parlé auparavant, ainsi que la fonctionnalité des rétroliens. Je vous recommande donc de cocher ces deux cases.

Une fois ces fonctionnalités activées, vous créerez plus facilement une communauté autour de vos contenus, en échange d'un temps de modération un peu plus long.

WordPress a cependant un défaut, il génère parfois des rétroliens internes (voir chapitre 2 « Comprendre WordPress »). Vous allez quelquefois insérer dans un de vos articles un lien vers une autre de vos publications. Par défaut, WordPress va alors générer un rétrolien, ce qui améliore théoriquement le maillage interne entre vos deux publications. Celui-ci s'insère dans la liste des commentaires et peut faire doublon avec des systèmes d'articles relatifs plus efficaces.

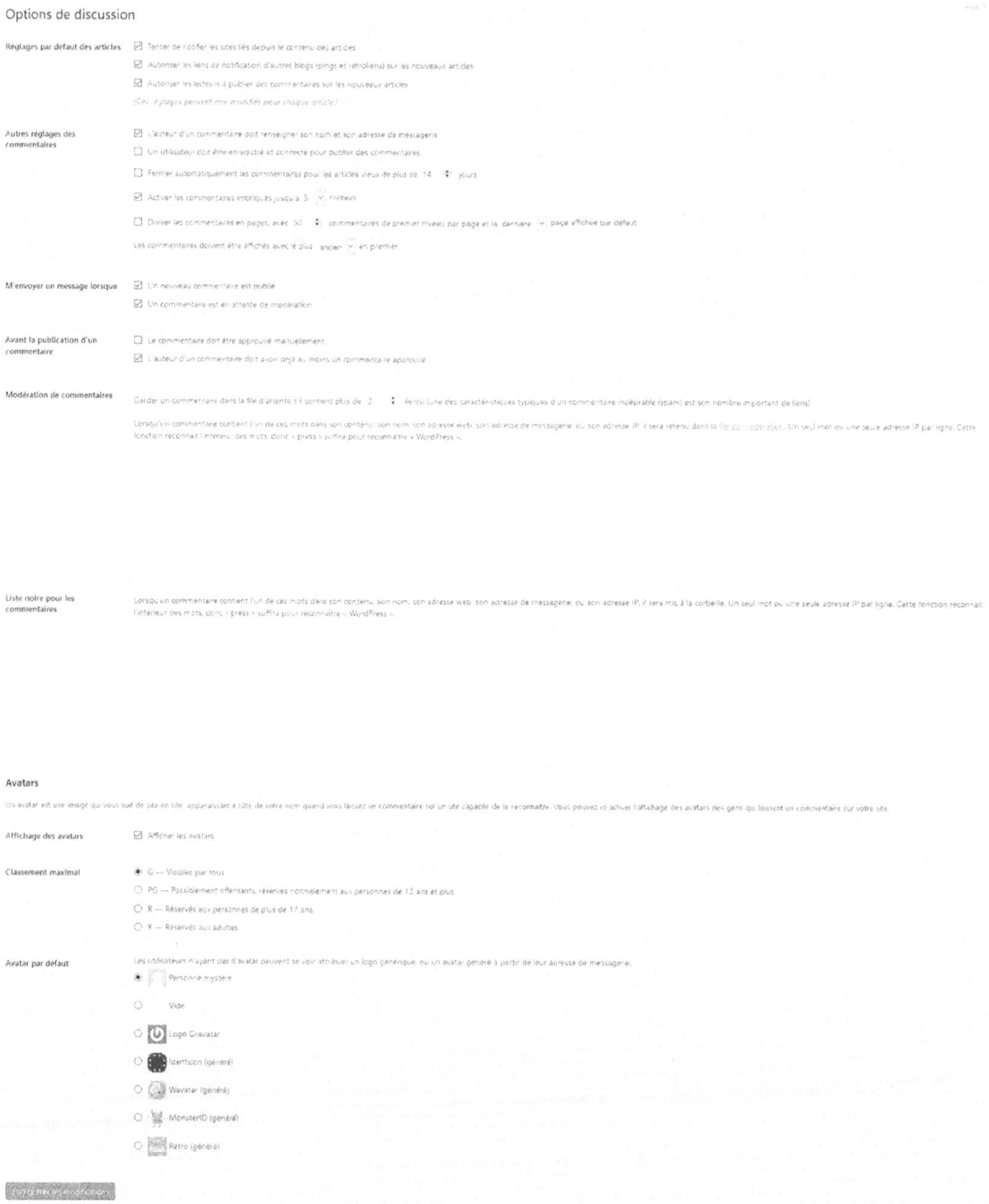

Partie 2 – L'optimisation de WordPress

Options de discussion

Réglages par défaut des articles
- ☑ Tenter de notifier les sites liés depuis le contenu des articles
- ☑ Autoriser les liens de notification d'autres blogs (pings et rétroliens) sur les nouveaux articles
- ☑ Autoriser les lecteurs à publier des commentaires sur les nouveaux articles
- *(Ces réglages peuvent être modifiés pour chaque article.)*

Autres réglages des commentaires
- ☑ L'auteur d'un commentaire doit renseigner son nom et son adresse de messagerie
- ☐ Un utilisateur doit être enregistré et connecté pour publier des commentaires
- ☐ Fermer automatiquement les commentaires pour les articles vieux de plus de 14 jours
- ☑ Activer les commentaires imbriqués jusqu'à 5 niveaux
- ☐ Diviser les commentaires en pages, avec 50 commentaires de premier niveau par page et la dernière page affichée par défaut
- Les commentaires doivent être affichés avec le plus ancien en premier.

M'envoyer un message lorsque
- ☑ Un nouveau commentaire est publié
- ☑ Un commentaire est en attente de modération

Avant la publication d'un commentaire
- ☐ Le commentaire doit être approuvé manuellement
- ☑ L'auteur d'un commentaire doit avoir déjà au moins un commentaire approuvé

Modération de commentaires
Garder un commentaire dans la file d'attente s'il contient plus de 2 liens (une des caractéristiques typiques d'un commentaire indésirable (spam) est son nombre important de liens).

Lorsqu'un commentaire contient l'un de ces mots dans son contenu, son nom, son adresse web, son adresse de messagerie, ou son adresse IP, il sera retenu dans la file de modération. Un seul mot ou une seule adresse IP par ligne. Cette fonction reconnaît l'intérieur des mots, donc « press » suffira pour reconnaître « WordPress ».

Liste noire pour les commentaires
Lorsqu'un commentaire contient l'un de ces mots dans son contenu, son nom, son adresse web, son adresse de messagerie, ou son adresse IP, il sera mis à la corbeille. Un seul mot ou une seule adresse IP par ligne. Cette fonction reconnaît l'intérieur des mots, donc « press » suffira pour reconnaître « WordPress ».

Avatars

Un avatar est une image qui vous suit de site en site, apparaissant à côté de votre nom quand vous laissez un commentaire sur un site capable de le reconnaître. Vous pouvez ici activer l'affichage des avatars des gens qui laissent un commentaire sur votre site.

Affichage des avatars
- ☑ Afficher les avatars

Classement maximal
- ⦿ G — Visibles par tous
- ◯ PG — Possiblement offensants, réservés normalement aux personnes de 13 ans et plus
- ◯ R — Réservés aux personnes de plus de 17 ans
- ◯ X — Réservés aux adultes

Avatar par défaut
Les utilisateurs n'ayant pas d'avatar peuvent se voir attribuer un logo générique, ou un avatar généré à partir de leur adresse de messagerie.
- ⦿ Personne mystère
- ◯ Vide
- ◯ Logo Gravatar
- ◯ Identicon (généré)
- ◯ Wavatar (généré)
- ◯ MonsterID (généré)
- ◯ Retro (généré)

Enregistrer les modifications

Figure 6–7 Le menu de réglages de vos commentaires dans WordPress

Préférez plutôt une extension comme YARPP *(Yet Another Related Post Plugin)* pour gérer le maillage interne de vos contenus. Cette extension sera beaucoup plus pertinente, ergonomique et efficace en référencement. Nous reparlerons plus loin de cette dernière et de la meilleure façon de l'installer.

Voici deux solutions pour désactiver ces rétroliens internes :

- utilisez l'extension No Self Ping (http://wordpress.org/extend/plugins/no-self-ping/) ;
- ou bien copiez le code suivant dans le fichier functions.php situé dans votre thème WordPress, donc à l'adresse suivante : monsite.com/wp-content/themes/nomdutheme/functions.php, ou dans une extension ou un mu-plugin.

Pas de pings internes à WordPress

```
function seomix_no_internal_ping( &$links ) {
  $home = get_option( 'home' );
  foreach ( $links as $l => $link ) {
    if ( 0 === strpos( $link, $home ) ) {
      unset($links[$l]);
    }
  }
}
add_action( 'pre_ping' , 'seomix_no_internal_ping' );
```

BON À SAVOIR **Le paramétrage peut être fait manuellement**

Les pings et rétroliens peuvent également être activés ou désactivés article par article, comme le montre l'exemple suivant.

Discussion

☑ Autoriser les commentaires.
☑ Autoriser les rétroliens et pings sur cette page.

Figure 6–8
Le paramétrage des pings et rétroliens dans un article

Autres réglages des commentaires

Prenez garde aux commentaires. Comme nous l'avons déjà expliqué, ils apportent du contenu supplémentaire permettant d'augmenter la pertinence du site, mais une mauvaise configuration peut être néfaste.

Les options pour lutter contre le spam

En plus des extensions dont nous parlerons plus loin, certaines options permettent de réduire le spam dans les commentaires.

Retenez que certains commentaires dénaturent votre site, n'apportent rien à vos visiteurs, peuvent nuire à votre image de marque ou, pire, peuvent vous valoir une pénalité auprès de Google. D'ailleurs, les autres référenceurs peuvent les utiliser afin de faire des liens vers leurs sites. Pour l'éviter, cochez toujours les options suivantes :

- *L'auteur d'un commentaire doit renseigner son nom et son adresse de messagerie* ;
- *Un administrateur doit toujours approuver le commentaire.*

Ces deux options vont permettre de diminuer drastiquement les commentaires de spam présents sur votre blog. Certes, l'activation du second paramètre réduit votre temps libre, car vous devrez valider manuellement chacun de vos commentaires, mais au moins, vous ne validerez que ceux qui sont réels et pertinents pour vos visiteurs et les moteurs de recherche.

Les mauvaises options

À l'inverse, certaines options ne devraient jamais être activées. Elles vont en effet provoquer chacune différents types de problèmes.

Activer les commentaires imbriqués jusqu'à X niveaux : cette option crée des niveaux de réponses différents. Au lieu de répondre au dernier commentaire de la liste dans un contenu, l'utilisateur peut répondre à n'importe lequel d'entre eux. Votre commentaire n'ira pas se placer à la fin, mais juste après celui de la personne à laquelle vous aurez répondu.

Ici, voici un exemple comportant trois commentaires imbriqués.

Figure 6–9
Un exemple de commentaires imbriqués : Fran6 répond à Anthony, puis Anthony lui répond à son tour.

Même si l'on peut comprendre le sens de cette option pour créer des fils de discussion séparés au sein d'un même article, les développeurs de WordPress auraient mieux fait de s'abstenir… Cette option pose problème, car :

- si le thème n'est pas pensé pour cette fonctionnalité, ce qui est souvent le cas, vous compliquerez la lecture du sujet de conversation puisque des réponses peuvent se glisser à n'importe quel endroit du fil de discussion. Cela peut parfois être dur à suivre pour les lecteurs, quand un même article possède un grand nombre de commentaires ;
- elle nuit au référencement, puisque chaque lien *Répondre à* est un lien supplémentaire qui s'ajoute dans vos articles. Vous diluez inutilement votre popularité avec de faux liens, et vous rendez beaucoup plus confus le travail d'indexation des moteurs de recherche.
- enfin, les thèmes WordPress permettent généralement d'imbriquer des réponses jusqu'à 3 à 5 niveaux. Au-delà, soit c'est illisible, soit la sixième réponse présente de nouveau un affichage normal, et l'on aura alors encore plus de mal à comprendre que ce dernier commentaire répond à celui d'avant…

Bref, n'activez pas cette option !

Diviser les commentaires en pages, avec X commentaires de premier niveau par page et la dernière page affichée par défaut : cette option est également inutile. Elle permet de diviser en plusieurs pages les commentaires d'un même article. Quand le visiteur consulte un article, il voit par exemple les 50 commentaires les plus récents, puis il peut naviguer avec un lien pour voir les 50 commentaires suivants.

Là encore, on peut comprendre l'idée qui avait poussé à créer cette fonctionnalité : réduire la hauteur des pages quand il y a beaucoup de commentaires, tout en diminuant le temps de chargement.

Mais là encore, c'est une mauvaise solution. En bas de vos articles, vous allez en effet voir apparaître un lien *commentaires plus récents* ou *commentaires plus anciens*, comme ici.

35 RÉFLEXIONS AU SUJET DE « OPTIMISEZ LES PERFORMANCES D'UN THÈME WORDPRESS »

Commentaires plus récents →

Figure 6–10 Le visiteur et le moteur de recherche peuvent consulter dans une nouvelle page les commentaires non affichés.

Le problème, c'est que ce genre de liens va vous amener vers des URL du type : seomix.fr/nom-de-larticle/comment-page-1/#comments. Cette nouvelle URL contient les commentaires suivants ou précédents, mais également l'intégralité de votre article. Bravo : vous venez de dupliquer votre propre contenu !

Et pour peu que vous ayez dix pages de commentaires, vous aurez créé dix copies de votre publication. Or, je vous rappelle que Google et les autres moteurs de recherche n'apprécient absolument pas la duplication de contenu. Si en plus vous affichez les commentaires les plus récents en premier, vous risquez de déplacer constamment certains commentaires d'une page à l'autre, ce qui sera loin de faciliter le travail d'indexation des moteurs de recherche (sauf si vous aimez jouer à cache-cache avec Google).

Par conséquent, si permettre une discussion longue et poussée est primordial sur votre site, optez de préférence pour un forum qui sera alors bien plus adapté à de longues discussions entre internautes.

Enfin, si vous n'avez pas le choix et que vous tenez absolument à avoir cette division de commentaires en sous-pages, il existe quelques techniques d'optimisation de votre thème, qui vous aideront à corriger une partie de ces problèmes, mais pas entièrement (nous en parlerons dans le chapitre consacré aux thèmes).

Avatars

C'est la dernière partie utile de cette page d'options. Elle permet de définir quelles images seront utilisées pour représenter chaque utilisateur.

Dans plus de 95 % des cas, ces images sont bien trop petites pour avoir un quelconque intérêt en référencement naturel. Je vous conseille donc de choisir un service externe qui gérera pour vous ces images sans vous compliquer la vie, à savoir l'option *Gravatar*.

L'intérêt est simple : mettre un visage sur les gens qui participent et faciliter ainsi les échanges avec votre communauté.

Figure 6–11
Gravatar va gérer pour vous les photos
de chaque auteur et commentateur.

Nous verrons dans le chapitre dédié aux extensions comment faire en sorte que ce réglage n'ait pas d'impact sur le temps de chargement de vos pages.

Menu Médias

Taille des miniatures, taille moyenne et grande taille

Définissez ici la taille des miniatures qui seront générées automatiquement par l'interface de WordPress. À vous d'adapter les différentes tailles à votre thème WordPress pour que ce soit le plus ergonomique, lisible et joli possible pour vos visiteurs.

Sachez juste que Google est « gourmand » : il apprécie les images de grande taille lorsqu'il procède à l'indexation. Évitez donc de définir des tailles d'images trop petites ; préférez les « moyennes » et « grandes ». Une image moyenne correcte fait au moins 350 pixels, et une image de grande taille 700 pixels au minimum.

De plus, avec les sites optimisés pour les mobiles, il est de plus en plus important d'avoir des images adaptées. La clé est d'utiliser des visuels qui ont une grande taille en pixels (par exemple, 720 × 560 pixels), mais dont le poids est le plus faible possible pour permettre une navigation fluide sur ce type d'appareil. Nous verrons plus loin comment diminuer automatiquement le poids de vos images. Sur les navigateurs récents, Word-Press va prendre en charge nativement la gestion des formats d'image en fonction de la taille d'écran (si et seulement si le développeur de votre thème a bien fait son travail).

Dans ce menu, ne réduisez donc jamais la taille de vos images.

Organiser mes fichiers envoyés dans des dossiers mensuels et annuels

Il est conseillé de cocher la dernière case de la rubrique *Média*, puisqu'elle va organiser la mise en ligne de chaque média par date. Par exemple dans une arborescence du type :

- 2012
  01
  02
  03
  …
- 2013
  01
  02
  …

Cette arborescence n'aura aucun impact sur votre référencement naturel, mais elle en aura sur le nom de vos images. En classant vos fichiers ainsi, vous pourrez nommer certaines images de la même façon sans risquer de supprimer les anciennes. Cette option est réellement intéressante pour les sites dont la thématique est très ciblée, et dont le nom des illustrations peut potentiellement être similaire d'un contenu à un autre.

Sachez que vous pouvez également modifier, si vous le désirez, le répertoire de stockage de vos fichiers grâce à du code ou à des extensions. En référencement, cela n'aura aucune incidence (sauf si le site était déjà en ligne, auquel cas il faudra penser à vos redirections 301).

Menu Options des permaliens

Le paramétrage, « Réglages les plus courants »

Ce menu est assez sensible, car on peut facilement y détruire le référencement et l'ergonomie de son site… Les options présentes ici permettent de gérer les URL de chaque article et contenu de votre site, ce que WordPress appelle les « permaliens ».

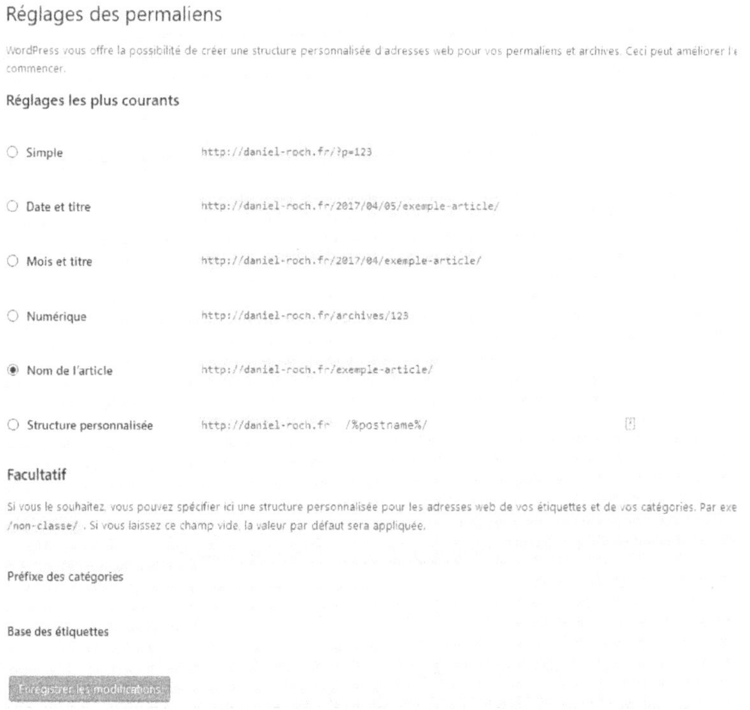

Figure 6–12
Le menu de paramétrage
de vos URL

Réglages des permaliens

WordPress vous offre la possibilité de créer une structure personnalisée d'adresses web pour vos permaliens et archives. Ceci peut améliorer l'
commencer.

Réglages les plus courants

○ Simple   `http://daniel-roch.fr/?p=123`

○ Date et titre   `http://daniel-roch.fr/2017/04/05/exemple-article/`

○ Mois et titre   `http://daniel-roch.fr/2017/04/exemple-article/`

○ Numérique   `http://daniel-roch.fr/archives/123`

◉ Nom de l'article   `http://daniel-roch.fr/exemple-article/`

○ Structure personnalisée   `http://daniel-roch.fr`   `/%postname%/`

Facultatif

Si vous le souhaitez, vous pouvez spécifier ici une structure personnalisée pour les adresses web de vos étiquettes et de vos catégories. Par exe
/non-classe/ . Si vous laissez ce champ vide, la valeur par défaut sera appliquée.

Préfixe des catégories

Base des étiquettes

Enregistrer les modifications

La réécriture d'URL est une option incluse par défaut dans le CMS WordPress. Sans paramétrage particulier, les URL de vos articles ressemblent donc à celle-ci : http://www.mondomaine.com/?p=2.

Or, cela se voit comme le nez au milieu de la figure : ce type d'URL est correct pour être indexé, mais ne donne aucune indication quant au contenu réel, que ce soit pour nos moteurs de recherche ou pour les visiteurs de notre site. On peut heureusement modifier cette structure pour obtenir une URL propre et qui ait du sens. Rappelez-vous, votre contenu doit être pertinent pour les visiteurs.

> **ATTENTION   Ne modifiez pas tout de suite ces paramètres**
>
> Quand vous décidez de changer les réglages des permaliens de votre site, WordPress peut s'emmêler les pinceaux. Pensez donc **toujours** à utiliser un fichier Excel pour lister toutes les URL actuelles de votre site, puis vérifiez-les après avoir changé les réglages des permaliens. Théoriquement, si les URL changent, elles doivent **TOUTES** êtres redirigées vers leurs nouvelles versions respectives.
> Si vous rencontrez des erreurs 404, c'est que WordPress est perdu. Dans ce cas, il faudra mettre en place des redirections 301, notamment en utilisant l'extension Redirection dont je vous parlerai un peu plus loin.

Il existe plusieurs formats prédéfinis par le CMS, ainsi que des paramètres pour inclure différents éléments dans chaque URL. Voici la liste des champs qu'il est possible d'utiliser :

- `%year%` pour afficher l'année de publication ;
- `%monthnum%` pour afficher le mois ;
- `%day%` pour afficher le jour ;
- `%hour%` pour afficher l'heure (l'utilité s'amoindrit) ;
- `%minute%` pour afficher la minute (et ici encore un peu plus) ;
- `%second%` pour afficher la seconde (non, vraiment ?) ;
- `%postname%` pour afficher le nom de l'article ;
- `%category%` pour afficher la catégorie ;
- `%author%` pour afficher l'auteur ;
- `%post_id%` pour afficher l'ID de la page ou de l'article (son identifiant unique chiffré).

Quelle structure choisir ?

D'expérience et avec le recul que nous avons dans le domaine, il n'y a qu'une seule option idéale : `/%postname%/`. Ce qui signifie que tous les contenus du site se présenteront sous la forme nom-de-domaine.com/nom-du-contenu/, que ce soit une catégorie, une page, un article, une étiquette ou autre chose.

Pourquoi cette structure ? Il y a plusieurs raisons :

- elle évite la duplication de contenus ;
- elle se retient et se recopie facilement pour les visiteurs ;
- elle garde tout son sens au niveau sémantique ;
- elle permet de gérer ses URL et ses contenus sur le long terme relativement facilement.

Concernant la duplication de contenus, je dois vous expliquer ce qui suit. Posséder une URL basée uniquement sur l'article (sans la catégorie, sans l'auteur, sans date de publication...) permet de n'avoir qu'une seule URL par contenu. Vous pouvez ainsi placer un même article dans plusieurs catégories, sans aucun changement ou duplication d'URL. Vous pouvez aussi changer un article de catégorie sans en changer l'adresse. Bref, cela vous simplifie la vie !

Certains diront qu'il existe des redirections 301 pour ce genre de cas. Je leur répondrai tout simplement que oui, la redirection permet de conserver son référencement, mais elle fera perdre de manière irrémédiable tous les votes sociaux du contenu déplacé comme les *likes* de Facebook ou encore les tweets de Twitter. Donc si on peut l'éviter, autant le faire.

Si, par exemple, vous avez adopté la structure `/%category%/%postname%/`, vous serez obligé de faire des redirections 301 pour changer l'article de catégorie, ou pour pouvoir renommer l'URL de la catégorie.

Je déconseille également les paramétrages du type `/%postname.html`, `.php`, `.htm` ou autres. Là aussi, plusieurs raisons doivent vous faire fuir.

- Vous allez forcer WordPress à différencier les URL pour les articles (qui finiront en `.html`) et les catégories et pages de l'autre côté (qui finiront toujours par un `/`, malgré votre paramétrage).
- Le moteur de recherche n'a que faire d'être dans une catégorie ou un article. Il ne souhaite qu'une chose : que le contenu qu'il consulte soit pertinent par rapport à la recherche de l'internaute. Différencier des types de contenus de WordPress dans l'URL n'a donc aucun intérêt...
- Si vous changez de CMS plus tard, et notamment de langage de programmation (pour utiliser par exemple de l'ASP), vous vous compliquerez inutilement la vie avec des redirections portant sur l'extension d'URL que vous aurez choisie. En gardant des URL se terminant par un `/`, vous êtes libre de changer de technologie comme bon vous semble : pensez toujours au long terme.
- Les URL se terminant par un `.html` sont plus longues que celles qui se terminent par `/` ; de fait, elles se retiennent et se recopient moins facilement pour les utilisateurs.

Étiquettes et catégories

Par défaut, toutes vos catégories et vos étiquettes vont avoir un préfixe prédéfini par WordPress.

- Vos catégories seront accessibles par site.com/category/nom-categorie.
- Vos étiquettes seront accessibles par site.com/tag/nom-mot-cle.
- Vos autres taxonomies seront accessibles par site.com/prefixe/nom-taxonomie.

Les catégories dans les URL

Le préfixe des catégories pose un problème plus ou moins important, car /category/ n'apporte aucune plus-value sémantique à vos URL. Pire encore, Google et certains autres moteurs de recherche ont parfois tendance à vouloir consulter le niveau supérieur de chaque URL (même sans aucun lien vers ces niveaux). Google va ainsi essayer d'indexer l'URL monsite.com/category/, qui n'existe pas et qui lui renverra une magnifique erreur 404.

Et c'est encore plus problématique pour les sites ayant des thématiques trop variées, et pour lesquelles on ne pourra pas trouver un mot suffisamment générique pour remplacer /category/. Mieux vaut donc s'en affranchir purement et simplement via l'extension appelée « Yoast SEO ». Nous en reparlerons dans la rubrique dédiée. En attendant, laissez le champ *Préfixe des catégories* vide.

Un terme commun pour les étiquettes

Pour la gestion de vos étiquettes (si vous décidez quand même de les utiliser), ce préfixe n'est pas vraiment un souci puisqu'on pourra le changer dans ce menu par un terme plus adapté à votre secteur d'activité.

Si vous avez un site spécialisé, par exemple sur le crédit bancaire, le préfixe des étiquettes pourrait être lui aussi spécialisé, comme « credit » (/credit/votre-mot-clé). Si votre site est généraliste, définissez plutôt comme préfixe un terme suffisamment vague, comme « theme », ce qui sémantiquement serait parfaitement juste : « Je veux la liste de tous les articles ayant pour thème ce terme (/theme/votre-mot-cle). »

Un bogue courant : des 404 partout

Parfois, lorsque nous modifions les réglages des permaliens, nous pouvons obtenir des erreurs 404 sur quasiment toutes les pages du site. Cela arrive via le menu où nous sommes actuellement, mais cela peut aussi provenir d'un changement de réglage des permaliens dans une extension ou un thème. Cette situation peut avoir deux origines possibles.

- WordPress n'a pas correctement réinitialisé ses réglages de permaliens. Pour résoudre ce problème, il suffit de recharger la page de réglages des permaliens pour réinitialiser les réglages en question (ce qu'on appelle « flusher les permaliens »).
- WordPress n'a pas les droits pour écrire le fichier .htaccess sur votre serveur, fichier qui lui est indispensable pour faire proprement de la réécriture d'URL. Vérifiez donc avec votre développeur ou votre hébergeur que WordPress dispose bien des droits d'écriture corrects.

Les extensions
de référencement

7

WordPress est désormais paramétré correctement. Passons donc à l'étape suivante : les extensions.

WordPress a un potentiel d'évolution et d'optimisation énorme. Avec des mises à jour majeures plusieurs fois par an, c'est un CMS à l'écoute des utilisateurs. Sa communauté s'étendant toujours plus, on trouve ainsi des milliers d'extensions et de thèmes pour répondre à chaque besoin, y compris en référencement naturel.

Aussi est-il impératif de mettre en place et d'optimiser certaines d'entre elles, pour simplifier la gestion de votre site, mais surtout pour optimiser votre visibilité.

RAPPEL **Faites attention aux versions présentées**

Prenez garde aux dates et versions des extensions que je vais présenter ici. À la date de publication de cet ouvrage, certaines auront évolué. Il se peut donc que des paramètres aient été ajoutés, modifiés ou supprimés. Il est aussi possible que l'affichage soit différent, ou encore que certaines options aient été déplacées.

Comment installer une extension ?

PRÉREQUIS **Avant de commencer**

Vous devez avoir en votre possession les identifiants FTP de votre site. Ces éléments vous seront fournis par votre hébergeur. Pour les extensions, il est éventuellement possible de s'en passer, mais vous en aurez forcément besoin lors du travail sur votre thème.

Si vous ne maîtrisez pas ce point, vous n'irez pas très loin dans l'optimisation SEO de WordPress. En effet, vous aurez impérativement besoin d'ajouter des fonctionnalités pour pouvoir gérer certains aspects du référencement naturel.

Vous pouvez installer les extensions WordPress de deux manières différentes :

- soit vous vous rendez sur le site officiel de WordPress pour télécharger manuellement chaque extension. Il faudra ensuite utiliser un logiciel FTP pour vous connecter à votre serveur et y copier les fichiers de l'extension ;

Figure 7–1
FileZilla, un exemple
de logiciel FTP

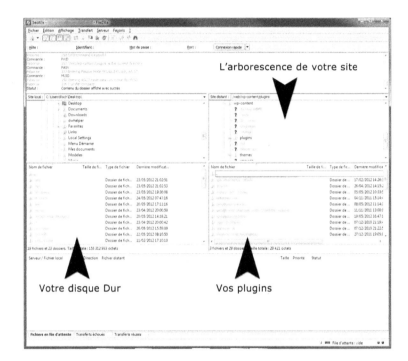

- soit vous utilisez l'interface par défaut de WordPress, en vous rendant dans le menu *Extensions>Ajouter*.

Figure 7–2
Le moteur de recherche
des extensions

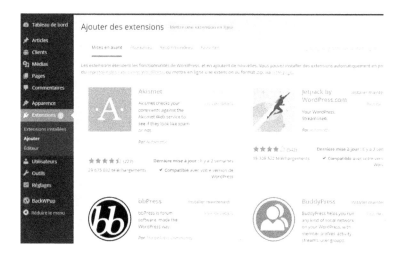

Vous aurez alors accès à un moteur de recherche similaire à celui du site officiel et vous n'aurez plus qu'à cliquer sur *Installer l'extension* pour démarrer le processus.

Figure 7–3
Les résultats de votre recherche
parmi les milliers d'extensions
disponibles

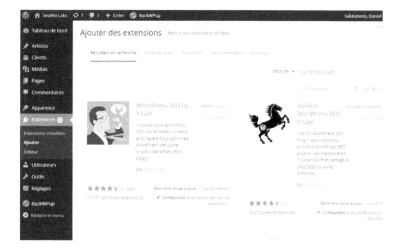

Avec les deux méthodes, votre extension sera installée, mais non activée. Il vous suffit à la fin d'aller dans le menu *Extensions>Extensions installées* et d'appuyer sur le lien *Activer l'extension* pour la mettre en ligne. Si vous installez l'extension depuis l'administration du site, vous pouvez aussi appuyer directement sur le bouton *Activer*.

Paramétrer une extension

Une grande partie des extensions ont un menu de paramétrage dédié, mais certaines n'en ont pas. Généralement, leurs menus d'options se trouveront dans un sous-menu du menu *Réglages*, ou dans un menu principal situé sous celui-ci.

Parfois, il faudra jouer au chat et à la souris, car certains développeurs d'extensions font un peu n'importe quoi et peuvent ainsi placer leurs réglages à l'intérieur d'un menu existant, ou encore à un autre endroit. Je conseille donc d'installer les extensions une par une et de chercher à chaque fois où se trouvent les paramétrages propres à chaque extension.

Autre remarque : ne partez **JAMAIS** du principe qu'un paramétrage d'extension fonctionne. Une fois votre option sauvegardée, pensez toujours à effectuer des tests !

Et enfin, il peut arriver que l'installation, l'activation et le paramétrage provoquent des bogues : messages d'erreurs, autres extensions qui ne fonctionnent plus, affichage d'une page blanche au lieu de l'administration du site, etc. Si tel était le cas, désactivez simplement l'extension concernée (et videz votre cache si vous en avez un sur votre site ou chez votre hébergeur).

Si vous n'y parvenez pas, sachez que vous pouvez également vous connecter à votre serveur via le FTP. Cherchez ensuite le dossier de votre extension dans *wp-content>plugins>nom de l'extension*. Il vous suffit alors de renommer le dossier pour forcer la désactivation de l'extension concernée.

Nous allons maintenant passer en revue toutes les extensions dont nous aurons besoin en référencement naturel.

Erreurs, spams et mauvais contenus

Akismet

> INFORMATIONS SUR L'EXTENSION **Akismet**
>
> Version actuelle de l'extension : 3.3
> Paramétrage de l'extension : *Extensions>Configuration Akismet*
> ▸ https://wordpress.org/extend/plugins/akismet/
> Intérêt : réduire le spam dans les commentaires

Cette extension est fournie par défaut sur toutes les installations de WordPress. Elle filtre automatiquement les commentaires pour éradiquer tous les spams ou presque.

Croyez-moi, elle vous fera économiser des heures de modération. Par exemple, sur le site SeoMix, 3 200 commentaires avaient été validés tandis qu'Akismet en avait déjà bloqué plus de 15 000 pendant la même période. Le but est donc de continuer à profiter de l'apport en textes uniques que peuvent fournir ces commentaires, sans perdre trop de temps en amont.

Une fois que vous aurez activé l'extension, rendez-vous dans *Réglages>Akismet* pour ajouter votre clé de validation.

Figure 7–4
Vous devez renseigner une clé d'activation pour utiliser cette extension.

Celle-ci est gratuite pour un usage personnel, ou payante pour une utilisation professionnelle. Il est toujours possible de créer un compte gratuit, mais sachez qu'il est plus juste de souscrire à l'offre payante afin notamment de permettre le développement sur le long terme de cette extension indispensable.

Une fois la clé activée, l'extension fonctionnera de manière automatique.

Si jamais le spam est encore trop important sur votre site, sachez que rien ne vous empêche d'installer en complément d'autres extensions antispam, comme Antispam Bee.

Redirection

INFORMATIONS SUR L'EXTENSION **Redirection**

Version actuelle de l'extension : 2.5
Paramétrage de l'extension : *Outils>Redirection*
▸ https://wordpress.org/extend/plugins/redirection/
Intérêt : rediriger les contenus

Fonctionnement de base de Redirection

Cette extension est tout simplement indispensable. Elle permet de créer des redirections 301 pour tous les articles, pages et autres contenus qui auraient changé d'adresse ou qui auraient été générés à tort.

Rappelez-vous, nous avons configuré au chapitre précédent les permaliens par défaut de WordPress. Ce dernier redirige le visiteur et le moteur de recherche vers la bonne URL s'il y accède via une adresse du type `?p=ID`. Avec cette extension, il va également le rediriger correctement si vous modifiez l'URL d'un contenu déjà publié et si l'utilisateur souhaite accéder à l'ancienne adresse.

Grâce à cette extension, vous pourrez facilement ajouter manuellement des redirections 301. Elles indiquent aux moteurs de recherche que le contenu a été déplacé de manière définitive, ce qui permet de conserver le poids et la popularité des liens externes qui pointaient vers cette ancienne adresse.

Maintenant, prenons comme exemple quelqu'un qui fait un lien vers l'un de vos articles mais qui se trompe d'adresse. Le lien va systématiquement provoquer une erreur 404. Autre exemple bien pire : si vous modifiez la structure de vos permaliens par exemple, vous prenez le risque que WordPress ne parvienne plus à rediriger correctement vos visiteurs. Si vous passez notamment de `/%postname%/` à `/%category%/%postname%/`, toutes les anciennes URL de vos articles vont générer une erreur 404.

Une fois l'extension activée, vous pouvez accéder au menu *Outils>Redirection*. Sur cette page, vous pouvez consulter dans le premier tableau toutes les redirections déjà présentes et, en dessous, ajouter une redirection 301. Ce dernier point est très facile à réaliser en indiquant l'URL source et l'URL cible vers laquelle rediriger le visiteur et le moteur de recherche.

Figure 7–5
L'interface d'ajout
des redirections

Dès que votre site se trouve dans un des deux cas de figure suivants, il faut utiliser cet outil pour créer une redirection 301 vers le contenu le plus pertinent ou, à défaut, vers la page d'accueil :

- une erreur 404 (page non trouvée, quelle que soit la raison de cette erreur) ;
- un contenu modifié, supprimé ou fusionné avec un autre par vos soins ou par un utilisateur.

Rediriger des URL en masse

Vous pouvez d'ailleurs employer ici des expressions régulières. C'est utile, notamment lorsque vous aurez plusieurs URL à rediriger, mais que celles-ci seront basées sur un modèle similaire. L'expression régulière vous fera alors gagner du temps.

Imaginons que vous ayez dix URL sous la forme monsite.com/categorie32/blabla-reste-url (reste-url serait différent à chaque fois). Dans ce cas, vous pouvez cocher la case *Expression régulière*, puis utiliser ces paramètres :

- URL source : http://www.monsite.com/categorie32/blabla(.*) ;
- URL cible : http://www.monsite.com/categorie32/blabla.

Le concept est simple ici : dans l'URL source, chaque bloc (.*) correspond à une partie de l'URL qui va être différente à chaque fois pour tout rediriger vers l'URL simple.

Autre exemple, vous avez des dizaines d'erreurs 404, car vous aviez mal codé votre thème WordPress (ou que vous avez été piraté). Cela arrive, croyez-moi… Vous avez ainsi généré pour chaque page de votre site une fausse URL du type monsite.com/mavraieurl-bout-url-qui-sert-a-rien. Cette fois nous pourrons nous servir des paramètres suivants :

- URL source : http://www.monsite.com/(.*)-boutdurlquisertarien ;
- URL cible : http://www.monsite.com/$1.

Ici, on ajoute un élément.

- On récupère dans l'URL source un élément différent à chaque fois : (.*).
- On veut ensuite le conserver. Pour ce faire, on utilise $1 dans l'URL cible.

Si on avait deux fois (.*) dans l'URL source, on pourrait alors employer $1 et $2 dans l'URL cible, et ainsi de suite.

ATTENTION **N'oubliez pas de décocher la case Expression régulière**

Une fois la case *Expression régulière* cochée, elle le reste pour toutes les redirections manuelles suivantes. Faites donc bien attention à la décocher quand vous n'en avez plus besoin, sinon vous risquez de « planter » votre site de façon mémorable en ajoutant une redirection avec expression régulière sans le vouloir.

Et, cerise sur le gâteau, l'extension permet d'importer des redirections à l'aide d'un simple fichier CSV. Dans un tableur, par exemple Excel, vous pouvez ainsi créer un fichier CSV ayant le format suivant :

- la première ligne du fichier est forcément : `source,target,hits` ;
- chaque ligne se décompose ensuite ainsi :
  - URL à rediriger (l'URL sans le `http` ni le nom de domaine) ;
  - URL cible (l'URL complète) ;
  - le compte initial de la redirection (mettez 0 par défaut).

Voici maintenant un exemple de contenu de fichier CSV tiré de SeoMix.

Pour l'extension Redirection, exemple de fichier CSV

```
source,target,hits
/wordpress/referencement-wordpress/me,http://www.seomix.fr/meta-
description-tag/,0
/referencement/payant/analytics-vole-vos-don,http://www.seomix.fr/
analytics-vole-vos-donnees-adwords,0
```

Lors de l'import, je vous recommande d'ajouter toutes vos URL dans un nouveau groupe, notamment pour pouvoir facilement les distinguer. Cette fonctionnalité sera très utile et pratique lorsque vous changerez la structure des permaliens de tout votre site.

Bien paramétrer Redirection

Au-dessus de cet outil, vous allez voir s'afficher en vert la liste des redirections déjà mises en place, ainsi que le nombre de fois où chacune a été exécutée par WordPress. Si ces chiffres dépassent la centaine ou le millier, cela veut dire que ce lien erroné est souvent sollicité. Je vous conseille donc de chercher la source de ces erreurs et de la corriger, en conservant quand même la redirection.

Dans l'onglet *Groupes*, l'extension va décomposer les redirections par types :

- vos redirections ajoutées manuellement (groupe *Redirections*) ;
- les redirections des articles modifiés (groupe *Modified Posts*).

Ce point est très intéressant. Vous avez modifié l'URL d'un article ; WordPress va maintenant garder en mémoire l'ancienne URL pour pouvoir rediriger les anciennes adresses vers la nouvelle, et l'extension vous les affichera ici. Si jamais vous vouliez vous servir d'une ancienne URL pour un nouvel article, il vous suffirait de vous rendre sur ce menu pour supprimer la redirection et pouvoir réutiliser correctement l'ancienne adresse.

Figure 7–6
La liste de vos redirections déjà
mises en place s'affiche.

Figure 7–7
Vous pouvez retrouver
vos différentes redirections
classées selon plusieurs
groupes : voici les deux
par défaut.

Vous devez quand même corriger vos liens

Faites bien attention : mettre en place une redirection 301 ne corrige que partiellement ce problème courant. Il redirige correctement l'utilisateur et le moteur de
recherche, mais les liens qui pointent vers vos pages en erreur sont toujours là. Le
résultat est le suivant : l'utilisateur et le moteur de recherche vont donc éternellement
tomber sur ces liens, provoquant une hausse du temps de chargement pour les premiers et un crawl plus complexe pour les seconds.

Il est donc très important de corriger tous les liens qui amènent le visiteur vers les
mauvaises URL, que ce soit des liens internes sur votre site (on utilisera un peu plus
loin Broken Link Checker) ou sur d'autres sites (par exemple, en contactant les webmasters correspondants).

404 Notifier (erreurs 404)

INFORMATIONS SUR L'EXTENSION **404 Notifier**

Version actuelle de l'extension : 1.3
Paramétrage de l'extension : *Réglages>404 notifier*
▸ https://wordpress.org/extend/plugins/404-notifier/
Intérêt : connaître en temps réel les erreurs 404 générées sur le site

404 Notifier est une extension qui vous informe en temps réel des erreurs 404 générées sur votre site Internet, que ce soit par un visiteur ou un moteur de recherche (l'extension n'est plus mise à jour depuis longtemps, mais elle fonctionne toujours).

Certains le savent peut-être déjà, mais l'extension Redirection dont nous avons parlé plus haut permet également d'enregistrer les erreurs 404. Mais malheureusement, elles ne sont pas pratiques d'accès. À l'inverse, l'extension 404 Notifier sert à connaître en temps réel ces erreurs soit par la création d'un flux RSS, soit par l'envoi d'e-mails.

Il suffit de renseigner son e-mail et de cocher l'option correspondante, ou alors d'utiliser un lecteur de flux RSS avec l'URL fournie dans le menu d'administration. Dès qu'une erreur est détectée, il ne reste plus qu'à la corriger.

Figure 7–8
Le menu de paramétrage
de l'extension 404 Notifier

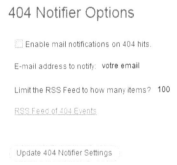

Selon moi, le seul défaut de cette extension, c'est qu'elle va très rapidement prendre de la place dans votre base de données. Si vous générez beaucoup d'erreurs, celle-ci peut vite peser plusieurs mégaoctets, ceci juste pour cette seule extension.

Broken Link Checker (liens cassés)

INFORMATIONS SUR L'EXTENSION **Broken Link Checker**

Version actuelle de l'extension : 1.10.4
Paramétrage de l'extension : *Outils>Liens cassés* pour gérer ses liens et *Réglages>Vérificateur de liens* pour paramétrer l'extension.

▸ https://wordpress.org/extend/plugins/broken-link-checker/

Intérêt : détecter ou corriger les liens cassés ou redirigés de son site

Fonctionnement de base

Broken Link Checker scanne à intervalles réguliers tous les liens situés dans les contenus de votre site. Il vous avertit automatiquement des liens cassés et vous permet ainsi de les modifier et corriger facilement. Cela vous évite de retourner sur chacun de vos articles pour tester chaque lien, ce qui s'avère très long et fastidieux (et ce que personne ne fait jamais).

Dans les articles, pages, commentaires ou encore dans les autres post types, il détecte les erreurs suivantes :

- erreur 404 ;
- erreur serveur ;
- redirections permanentes ou temporaires (qui pourraient être indésirables) ;
- etc.

Rendez-vous dans *Outils>Liens cassés* pour trouver la liste de ces liens. Vous aurez alors accès à plusieurs onglets :

- *Cassé* (liens cassés) ;
- *Avertissements* (liens cassés trouvés depuis peu de temps) ;
- *Redirections* (liens en redirection) ;
- *Tout* (tous vos liens).

Figure 7–9
L'extension Broken Link Checker a détecté 18 liens cassés.

Liens cassés (18)

Tout (3184) | **Cassé** (18) | Avertissements (1) | Redirections (113) | Suspendu (5)

Actions en masse ⌄ Appliquer

☐ URL — État :

☐ http://www.referenceur.msa/fr/referencement-technique/186-comment-definir-le-tau... — Serveur non trouvé

☐ http://www.optimisationbeacon.com/analytics/track-page-load-times-with-google-an... — Timeout

☐ http://www.geekeries.fr — Serveur non trouvé

Pour chaque lien, vous disposez de plusieurs options :

- *Modifier l'URL* : pour modifier le lien ;
- *Délier* : pour supprimer le lien de vos contenus ;
- *Non cassé* : pour indiquer à l'extension que le lien fonctionne. Broken Link Checker peut en effet se tromper parfois, même si cela reste rare ;
- *Rejeter* : pour demander à l'extension de ne plus afficher ce lien tant que son statut ne change pas ;
- *Revérifier* : pour demander manuellement une nouvelle vérification pour un lien donné.

D'une part, vous allez donc avoir un suivi pratique et constant de vos liens. D'autre part, cette extension peut vous aider à modifier en un clic un lien présent à plusieurs endroits de votre site Internet avec l'onglet contenant tous les liens du site.

Seul défaut, l'extension n'analyse pas les liens erronés générés par les thèmes et extensions de WordPress.

Pour paramétrer l'extension, rendez-vous dans le menu *Réglages > Vérificateur de lien.*

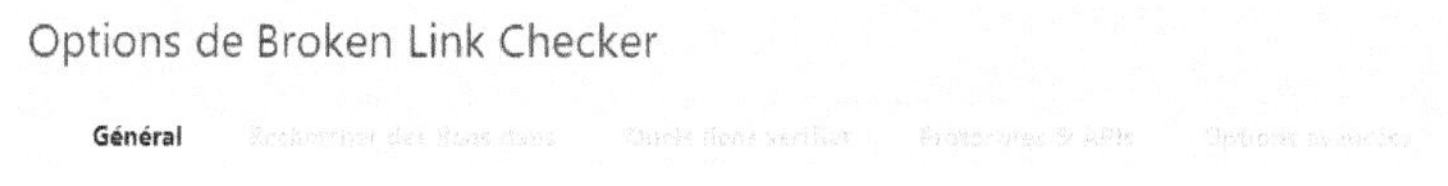

Figure 7–10
Les cinq onglets
de paramétrage de l'extension

Options de Broken Link Checker

Général

ATTENTION ! **Cette extension n'est pas parfaite**

Cette extension est très gourmande en ressources. Vous devrez donc avoir un bon hébergement et appliquer impérativement les réglages expliqués plus loin. Mieux encore, sachez que vous pouvez désactiver l'extension et ne la réactiver qu'une fois par mois, pour vérifier vos liens cassés par exemple.

1er onglet (Général)

Le premier menu indique à quel stade en est l'extension. En effet, il faut savoir qu'elle fonctionne en continu lorsque vous êtes connecté à l'administration. Dans cet exemple, elle est en attente (*Aucune URL dans la file d'attente.*), car elle a déjà scanné récemment les liens du site et a d'ailleurs trouvé 4 erreurs.

Figure 7–11
Le menu de configuration indique ce que fait l'extension en
ce moment même.

État :
Afficher les informations de débogage

4 liens cassés trouvés
Aucune URL dans la file d'attente.
Trouver 2978 unique URLs dans 4484 links.

Dans cet autre exemple, il est en train de scanner les liens du site. Il a déjà détecté 23 liens uniques parmi 26 liens différents au total, et il continue sa recherche de liens dans les contenus du site.

Figure 7–12
Broken Link Checker est
en train de « continuer
sa recherche » de liens.

Etat :
Afficher les informations de débogage

Aucun lien cassé trouvé
23 URLs dans la file d'attente
Trouver 23 unique URLs dans 26 links et continue la recherche…

Vous pouvez activer ou non les notifications par e-mail : c'est une question d'organisation personnelle, et vous seul pouvez décider si vous préférez aller vérifier ponctuellement les liens cassés ou si vous préférez être averti en temps réel.

Pensez à décochez l'option *Appliquer un affichage spécifique aux liens,* sinon votre site affichera les liens en erreur en les barrant, y compris pour vos visiteurs non connectés.

2ᵉ, 3ᵉ et 4ᵉ onglets

Si vous avez créé des post types et des taxonomies personnalisées, il faudra penser à les activer dans le deuxième onglet *Rechercher des liens dans*.

Dans le troisième onglet *Quels liens vérifier*, cochez au moins les liens HTML, les images HTML, ainsi que les vidéos Youtube, Vimeo et DailyMotion intégrées.

Le 4ᵉ onglet *Protocoles & API* ne vous sera pas utile.

5ᵉ onglet (Options avancées)

Dans le dernier onglet, vous pouvez paramétrer plusieurs éléments, dont plusieurs qui ont vraiment de l'importance :

* le *Temps maximal d'exécution* : temps au bout duquel le lien qui ne répond pas est considéré comme cassé. Vous devez réduire cette valeur, par exemple à 120 secondes ;
* le *Taux de charge limite du serveur* : si vous observez des ralentissements sur votre site lorsque l'extension travaille, diminuez-le. L'extension va ainsi se désactiver si le serveur est trop sollicité ;
* le *Niveau d'utilisation des ressources* : comme pour le taux de charge du serveur, diminuez cette valeur si l'extension ralentit votre site. Je conseille en général 5 % au maximum ;
* ne cochez pas *Activer la journalisation* ;
* *Revérifier toutes les pages* : utilisez cette option lors de la première installation de l'extension ou lors de modifications majeures sur votre site. Vous forcerez ainsi un

scan complet des contenus et vous n'aurez plus qu'à attendre tranquillement que Broken Link Checker ait terminé son travail !

Le maillage interne

WP Sitemap Page

> Informations sur l'extension **WP Sitemap Page**
>
> Version actuelle de l'extension : 1.6
> Paramétrage de l'extension : *Réglages>WP Sitemap Page*
> ▸ https://wordpress.org/plugins/wp-sitemap-page/
> Intérêt : créer une page Plan du site

WP Sitemap Page est une extension qui permet de créer facilement une page Plan du site, qui contient la liste intégrale de tous vos contenus. Parfois utile aux visiteurs, elle sert surtout à faciliter l'indexation des contenus d'un site. En plaçant un lien vers cette page en bas de votre site (dans le footer), vous vous assurez que chaque moteur de recherche pourra accéder en moins de deux clics à n'importe quel autre contenu de votre site.

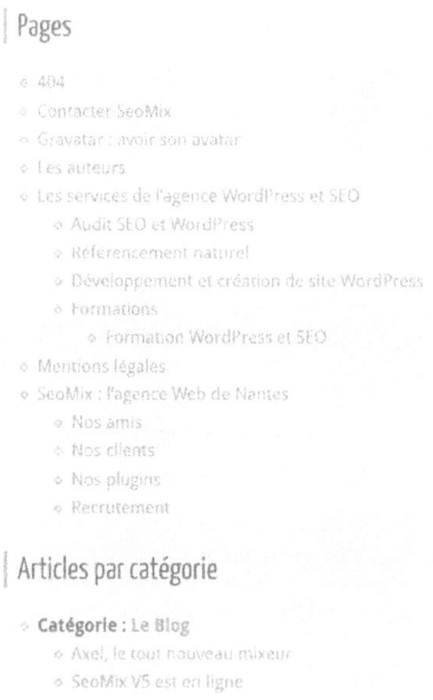

Figure 7–13
Un exemple du rendu
d'une page Plan du site

Pages

- 404
- Contacter SeoMix
- Gravatar : avoir son avatar
- Les auteurs
- Les services de l'agence WordPress et SEO
  - Audit SEO et WordPress
  - Référencement naturel
  - Développement et création de site WordPress
  - Formations
    - Formation WordPress et SEO
- Mentions légales
- SeoMix : l'agence Web de Nantes
  - Nos amis
  - Nos clients
  - Nos plugins
  - Recrutement

Articles par catégorie

- **Catégorie** : Le Blog
  - Axel, le tout nouveau mixeur
  - SeoMix V5 est en ligne

Pour ce faire, rien de plus simple ; il suffit d'installer et d'activer l'extension. Créez ensuite une nouvelle page que vous appellerez *Plan du site* et ajoutez le code suivant dans le contenu :

```
[wp_sitemap_page]
```

La première chose est de vérifier que la page *Plan du site* ne reliste pas cette dernière elle-même. Le but est d'éviter de faire un lien inutile vers soi-même. Pour cela, une fois votre page créée.

1 Regardez l'URL de celle-ci quand vous la modifiez dans l'administration de WordPress. Elle sera du type mon-site.fr/wp-admin/post.php?post=156&action=edit.

2 Récupérez le chiffre présent dans cette adresse ; il s'agit de l'identifiant de la page (ici 156).

3 Rendez-vous ensuite dans le menu *Réglages > WP Sitemap Page*.

4 Dans la case *Exclure des pages*, ajoutez le chiffre concerné. Ainsi, vous allez exclure la page ayant l'identifiant X de la page *Plan du site*.

Figure 7–14
Vous pouvez exclure manuellement des pages du Plan du site.

Exclure du plan du site traditionnel

Exclure des pages 156,17172,17134

Il suffit d'ajouter les ID, séparés par une virgule, des pages que vous voulez exclure.

Faites de même avec tout autre contenu « privé ». Par exemple, si vous installez une extension e-commerce, les pages privées de type *Panier*, *Mon Compte* ou encore *Paiement* vont apparaître automatiquement dans la page *Plan du site*. Veillez donc à bien ajouter chaque identifiant de contenu que vous voulez exclure.

La seconde subtilité consiste à contrôler quels types de contenus sont ajoutés. En effet, par défaut, l'extension ajoute tout ce qu'elle trouvera de déclaré dans votre WordPress. Et le souci, c'est que certains développeurs de thèmes et d'extensions oublient de rendre privés certains post types ou taxonomies. Vous risquez ainsi d'ajouter dans votre page *Plan du site* des contenus qui ne devraient jamais être rendus publics directement, mais qui servent par exemple à afficher, trier ou filtrer vos différents contenus pour l'utilisateur.

Attention aussi dans les cas où le développeur maîtrise mal WordPress. Il va alors parfois utiliser les fonctions de base de manière détournée, ce qui va nuire au référencement. Un exemple concret de cette problématique, c'est lorsqu'un développeur veut afficher en page d'accueil une série d'articles « coups de cœur » ; il va alors créer une catégorie « coups de cœur » pour les regrouper. Dans ce cas de figure, on se retrouve avec une nouvelle catégorie complètement dénuée de sens (et qu'il faudra exclure de la page *Plan du site*). Bref, méfiez-vous toujours de vos extensions, de votre thème, de vos utilisateurs et de votre développeur.

WP-PageNavi (pagination)

INFORMATIONS SUR L'EXTENSION   **WP-PageNavi**

Version actuelle de l'extension : 2.91
Paramétrage de l'extension : *Réglages>WP-PageNavi*
▸ https://wordpress.org/extend/plugins/wp-pagenavi/
Intérêt : mettre en place une navigation numérotée pour la pagination des taxonomies

---

Sur un site Internet, la pagination correspond au système de navigation que l'on retrouve en bas de page, grâce auquel on peut naviguer à travers les articles suivants et précédents d'un site. Elle aide à la fois l'internaute à passer d'un contenu à un autre et les moteurs de recherche à accéder à tous vos contenus, ceux situés par exemple dans une même catégorie.

Malheureusement, la pagination par défaut des thèmes WordPress se résume à un simple lien pas vraiment approprié : *Articles plus anciens* ou *Articles plus récents*.

Figure 7–15
La pagination par défaut des blogs WordPress : peu ergonomique et peu optimisée pour le référencement

← Articles plus anciens   Articles plus récents →

Cela pose deux problèmes :
- d'une part, il faudra beaucoup de clics au moteur de recherche pour aller indexer la dernière page du blog ;
- d'autre part, c'est anti-ergonomique pour l'utilisateur. On doit pouvoir lui laisser le choix de naviguer facilement de la première à la dernière page, ou encore de l'informer du nombre total de pages.

Une bonne pagination va permettre à vos visiteurs de naviguer facilement à travers des contenus divers ; ce sera également vrai pour les moteurs de recherche. Elle facilitera l'indexation de vos contenus, surtout pour les plus anciens d'entre eux, et encore plus si vous avez beaucoup de publications actuellement en ligne.

Paramétrage

Voyons maintenant comment mettre en place cette pagination. Si vous ne vous sentez pas capable de modifier en profondeur votre thème, la meilleure solution est l'extension WP-PageNavi.

Installez-la sur votre blog WordPress, puis configurez comme suit les premiers paramètres :

- *Texte pour le nombre de pages* : `Page %CURRENT_PAGE% sur %TOTAL_PAGES%` ;
- *Texte pour la page affichée* : `%PAGE_NUMBER%` ;
- *Texte pour les pages* : `%PAGE_NUMBER%` ;
- *Texte pour la première page* : `« Première` ;
- *Texte pour la dernière page* : `Dernière »` ;
- *Texte pour la page précédente* : laisser vide ;
- *Texte pour la page suivante* : laisser vide ;
- *Texte pour les pages intermédiaires précédentes* : laisser vide ;
- *Texte pour les pages intermédiaires suivantes* : laisser vide.

Par défaut, indiquez les valeurs suivantes pour les paramètres ci-dessous :

- *Nombre de pages à afficher* : `3` (c'est le nombre de pages à afficher autour de la page actuelle) ;
- *Nombre d'étapes intermédiaires* : `3` ;
- *Afficher les étapes intermédiaires par multiples* : `5`.

Le code à installer

Une fois ces paramètres renseignés, il faudra, comme indiqué, modifier votre thème actuel. Avec un éditeur de code (Sublime Text, NetBeans, etc.), cherchez dans TOUS les fichiers de votre thème pour trouver l'intégralité des endroits où peut s'afficher la pagination par défaut de WordPress. Si le thème est vraiment bien conçu, vous ne trouverez le code concerné qu'à un seul endroit, par exemple dans le fichier `footer.php`.

ATTENTION **Pensez toujours à sauvegarder vos fichiers avant modification**

Nous allons ici modifier des fichiers de votre thème. Faites toujours une sauvegarde de ces fichiers avant car il est très facile de se tromper dans le code, et il serait dommage de « casser » votre site Internet en voulant l'optimiser.

Le code que vous recherchez ressemble à celui-ci.

Les fonctions de pagination par défaut : premier exemple

```
<div class="nav-previous"><?php next_posts_link( __( '<span
class="meta-nav">&larr;</span> Older posts', 'twentyten' ) ); ?></div>
<div class="nav-next"><?php previous_posts_link( __( 'Newer posts <span
class="meta-nav">&rarr;</span>', 'twentyten' ) ); ?></div>
```

Ce code peut malheureusement varier d'un thème à l'autre et ressembler également à cette variante plus simple, comme ici :

Les fonctions de pagination par défaut : second exemple

```php
<?php next_posts_link(); ?>
<?php previous_posts_link(); ?>
```

Attention cependant : certains thèmes possèdent des fonctions portant un autre nom pour la pagination. C'est notamment le cas avec le thème par défaut TwentyTwelve, qui utilise le code suivant (et c'est aussi le cas des thèmes qui vont créer leurs propres fonctions sur mesure).

La pagination dans le thème TwentyTwelve

```php
<?php twentytwelve_content_nav( 'nav-below' ); ?>
```

Pour que l'extension WP PageNavi fonctionne, remplacez le ou les code(s) trouvé(s) par celui-ci.

Afficher la pagination de l'extension WP-PageNavi

```php
<?php if (function_exists('wp_pagenavi')) { wp_pagenavi(); } ?>
```

Figure 7–16
La pagination générée par l'extension WP-PageNavi : elle est optimisée pour le référencement et ergonomique.

Adapter les paramètres

Attention : les trois derniers paramètres cités plus haut dépendent de la taille de votre blog. Sur un petit blog, par exemple avec moins de 100 articles et ayant 15 à 20 articles par page, ces réglages sont parfaits. Mais si votre blog en contient des centaines voire des milliers, il va falloir paramétrer le tout autrement, sinon votre pagination va devenir très longue et inutilisable pour l'utilisateur.

Quand vous avez beaucoup d'articles (plus de 200), il faut tout d'abord augmenter le nombre d'articles par page dans le menu *Réglages>Lecture*, avec par exemple 25 à 30 articles par page, voire plus (nous l'avons vu au chapitre précédent, reprenez un café si vous avez oublié). Ensuite, c'est à vous de trouver le bon compromis entre un grand nombre d'articles et le temps de chargement de vos pages. Il faudra donc tester des chiffres différents pour voir quel est le meilleur paramétrage pour l'utilisateur (à savoir ne pas avoir trop de liens dans votre pagination).

> RAPPEL **Qu'est-ce qu'une bonne pagination ?**
>
> Une bonne pagination doit permettre à Google d'accéder à n'importe quelle page de votre site en moins de cinq clics pour faciliter au maximum l'indexation. Elle est encore plus utile si vous mettez à jour vos anciens articles, mais que ceux-ci sont perdus au milieu des autres ou au fin fond de votre site Internet.

On peut ensuite jouer avec les paramètres de WP-PageNavi. La méthode de calcul présentée ici est un peu complexe, mais elle a fait ses preuves sur la plupart des sites pour lesquels j'ai travaillé. Voici les étapes à suivre.

1 On récupère le nombre total de pages du blog. Pour ce faire, il suffit de diviser le nombre total d'articles de votre plus grosse catégorie par le nombre d'articles à afficher par page (dans le menu *Réglages>Lecture*). On connaîtra ainsi le nombre de pages présentes dans notre pagination la plus grande.

2 On divise par deux ce chiffre, puis on divise le nombre obtenu par trois ou quatre. Cela donne le multiple à utiliser pour afficher les étapes intermédiaires. L'idée ici est de savoir quels seront les bonds de pagination à utiliser. Par exemple, dans cette pagination 1-2-3-10-20, les chiffres 10 et 20 sont des bonds de pagination.

3 On divise ensuite ce chiffre par deux, et on divise de nouveau le tout par deux pour obtenir le nombre de pages suivantes à afficher. En reprenant l'exemple du 1-2-3-10-20, les chiffres 2 et 3 sont les pages suivantes à afficher.

Cela nous donne l'enchaînement suivant :

- *Nombre d'intervalles* = 3 à 5 (3 pour un petit blog, 4 voire 5 pour les plus gros) ;
- *Multiple d'intervalles* = Nombre de pages total / 2 / Nombre d'intervalles ;
- *Nombre de pages à afficher* = Multiple d'intervalles / 2 / 2.

Prenons un exemple concret. Imaginons une catégorie ayant 178 URL de pagination, et que l'on veuille savoir comment Google peut réussir à indexer les contenus présents dans la 89e page :

- 1er clic : page d'accueil du site ;
- 2e clic : arrivée sur la page 80 (multiple d'intervalles de 20 avec 4 nombres d'intervalles) ;
- 3e clic : arrivée sur la page 86 (nombre de pages à afficher à 6) ;
- 4e clic : arrivée sur la page 89.

En cinq clics maximum, on arrive donc à atteindre n'importe quel contenu du site.

Attention cependant : sur certains blogs monstrueux – ceux qui ont par exemple plusieurs dizaines de milliers d'articles –, il peut arriver que l'on obtienne un nombre de pages à afficher trop important. Dans ce cas de figure, pour la pagination, on ne pourra pas faire mieux malheureusement. Sachez cependant que d'autres extensions ou techniques vont nous permettre, plus loin dans ce livre, d'améliorer la structure, le maillage interne et surtout notre indexation.

YARPP : Yet Another Related Posts Plugin (articles relatifs)

INFORMATIONS SUR L'EXTENSION **YARPP**

Version actuelle de l'extension : 4.4
Paramétrage de l'extension : *Réglages>YARPP (Entrées similaires)*
▸ https://wordpress.org/extend/plugins/yet-another-related-posts-plugin/
Intérêt : créer un système automatisé et pertinent d'articles relatifs

La gestion des articles relatifs est un point crucial pour le maillage interne d'un site, surtout pour les plus gros d'entre eux, pour lesquels il serait beaucoup trop long ou trop contraignant de revenir sur chaque contenu pour en modifier les liens internes : l'idée étant que les anciens articles fassent automatiquement des liens vers les nouveaux (et inversement).

La bonne gestion de ce maillage entre contenus similaires va renforcer le poids de chaque article et favoriser le positionnement des pages, par conséquent. Ce qui incitera vos visiteurs à rester sur le site et à poursuivre leur navigation.

L'extension se configure dans l'administration via quatre blocs. Parfois, vous n'en verrez que deux. Pour activer les deux autres, cherchez le bouton *Options de l'écran* situé en haut à droite quand vous serez dans le menu d'administration de l'extension. Cochez ensuite toutes les cases disponibles et vous verrez les deux blocs manquants apparaître.

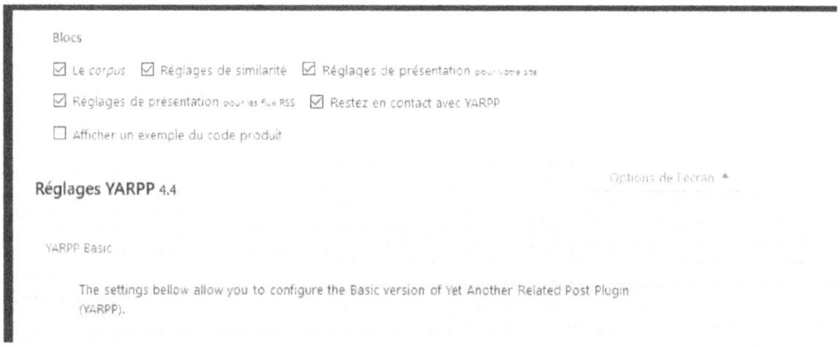

Figure 7–17
Le menu Options de l'écran permet de modifier l'affichage de l'interface utilisateur. Vous pouvez y accéder sur **toutes** les pages d'administration de WordPress.

ATTENTION **Remarque sur les options de l'écran**

Sachez que ce petit tour de passe-passe pour afficher certains éléments est un point à toujours garder en tête avec ce CMS. Plus loin dans ce livre, il est possible que l'on parle d'autres blocs dans l'administration de WordPress, blocs qui parfois ne s'afficheront pas chez vous. Très souvent, il suffira de répéter la même opération pour voir apparaître l'élément demandé.

Le corpus

Ce premier bloc a peu d'intérêt en règle générale. Il permet principalement :

- d'exclure certains contenus du bloc d'articles relatifs (ce que je déconseille) ;
- d'inclure les entrées protégées par mot de passe (ce que je déconseille aussi) ;
- de n'afficher que des publications récentes de moins de 12 mois (ce que je déconseille encore plus).

Ces trois options ont rarement un intérêt pour vos visiteurs, et encore moins pour les moteurs de recherche. Si vous les utilisez, vous risquez juste de réduire la pertinence des articles relatifs.

Réglages de similarité

Dans chaque article, YARPP choisit les contenus relatifs en leur attribuant une note. Dans ce bloc, nous pouvons définir à partir de quelle note on souhaite afficher un article, sachant que c'est toujours ceux qui auront la meilleure qui seront affichés en premier. Je vous recommande de configurer le seuil d'affichage au minimum, par exemple avec une note de 1 ou 2. Ainsi, l'extension trouvera davantage d'articles relatifs, tout en choisissant toujours les mieux notés.

D'ailleurs, quand vous rédigerez un article et que vous aurez sauvegardé une première fois votre brouillon, vous verrez un nouveau widget qui affichera les articles relatifs à celui-ci et la note correspondante entre parenthèses.

Figure 7–18
Vous verrez quels articles seront associés au contenu que vous êtes en train d'éditer.

Entrées similaires

Voici les entrées similaires à cette entrée. Les modifications ultérieures apportées à cette entrée pourront entraîner une modification de la liste des entrées qui lui sont similaires.

1. Le top 10 des erreurs du référenceur (14)
2. 4 commandes pour tester les performances d'un site (12.6)

La composition finale de la liste des entrées similaires ainsi que sa présentation sur votre site dépendent des options d'affichage YARPP que vous aurez choisies.

Dans la configuration, si vous n'avez aucune taxonomie ni post type supplémentaire, je vous conseille ces paramètres :

- *Titres* : prendre en compte avec plus d'importance ;
- *Contenus* : prendre en compte ;
- *Catégories* : prendre en compte ;
- *Étiquettes* : ne pas prendre en compte ;
- *Inclure tous les types d'entrée dans les résultats* : oui ;
- *Afficher seulement les entrées publiées antérieurement* : non.

Figure 7–19
Le menu de calcul de similarité
de YARPP

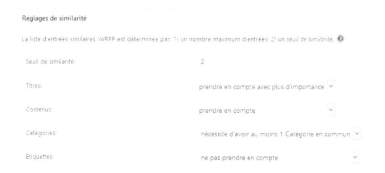

Si vous voulez créer un maillage encore plus poussé, vous pouvez aussi forcer le fait que les articles liés entre eux par le système d'articles relatifs aient obligatoirement une catégorie en commun.

Et si vous avez des custom taxonomies, à vous de conserver le texte et de déterminer s'il faut les prendre en compte (à vous de voir, donc, si ces taxonomies permettent de donner une notion de similarité entre vos contenus).

Règles de présentation pour votre site

Dans le troisième bloc, vous allez pouvoir choisir l'apparence des modules complémentaires. Voici ce que je préconise :

- cochez l'affichage automatique pour les articles ;
- cochez le modèle avec vignettes ;
- traduisez les deux lignes situées en dessous ;
- remplacez éventuellement l'image par défaut par une de votre choix.

Figure 7–20
Vous êtes, bien entendu, libre de choisir un modèle personnalisé pour afficher vos articles relatifs.

Si vous ne cochez pas l'affichage automatique des articles relatifs, il faudra obligatoirement copier-coller ce code à l'endroit désiré dans votre thème.

Afficher les articles relatifs de YARPP

```php
<?php if (function_exists('related_posts')) { related_posts(); } ?>
```

Règles de présentation pour les flux RSS

Cette option permet d'ajouter dans votre flux RSS le module d'articles relatifs.

Libre à vous de l'activer ou non, puisque l'impact en référencement naturel est faible mais permet parfois de grappiller quelques liens là où votre actualité aura été aspirée par un agrégateur de contenus. Attention toutefois, vu que vous aurez sur une même page tous les articles relatifs à toutes vos publications : vous risquez d'avoir des doublons de liens.

Personnaliser YARPP

Ajouter une fonctionnalité à un moteur de recherche sans penser à l'utilisateur est un non-sens. Il faut donc que vous puissiez rendre cet élément de contenu suffisamment visuel pour qu'il attire l'œil et que les internautes s'en servent. Pensez toujours à vérifier dans YARPP que les articles relatifs à vos contenus s'intègrent de manière logique au design de votre site.

Si vous optez pour le modèle « Thumbnail » ou un modèle personnalisé avec des images, il est possible qu'il y ait une rupture de l'affichage. Pour y remédier, vous pouvez faire plusieurs choses :

- vider le cache de votre navigateur ;
- vider le cache de votre site, s'il y en a un ;

- forcer la regénération de vos images par WordPress, par exemple avec l'excellente extension Ajax Thumbnail Rebuild.

REMARQUE **Ne paniquez pas si vous voyez la note sur votre site**

Si vous êtes connecté en tant qu'administrateur, vous risquez de voir sur votre site les articles relatifs, avec la note associée à chacun entre parenthèses : ne vous inquiétez pas, vous êtes le seul à la voir et les visiteurs n'ont pas accès à cette information.

Figure 7–21
Restez zen : la note n'est visible que par vous-même quand vous êtes connecté.

Related posts:

1. A Post With an Ordered List (2)
2. Another Text-Only Post (2)
3. A Simple Text Post (2)

ATTENTION **Cette extension ralenti le site**

Sachez aussi que c'est une extension gourmande qui stocke beaucoup de données. Sur des hébergements peu puissants, cette extension peut parfois réduire les performances du site.

SX No HomePage Pagination

INFORMATIONS SUR L'EXTENSION **SX No HomePage Pagination**

Version actuelle de l'extension : 1.1.1
Paramétrage de l'extension : *aucun*
▸ https://wordpress.org/plugins/sx-no-homepage-pagination/
Intérêt : désactiver proprement la pagination de l'accueil d'un site

---

La pagination est un élément de navigation qui facilite l'indexation des contenus et permet aux internautes de retrouver ceux liés à une thématique. Cependant, ce n'est vrai que lorsqu'on se trouve dans une thématique bien précise : par exemple, si je suis dans la catégorie *WordPress* du site SeoMix, je vais bien trouver tous les articles liés à ce thème, ce qui est logique pour l'utilisateur et pour le moteur de recherche.

Le souci, c'est qu'on retrouve des paginations à d'autres endroits, là où les articles listés n'ont pas forcément la même thématique :

- la page d'accueil ;
- les pages auteurs ;
- les archives par date ;
- etc.

Dans ces cas-là, la pagination a très peu d'utilité pour l'internaute, et encore moins pour le moteur de recherche, puisqu'on le force à analyser de nouvelles pages qui n'ont pas de réelle thématique (et aucun contenu unique). Pour optimiser le maillage interne et la diffusion de la popularité, il est ainsi conseillé de ne pas mettre de pagination sur ce type de page.

Pour le faire proprement, quelle que soit la configuration du site, nous avons créé l'extension SX No HomePage Pagination. Installez-la et activez-la pour retirer automatiquement toute pagination de la page d'accueil, y compris celle ajoutée dans le header des pages par d'autres extensions ou par WordPress.

SX No Author Pagination

INFORMATIONS SUR L'EXTENSION **SX No Author Pagination**

Version actuelle de l'extension : 1.2.1
Paramétrage de l'extension : *aucun*
‣ https://wordpress.org/plugins/sx-no-author-pagination/
Intérêt : désactiver proprement la pagination des pages auteurs d'un site

Tout comme pour l'extension précédente, SX No Author Pagination retire automatiquement la pagination des pages auteurs. Là encore, il suffit de l'installer et de l'activer pour que cela fonctionne.

Les extensions de cache et de vitesse

Le cache, c'est quoi ?

Avant de vous parler de ce type d'extensions, il faut d'abord vous expliquer à quoi elles servent. Quand vous vous rendez sur un site WordPress, voici ce qu'il se passe (je simplifie).

1 WordPress s'initialise.
2 Le CMS interprète ensuite l'adresse que vous avez tapée pour savoir ce que vous cherchez (la page d'accueil, un article, une page…).
3 Votre site génère la page demandée grâce au code PHP et aux informations situées dans la base de données SQL.
4 WordPress envoie à l'internaute le contenu désiré.

Par défaut, WordPress va donc systématiquement recalculer chaque page pour chaque internaute. L'extension de cache évite cette phase de calcul, car votre site aura déjà généré le bon contenu, qu'il aura mis « en cache ». Il donnera donc à l'utilisateur la version déjà calculée, permettant donc de réduire les temps de chargement.

Pourquoi se préoccuper de la vitesse ?

Depuis 2011, Google nous dit qu'il prend en compte la vitesse comme facteur de positionnement. C'est malheureusement faux, du moins en partie.

En réalité, Google applique une très légère pénalité aux sites vraiment très lents, avec des temps de chargement supérieurs à 15 ou 20 secondes voire plus ; à l'inverse, il favorise légèrement les sites vraiment très rapides ayant moins d'une seconde de temps de chargement. La plupart des sites Internet au monde se situent justement entre les deux : à savoir entre 1 et 20 secondes de temps de chargement.

La vitesse n'influera donc presque pas sur votre référencement naturel, du moins sur le positionnement. Alors pourquoi s'en soucier, me direz-vous ? Tout simplement parce qu'être en première position des résultats sur Google et avoir beaucoup de trafic n'est pas un but en soi, mais un moyen. Si les visiteurs n'achètent pas, ne s'inscrivent pas ou encore ne partagent pas vos contenus, l'intérêt d'avoir un site Internet est faible.

L'objectif de votre site peut être multiple. Par exemple :
- vendre des produits ou services ;
- faciliter le service après-vente ;
- informer, conseiller ou faire passer une idée ;
- améliorer l'image de marque ;
- faciliter le travail des commerciaux sur le terrain ;
- etc.

Si vous faites venir des milliers de visiteurs par le référencement, mais que le temps de chargement les fait fuir, cela ne servira à rien. Pour finir, voici quelques chiffres qui devraient vous donner une petite idée de l'importance de la vitesse d'un site (source : http://programming.oreilly.com/2009/07/velocity-making-your-site-fast.html) :
- 0,1 seconde de temps de chargement supplémentaire, et Amazon perd 1 % de ses ventes ;
- 0,5 seconde de plus sur Google, c'est 20 % de recherches en moins ;
- 2 secondes de plus chez Bing, et c'est plus de 4 % de revenus en moins par utilisateur.

Bref, la vitesse est utile aux visiteurs, et vous ne pouvez pas vous en passer.

C'est d'autant plus vrai que l'on consulte souvent un site Internet sur un téléphone ou une tablette avec des vitesses de connexion plus faibles que sur un ordinateur. Si votre site n'est pas rapide, ces internautes-là ressentiront encore plus cette lenteur.

Attention cependant : la vitesse d'un site aura quand même un impact en référencement s'agissant de l'indexation. Avec un site plus rapide, Google va pouvoir analyser plus vite vos contenus et scanner lors de chaque passage un nombre plus important d'URL (phase de crawl). Il est donc important d'avoir un site qui se charge rapidement pour faciliter le travail d'indexation de Googlebot.

> REMARQUE **Pensez à prendre un bon hébergeur**
>
> Les extensions qui seront présentées juste après sont une première étape pour améliorer la vitesse d'un site Internet. Mais sachez que si vous choisissez un hébergeur de mauvaise qualité, vous n'arriverez jamais à corriger le tir. Voici, par exemple, ceux que je vous conseille :
> • en hébergement mutualisé : Infomaniak ;
> • en hébergement spécialisé WordPress : WP Serveur.

WP Super Cache, WP Rocket et autres extensions de cache

Il existe de nombreuses extensions de cache, plus ou moins performantes et plus ou moins pratiques à utiliser. Sur SeoMix, j'avais même réalisé un test en 2010 sur chacune d'elles : http://www.seomix.fr/meilleur-plugin-cache-wp/.

> REMARQUE **Les meilleurs systèmes de cache**
>
> Il s'agit d'un test des extensions de cache de WordPress. Mais il existe des systèmes de cache bien meilleurs, qui vont les remplacer et agiront directement au niveau du serveur, comme Varnish ou Nginx. Si vous avez la possibilité d'utiliser ces systèmes de cache, faites-le.

Parmi les extensions gratuites, j'ai une préférence pour WP Super Cache (mais les autres fonctionnent très bien, elles aussi). Libre à vous d'en utiliser une autre, mais choisissez-en une obligatoirement. Voici une petite liste des extensions à utiliser gratuitement :

- WP Super Cache : http://wordpress.org/extend/plugins/wp-super-cache/ ;
- Hyper Cache : http://wordpress.org/extend/plugins/hyper-cache/ ;
- W3 Total Cache : http://wordpress.org/extend/plugins/w3-total-cache/.

WP Super Cache est la plus simple à installer et à paramétrer, et c'est un réel avantage. À l'inverse, W3 Total Cache est plus complète dans les options proposées. Ces extensions présentent cependant toutes le même défaut : mal paramétrées, elles peuvent provoquer plus facilement des bogues comme des pages blanches, des messages d'erreurs ou encore des scripts JavaScript qui ne fonctionnent plus. Et là, c'est le drame…

Je ne rentrerai pas dans le détail du paramétrage, car les options vont changer fortement en fonction de votre serveur et de votre site. Sur la page officielle de l'extension, vous trouverez un guide d'explication en anglais, ainsi qu'une foire aux questions dans laquelle vous devriez trouver toutes les réponses aux problématiques que vous rencontrez. Mais sachez que la plupart des extensions de cache vont donner un réel coup de boost à votre site Internet.

INFORMATIONS SUR L'EXTENSION **WP Super Cache**

Version actuelle de l'extension : 1.4.9
Paramétrage de l'extension : *Réglages>WP Super Cache*
▸ https://wordpress.org/extend/plugins/wp-super-cache/
Intérêt : calculer et mettre en cache les différents contenus de votre site Internet

---

Enfin, si vous avez un peu de budget à consacrer à votre site, je vous conseille fortement l'extension premium WP Rocket. Elle sera plus performante et plus simple à paramétrer que les extensions gratuites. Mais surtout, vous aurez accès à un support technique en cas de problème ou de simple question.

INFORMATIONS SUR L'EXTENSION **WP Rocket**

Version actuelle de l'extension : 2.9.11
Paramétrage de l'extension : *Réglages>WP Rocket*
▸ https://wp-rocket.me/fr/
Intérêt : calculer et mettre en cache les différents contenus de votre site Internet (et effectuer d'autres optimisations de compression)

Gravatar Local Cache (extension de cache)

INFORMATIONS SUR L'EXTENSION **Gravatar Local Cache**

Version actuelle de l'extension : 1.1.2
Paramétrage de l'extension : *Réglages>Gravatar Local Cache*
▸ https://wordpress.org/extend/plugins/gravatarlocalcache/
Intérêt : mettre en cache les gravatars (les photos des personnes qui commentent votre site Internet)

Une autre extension peut venir compléter celle de cache. Il s'agit de Gravatar Local Cache. Rappelez-vous, nous avions parlé au début des paramètres de discussion, et notamment des avatars.

Si vous avez opté pour les « gravatars », sachez qu'ils ont un défaut. Pour chaque photo à afficher sur votre site, le navigateur va faire une requête vers les serveurs de Gravatar. Si vous avez 50 personnes différentes qui ont commenté un article, vous générerez donc 50 requêtes externes supplémentaires pour charger votre article complètement.

L'extension Gravatar Local Cache permet de ne faire la requête qu'une seule fois, et de la stocker pendant plusieurs heures ou jours sur votre serveur, diminuant ainsi de manière drastique les requêtes inutiles.

WP Sweep (optimisation de la base de données)

INFORMATIONS SUR L'EXTENSION **WP Sweep**

Version actuelle de l'extension : 1.0.10
Paramétrage de l'extension : *Outils > Sweep*
▸ https://wordpress.org/plugins/wp-sweep/
Intérêt : optimiser rapidement sa base de données

Dernière extension pour améliorer la vitesse, WP Sweep optimise en un seul clic la base de données de WordPress. Par ailleurs, elle permet de supprimer toute donnée orpheline ou en doublon afin de gagner réellement de la place.

En effet, notre CMS stocke temporairement des données, puis les supprime (ou bien vous les effacez dans l'administration). Il lui arrive aussi de ne supprimer que partiellement certaines données, ce qui provoque, lentement mais sûrement, une désoptimisation de la base de données.

Attention avant d'utiliser cette extension : effectuez **toujours** une sauvegarde préalable de votre base de données.

Figure 7–22
Aperçu de l'extension
WP Sweep

Orphaned Comment Meta	0	0%	N/A
Duplicated Comment Meta	0	0%	N/A

User Sweep

There are a total of ... ... and ... ...

Details	Count	% Of	Action
Orphaned User Meta	0	0%	N/A
Duplicated User Meta	0	0%	N/A

Term Sweep

There are a total of ... ... and ... ...

Details	Count	% Of	Action
Orphaned Term Relationship	3 000	79.41%	Sweep Details
Unused Terms	5	2.66%	Sweep Details
Note that some unused terms might belong to draft posts that have not been published yet. Only sweep this when you do not have any draft posts.			

Option Sweep

There are a total of ... ...

Details	Count	% Of	Action
Transient Options	165	16.52%	Sweep Details

Database Sweep

There are a total of ... ...

Details	Count	% Of	Action
Optimize Tables	77	N/A	Sweep Details

SF Author URL Control

INFORMATIONS SUR L'EXTENSION **SF Author URL Control**

Version actuelle de l'extension : 1.2
Paramétrage de l'extension : *Réglages>Permaliens*
▸ https://wordpress.org/plugins/sf-author-url-control/
Intérêt : modifier les URL des taxonomies d'auteur

SF Author URL Control est aussi une extension utile. Si vous décidez de conserver les pages de vos auteurs (nous en parlerons plus loin), cette extension permettra de faire deux choses pour en améliorer les URL :

- elle permet de traduire le slug des pages auteurs, c'est-à-dire le terme « author » dans les URL comme celle-ci : `seomix.fr/author/daniel-roch/` ;
- en modifiant le profil d'un utilisateur, on peut aussi modifier son slug, comme ici : `/author/daniel-roch` devient `/author/beau-gosse/`.

ATTENTION

Comme pour tout réglage qui modifie les URL, pensez bien à mettre en place vos redirections 301.

SEO KEY (extension de référencement)

SEO KEY est l'extension de référencement naturel que nous développons chez SeoMix. Nous travaillons d'arrache-pied pour pouvoir enfin proposer une extension complète et simple pour améliorer le SEO de ce CMS.

Figure 7–23
La future extension dont vous
ne pourrez plus vous passer

Nous allons parler juste après de Yoast SEO, une extension à tout faire. En effet, elle vous fournira toutes les fonctionnalités manquantes pour le référencement naturel (balises `title`, balises `meta description`, *sitemaps*, balises canoniques, etc.). Le but de SEO KEY sera aussi de proposer un panel de fonctionnalités pour le SEO. La différence sera pourtant réelle :

- SEO KEY proposera de nouvelles fonctionnalités ne figurant pas dans les extensions citées dans ce livre ;
- les fonctionnalités ne servant à rien pour le SEO seront absentes de SEO KEY (par exemple, une partie des fonctionnalités liées aux réseaux sociaux ou encore aux metas Dublin Core) ;
- l'ergonomie de SEO KEY sera repensée de A à Z pour l'utilisateur final, et non pour les développeurs.

Lors de sa sortie prochaine, l'extension SEO KEY remplacera donc Yoast SEO, mais aussi certaines des extensions précédentes dont nous avons parlé (un message automatique vous indiquera alors lesquelles seront devenues inutiles).

Pour suivre la sortie de SEO KEY, rendez-vous sur le site officiel : https://www.seo-key.com/.

Yoast SEO (extension de référencement)

<small>INFORMATIONS SUR L'EXTENSION</small> **Yoast SEO**

Version actuelle de l'extension : 4.6
Paramétrage de l'extension : *SEO*

▸ https://wordpress.org/extend/plugins/wordpress-seo/

Intérêt : optimiser, paramétrer et gérer de nombreux éléments indispensables au référencement naturel de WordPress

Pourquoi Yoast ?

Comme expliqué précédemment, Yoast SEO est sans doute l'extension de référencement naturel la plus connue et la plus utilisée dans le monde (plusieurs millions d'utilisateurs). Elle est souvent considérée comme la plus complète dans ce domaine. Nous allons donc, en attendant la sortie de SEO KEY, voir comment elle fonctionne et, surtout, comment bien la paramétrer.

Nous ne parlerons pas des autres extensions équivalentes telles que The SEO Framework, All In One SEO, SEOPress, SEO Ultimate ou encore Platinium SEO. Elles présentent toutes des avantages et inconvénients par rapport à ce que propose Yoast SEO, et elles ont toutes peu ou prou les mêmes défauts.

Le plus important donc, c'est surtout de comprendre le principe sous-tendant chaque option que l'on va présenter. Avec SEO KEY, nous aurons des fonctionnalités en plus (et en moins), mais surtout une ergonomie bien plus pertinente !

Présentation de l'extension

Il s'agit de l'extension qui vous apportera le plus de fonctionnalités supplémentaires pour le référencement naturel. Au tout début de ce livre, je vous ai brièvement parlé d'une des lacunes de WordPress : l'absence d'un grand nombre d'options de base pour le référencement, comme les champs pour modifier les balises `title` et `meta description` d'un article, ou encore l'impossibilité de générer un sitemap ou la balise `meta canonical`.

Heureusement pour vous, l'extension nécessaire existe.

Figure 7–24
Yoast SEO, la meilleure
extension de référencement
actuelle, créée par Yoast

Figure 7–24
Yoast SEO, la meilleure
extension de référencement
actuelle, créée par Yoast

L'extension Yoast SEO est une véritable petite mine d'or. C'est actuellement la plus performante de toutes, mais surtout la plus complète.

Voici les actions qu'elle permet de réaliser :

- gérer de manière globale et individuelle les titres et descriptions de toutes les pages du site ;
- donner des conseils concernant l'optimisation d'un contenu précis (densité de mots-clés, pertinence du titre, présence de balises h2…) ;
- générer un fichier sitemap ;
- générer un chemin de navigation ;
- générer les informations de Facebook (appelées données « Open Graph ») et de Twitter pour faciliter le partage sur les réseaux sociaux ;
- personnaliser le flux RSS ;
- optimiser les URL des différents contenus ainsi que différents paramètres supplémentaires pour le référencement naturel.

Bref, cette extension fait tout pour vous !

Figure 7–25
Yoast SEO fera apparaître un
ensemble complet de menus
pour gérer tous les paramètres
SEO de votre site.

Je vais maintenant passer en revue chaque menu pour vous expliquer ce qu'il faut faire, et surtout ce qu'il faut éviter. Nous verrons au chapitre 11 dédié aux contenus comment optimiser manuellement chaque contenu.

Menu Général

Dans le premier menu, Yoast propose des options génériques, comme la visite guidée de l'extension, un tableau de bord ou encore la réinitialisation des paramètres. Comme pour beaucoup de menus de cette extension, vous verrez plusieurs onglets, chacun gérant un aspect de votre référencement naturel.

Dans le troisième onglet, vous pouvez activer ou désactiver certaines fonctionnalités de l'extension. Commencez donc votre paramétrage par l'activation de toutes les options de cet onglet. Sinon, un bon nombre de fonctions, menus ou onglets ne s'afficheront pas.

Dans le quatrième onglet nommé *Vos informations*, renseignez si vous êtes une personne ou une société, puis remplissez les champs demandés en dessous (les options *Nom du site web* et *Autre nom* ne servent à rien). Ainsi, Google saura qui se trouve derrière un site grâce à son Google Knowledge Graph. Il s'agit d'une base de données et de connaissances qui permet à Google de lier les résultats de son moteur de recherche avec des informations sémantiques issues d'autres sources (Wikipédia ou Freebase par exemple). C'est notamment ce qui apparaît quand on fait une recherche sur une personne connue dans Google.

Figure 7–26
Un exemple de résultats issu du
Knowledge Graph de Google

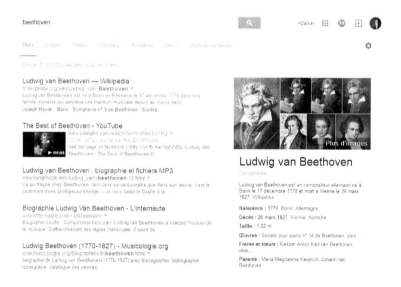

Dans le cinquième onglet, vous pouvez associer votre site aux différents outils pour les webmasters, notamment la Search Console de Google.

Figure 7–27
Remplissez les différentes
options avec les paramètres
qui vous sont donnés
par les centres Webmaster
correspondants.

Vérification des outils pour les webmasters

Vous pouvez utiliser les cases ci-dessous pour permettre la vérification de votre site avec différents outils pour webmasters. Si votre site l'est déjà, vous pouvez simplement les oublier. Entrez les valeurs de vérification meta pour :

Outils de Bing pour webmasters :

Google Search Console :

Outils de Yandex pour webmasters :

Save changes

Voici les URL des deux centres Webmaster les plus pertinents, pour lesquels vous devrez ajouter votre site Internet si vous souhaitez suivre votre référencement et voir les erreurs détectées par les moteurs de recherche. Lors de votre inscription, ils vous donneront justement les valeurs de vérification à renseigner dans ce menu de Yoast :

*   Google : https://www.google.com/webmasters/tools/home?hl=fr ;
*   Bing : http://www.bing.com/toolbox/webmaster.

Votre référencement ne sera pas amélioré, mais vous aurez accès à un tableau de bord dans chaque centre Webmaster, et vous pourrez y suivre l'état de santé de votre site (erreurs d'exploration, problèmes d'indexation, soumission de fichiers sitemaps…). Vous saurez ainsi comment les moteurs de recherche comprennent votre site et vous pourrez agir en conséquence.

Enfin, l'onglet *Sécurité* sert à désactiver les options avancées de l'extension. Le paramètre doit donc être réglé sur « Activé ».

Titres et metas

Les choses vont se compliquer un peu ici. Le menu *Titres et metas* gère toutes les règles automatiques pour générer les balises situées dans l'en-tête (header) de vos pages, à savoir :

*   la balise title, qui décrit en quelques mots le contenu de la page et qui est très importante en référencement naturel ;
*   la balise meta description, qui décrit vos contenus dans les résultats de Google ;
*   la balise robots, qui indique s'il faut indexer et suivre les différents liens et contenus.

Ce menu se décompose en plusieurs onglets que nous allons détailler.

Onglet Général

Pour le séparateur de titre, choisissez celui qui vous convient, sachant que – et | sont les plus répandus, et qu'ils n'ont aucun impact en référencement.

Onglet Page d'accueil

Vous allez pouvoir y paramétrer les informations spécifiques à votre page d'accueil, à savoir :

- *Le modèle de titre* : en d'autres termes la balise `title` de l'accueil ;
- *Le modèle de meta description* : en d'autres termes la balise `meta description` de l'accueil.

Si vous ne connaissez pas l'importante de ces deux éléments, ou si vous ne savez pas comment les rédiger, mettez ce point de côté et lisez le chapitre dédié aux contenus pour savoir comment optimiser ces deux éléments.

Si vous avez opté pour une page statique sur l'accueil de votre site, sachez que Yoast SEO n'utilisera pas les informations remplies dans cet onglet, mais celles renseignées dans la page statique elle-même. Nous y reviendrons un peu plus loin.

Dans le cas d'une configuration standard avec l'accueil qui affiche les derniers articles, vous pourrez optimiser ici directement les balises `title` et `meta description`.

Onglet Types de contenus

Pour chacun des types de contenus (post types) qui existent, ceux par défaut et ceux que vous avez créés avec vos extensions ou votre thème, vous pouvez générer des règles par défaut. Quand vous publierez ou modifierez un contenu, l'extension utilisera ces paramètres, sauf si vous avez manuellement optimisé et renseigné le titre ou la description de votre contenu.

Pour faire simple, nous allons indiquer à WordPress comment il doit générer les titres et balises `meta description` de tous vos contenus. C'est une première étape, car vous devrez **toujours** optimiser chaque contenu manuellement. Nous parlerons de ce dernier point dans la 3e partie dédiée aux contenus.

Pour établir les règles pour les articles, les pages et les médias (les pages attachments), voici les paramètres que je vous conseille :

- Pour tous :
  - *Modèle de titre* : `%%title%%`
  - *Modèle de meta description* : `%%excerpt%%`
- Articles :
  - *Meta robots* : ne pas cocher. Ce serait dommage de désindexer vos contenus, non ?

- Pages :
  - *Meta robots* : ne pas cocher (pour la même raison)
- Fichiers médias :
  - *Meta robots* : cocher la case, car les pages attachments ne sont que très rarement pertinentes pour l'internaute et pour les moteurs de recherche.

Il y a deux options dont je n'ai pas parlé pour chaque post type parce que le paramétrage est identique. La première est *Masquer la date dans l'affichage de l'extrait pour les articles*, que vous devez cocher. Elle permet parfois de supprimer l'ajout de la date lors de l'affichage des résultats dans Google, à l'inverse de l'exemple suivant où elle apparaît encore avec le texte « il y a trois jours ».

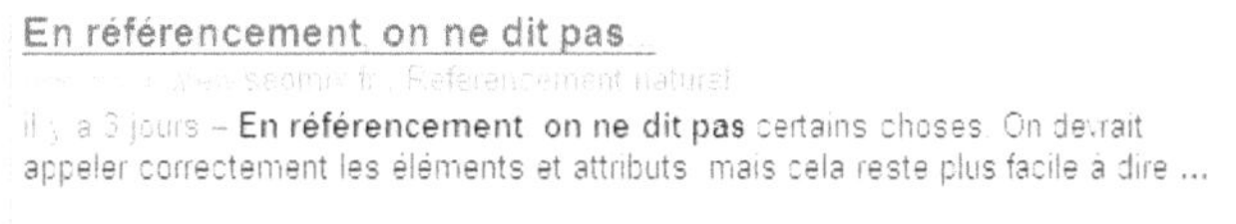

Figure 7–28
Dans cet exemple, on peut voir que la date « 3 jours » apparaît avant la description, et qu'elle réduit donc la taille de cette dernière.

En référencement on ne dit pas

il y a 3 jours - **En référencement** on ne dit pas certains choses. On devrait appeler correctement les éléments et attributs mais cela reste plus facile à dire ...

Je dis bien parfois, car Google fait des siennes, et le fait de cocher l'option ne vous garantit absolument pas de retirer la date des résultats de recherche pour avoir plus de place pour la description.

Ensuite, ne cochez jamais l'option *WordPress SEO meta box* : *cacher,* car c'est grâce à cette `meta box` que vous pourrez modifier manuellement le `title` et la `meta description` contenu par contenu.

Vos custom post types

Il est probable que vous ayez en plus d'autres post types – pour l'instant, nous avons en effet parlé seulement des articles, pages et médias. Une de vos extensions, ou votre thème, peut en effet créer de nouveaux types de contenus. Par défaut, appliquez le même paramétrage pour les modèles de titre et de `meta description`. En revanche, vous devez **TOUJOURS** vous poser la question suivante : « Ce type de contenu est-il destiné à être rendu public ? ».

- Si oui, ne cochez rien de plus.
- Si non, cochez la case *noindex, follow.*

Vous aurez aussi parfois des paramétrages pour des archives de post types. C'est le cas quand votre développeur de thème ou d'extension a ajouté un post type (par exemple « Client » ou encore « Produits ») et qu'il a décidé d'avoir une page qui liste tous les contenus de ce post type, quelle que soit leur catégorisation. Par exemple, si je crée un post type « Client », j'aurai accès par défaut à des pages dédiées aux clients qui ressembleront à cela : monsite.fr/clients/nom-client/. Si je tape l'URL monsite.fr/clients/, j'arrive donc sur l'archive du post type. Et Yoast SEO vous permettra, comme pour la page d'accueil, d'optimiser ici les balises `title` et `meta description` de ces pages.

Onglet Taxonomies

Nous allons maintenant configurer les taxonomies comme les catégories et les mots-clés.

Pour les archives des catégories, laissez l'indexation se faire naturellement. Il s'agit de la structure principale de votre site, celle qui est censée être la plus pertinente et la plus visible pour vos visiteurs et les moteurs de recherche. Ne cherchez jamais à désindexer ces URL. Ne cochez donc pas la case *noindex, follow*.

Les archives par étiquettes peuvent, à l'inverse, entraîner de très fortes duplications de contenus. Un grand nombre de sites conseillent ainsi de désindexer ce type de taxonomie. De cette manière, les pages d'étiquettes permettent aux visiteurs de naviguer de contenus en contenus, en freinant néanmoins fortement l'indexation de vos publications et en bloquant le transfert de popularité entre elles. La question à se poser est toute simple : pourquoi vouloir offrir une fonctionnalité aux visiteurs mais pas aux moteurs de recherche ?

Il y a donc deux choix possibles concernant le paramétrage des étiquettes :

- utiliser les étiquettes et, ne pas cocher la case *noindex* (on déconseille cependant cette méthode) ;
- ne pas utiliser les étiquettes et dans ce cas, vous devez cocher la case *noindex*.

Pour toutes les raisons que je viens d'évoquer, voici le paramétrage que je préconise pour les taxonomies, valable pour tous les contenus :

- *Modèle de titre* : `%%term_title%% %%page%%`. Le titre reprendra le nom de la catégorie ou de l'étiquette, ainsi que le numéro de page actuel quand c'est nécessaire, par exemple « Page 2 » ;
- *Modèle de meta description* : `%%term_description%% %%page%%`.

BON À SAVOIR **Mes autres taxonomies sont-elles pertinentes ?**

Pour savoir si vous devez ou non cocher la case *meta robots* pour vos autres taxonomies, il existe une solution simple. Rendez-vous sur votre site et regardez si vous pouvez consulter directement cette taxonomie, exactement comme vous le feriez pour une catégorie ou une étiquette.

- Si vous trouvez la taxonomie dans votre site, ne cochez pas la case.
- Si vous ne la trouvez pas, cochez la case.

L'autre question à se poser est de savoir si trouver cette taxonomie sur votre site a un intérêt ou non. S'il n'y en a pas, il faudra non seulement cocher la case *noindex, follow*, mais aussi corriger votre thème ou vos extensions pour ne plus faire de lien vers cette taxonomie.

Onglet Archives

Ce dernier onglet permet de configurer les règles pour les derniers types de taxonomies.

Les archives par auteur

Les pages auteurs ne sont pertinentes que dans certains cas.

- Si vous avez un seul auteur, elle n'est pas utile et mieux vaut créer une page *À propos* qui parlera de vous de manière détaillée. Dans ce cas de figure, cochez la case *Désactiver les archives de l'auteur*.
- Si à l'inverse il y a plusieurs auteurs, le plus simple est de les utiliser pour pouvoir vous positionner sur les nom et prénom de chaque auteur. Ne cochez donc pas ces cases, mais utilisez les paramètres suivants :
    - *Modèle de titre* : `%%name%%, auteur sur %%sitename%%` ;
    - *Modèle de meta description* : laissez vide. Il faudra la remplir manuellement dans le profil de chaque utilisateur.

Les archives par date

Les archives par date peuvent (et doivent) être désindexées dans 99 % des cas. Ne les laissez actives que dans le cas où votre contenu est **très** fortement lié à la notion de date, de période et de saisonnalité, et que cela s'en ressent dans les mots-clés que vous ciblez sur Google.

Sinon, cette méthode de structuration de contenus n'a aucun intérêt pour l'internaute, car il existe d'autres moyens d'afficher clairement une date de publication. Pire encore, une classification par date n'a souvent aucune valeur sémantique pour un moteur de recherche. Cochez donc la case *Désactiver les archives par date*.

Les pages spéciales

Les titres des pages spéciales *Pages de recherche* et *Pages 404* ne seront jamais indexés. Vous pouvez donc mettre le modèle de titre que vous voulez sans aucune incidence sur votre référencement. Ici, pensez donc avant tout à vos visiteurs. Et vérifiez surtout que les phrases sont correctement traduites.

Onglet Autres

Dans ce dernier onglet, vous trouverez les options suivantes.

- *Ne pas indexer les sous-pages des archives* : ne jamais cocher cette case, car elle force la désindexation de la pagination de chaque type d'archive (auteur, dates, catégories, mots-clés et autres taxonomies personnalisées). Tout doit reposer sur le thème que vous allez utiliser pour éviter les duplications de contenus et autres problèmes de référencement, et non pas sur cette option. Ces pages sont utiles, car :

– elles ont un intérêt pour le visiteur ;

– en modifiant le thème, on peut facilement leur donner une réelle plus-value ;

– elles facilitent l'indexation des publications.

• *Utiliser la balise meta keywords* : cette case ne doit pas être cochée. En effet, Google n'emploie plus, depuis des années, la balise `meta keywords` pour le référencement naturel. Cette option ne sert donc qu'aux nostalgiques…

• *Ajouter la balise meta robots noodp sur tout le site* et *Ajouter la balise meta robots noydir sur tout le site* : elles sont maintenant inutiles. Théoriquement, les moteurs de recherche ne les utilisent plus. À une époque, ils pouvaient en effet se servir des descriptions issues de leurs annuaires respectifs pour présenter votre site (Dmoz pour Google et Yahoo Directory pour Yahoo!).

Réseaux sociaux

Les réseaux sociaux ont le vent en poupe depuis 2012. Tous les référenceurs s'accordent à dire qu'ils ont un impact en référencement naturel, même si celui-ci est vraiment très faible. Les tests menés par différents référenceurs prouvent qu'ils peuvent améliorer l'indexation et le crawl, mais que l'impact sur le positionnement est **inexistant**.

Quand on parle d'optimisation pour les réseaux sociaux, les webmasters se contentent généralement d'ajouter les boutons *Twitter*, *J'aime* et *Google+*, sans modification supplémentaire. Cependant, ce menu de Yoast SEO va faciliter la diffusion de vos contenus sur ces plates-formes sociales.

Onglet Comptes

Commencez tout d'abord par remplir les liens de tous vos profils sociaux :

• Facebook ;
• Twitter (mettez uniquement le nom d'utilisateur) ;
• Instagram ;
• LinkedIn ;
• MySpace ;
• Pinterest ;
• YouTube ;
• Google+.

Onglet Facebook

Avec l'extension Yoast SEO, un simple clic sur *Activer les balises meta OpenGraph* va permettre l'ajout automatique des balises `meta` spécifiques à Facebook, à savoir :

* `og:locale` : la langue de la page ;
* `og:title` : le titre ;
* `og:description` : une courte description du contenu ;
* `og:url` : l'URL ;
* `og:site_name` : le nom du site ;
* `og:type` : le type de contenu ;
* `og:image` : l'image de l'article.

C'est ainsi que toute personne qui partagera un contenu sur Facebook pourra récupérer automatiquement la bonne image, la bonne description et le bon titre de l'article, voire le nom du site et de l'auteur, que ce soit via un partage direct de l'utilisateur sur le site ou via un clic sur un bouton *J'aime*.

Figure 7–29
Avec les données Open Graph, Facebook récupère les bonnes informations pour partager un contenu.

L'extension permet également d'associer facilement votre site à un compte administrateur (ou à une application) sur Facebook. Vous pourrez ainsi, sur Facebook, accéder à l'administration de votre site pour obtenir des informations sur ceux qui aiment votre page avec toutes les statistiques qui vont avec (taux de clics, répartition par âge ou sexe…).

Pensez aussi à renseigner l'image, le titre et la description souhaités pour votre page d'accueil. Remplissez aussi l'image par défaut qui sera utilisée lors du partage de vos contenus lorsque ceux-ci n'ont pas de visuel.

Si jamais le partage d'un de vos contenus ne fonctionne pas, pensez à l'outil Facebook Debug, qui pourra vous aider à comprendre ce qui pose problème lors du partage : https://developers.facebook.com/tools/debug/. C'est souvent le cas, notamment quand l'image à la une de vos contenus est trop petite.

Onglet Twitter

Twitter essaye lui aussi de fournir des informations supplémentaires aux internautes : c'est ce que l'on appelle les « Twitter Cards ». Elles permettent non pas d'améliorer le référencement de votre site, mais de donner plus de visibilité à vos contenus sur ce réseau social – et donc, là aussi, d'augmenter potentiellement le trafic.

Figure 7–30
Les Twitter Cards affichent
des contenus plus étoffés.

Activez l'option en cochant la première case, puis choisissez *Résumé avec grande image*.

Onglet Pinterest

Ici, rien de plus simple : copiez le code de vérification de Pinterest (aucun intérêt en SEO cependant…).

Onglet Google+

Le champ *Page Google Publisher* associe une page entreprise du réseau social Google+ à votre site (pas un profil Google+). Cependant, l'impact de cette option est désormais quasi inexistant. Par acquit de conscience, vous pouvez quand même la remplir.

Sitemaps XML

Le sitemap XML est un fichier qui recense l'ensemble des contenus de votre site. Il n'influe pas sur le positionnement de vos pages, mais il assure que tous vos contenus sont correctement indexés par les moteurs de recherche.

Yoast SEO permet de générer automatiquement ce fichier. Pour ce faire, il vous suffit de cocher la case *Activé* pour l'option *Fonctionnalité du sitemap XML.*

Sur un site bien conçu, l'impact du fichier sitemap sera inexistant ou presque (c'est bien dommage…). Sur un site mal conçu, il peut faire une vraie différence en palliant les défauts de votre site pour l'indexation de vos contenus. Attention, cela ne vous dispense pas de corriger, améliorer et optimiser votre site en suivant tous les conseils de ce livre.

Onglet Généraux

Le premier onglet ne sert à rien, sauf à récupérer l'adresse de votre fichier sitemap. Il vous sera utile à la fin du paramétrage de ce menu.

Onglet Sitemap utilisateur

Le *Sitemap utilisateur* permet d'ajouter un sitemap qui va lister tous les auteurs du site. Si vous n'en avez qu'un seul, mieux vaut le désactiver en cochant l'option *Désactiver le sitemap auteur/utilisateur*. Si, en revanche, vous souhaitez mettre plusieurs rédacteurs en avant et vous positionner sur leurs noms et prénoms, laissez cette option cochée.

Laissez également toujours cochée la case *Pas dans le sitemap* pour l'option *Utilisateurs sans articles*.

Et surtout, ne cochez que les types d'utilisateurs qui sont pertinents parmi ceux proposés : administrateurs, éditeurs, auteurs… Il arrive en effet que certains sites permettent aux internautes de créer un compte sur un blog WordPress pour pouvoir utiliser certaines fonctions, mais cela peut provoquer la création de dizaines, centaines voire milliers de pages auteurs inutiles dans le sitemap. N'ajoutez donc que les rôles qui publient de réels contenus et pour lesquels vous aurez correctement rempli le profil.

Onglet Types de contenus

Vous pouvez ici sélectionner les sitemaps que vous **ne voulez pas** générer. Voici le paramétrage que je vous recommande pour les contenus par défaut :

- *articles (posts)* : dans le sitemap ;
- *pages (pages)* : dans le sitemap ;
- *fichiers médias (pages attachments)* : pas dans le sitemap.

Si vous avez d'autres types de contenus, à vous de décider s'ils sont pertinents ou non.

Onglet Taxonomies

Là encore, voici le paramétrage par défaut idéal :

- *catégorie (category)* : dans le sitemap ;
- *étiquette (post_tag)* : pas dans le sitemap ;
- *format (post_format)* : pas dans le sitemap.

En effet, les médias (pages attachments) et les étiquettes n'ayant que très peu d'intérêt pour le visiteur et le moteur de recherche, ceux-ci ne doivent pas être présents dans le fichier sitemap. De même, le *post_format* est une taxonomie qui n'apparaît que lorsque vous activez les formats d'articles dans votre thème WordPress. Mieux vaut donc ne pas les indexer et ne pas faire apparaître ces nouvelles pages d'archives qui vont, là aussi, dupliquer le contenu.

ATTENTION **Le sitemap ne doit pas forcément tout inclure !**

Dès que vous allez créer une « custom taxonomy » ou un « custom post type », ce menu va les ajouter automatiquement au sitemap. Mais ces taxonomies et post types peuvent parfois servir uniquement à classer différemment vos contenus dans l'administration, sans pour autant vouloir les afficher dans des pages dédiées aux moteurs de recherche et aux visiteurs. Pensez donc à les exclure. Pensez aussi à revérifier ponctuellement ce menu, en fonction de votre nouveau thème ou de vos nouvelles extensions.

Vous avez à ce stade-là un sitemap automatisé avec les bons contenus. Vous aurez accès directement à l'URL de votre fichier sitemap via le bouton *XML Sitemap*. Théoriquement, celle-ci sera sous la forme : monsite.com/sitemap_index.xml.

Enfin, la dernière étape consiste à vous connecter aux centres Webmaster de Google et de Bing pour y associer le fichier sitemap de votre site, et le tour est joué. Ne le faites cependant pas tout de suite, car il est préférable de tout nettoyer et d'optimiser votre site avant de soumettre ce fichier.

Avancé

Onglet Fil d'Ariane

Anciennement appelée lien interne, cette extension fait référence au chemin de navigation (aussi appelé *BreadCrumbs*) qu'on retrouve sur de nombreux sites, comme ici sur Abondance.com.

Figure 7–31
Voici un exemple de fil d'Ariane.

Accueil > Matt Cutts explique comment être premier sur Google !

Le chemin de navigation sert :
- à l'utilisateur :
  - il lui indique où il se trouve ;
  - il facilite la navigation vers les niveaux supérieurs.

- au moteur de recherche :
  - il lui indique où il se trouve (et où se situe le contenu dans le site) ;
  - il facilite le maillage interne et l'indexation.

Contrairement aux premières versions, le chemin de navigation est désormais inséré avec le bon marquage schema.org, ce qui facilite le travail de Google pour l'interpréter.

Commencez par activer cette option via la case *Activer le fil d'Ariane*. Libre à vous ensuite de paramétrer le reste comme bon vous semble :

- le *séparateur,* par exemple : >, », - ou encore • ;
- le *texte d'ancrage pour l'accueil,* par exemple : « Accueil » ou le nom de votre site ;
- le *préfixe pour le fil d'Ariane, celui de la recherche et des archives,* par exemple : « Vous êtes ici » ou « Votre recherche ».

Vous avez ensuite la possibilité de choisir pour chaque post type les taxonomies à afficher dans le fil d'Ariane. Pour vos articles, déterminez donc en toute logique les catégories.

Attention, il ne suffit pas de cochez la case *Activé* pour que cela fonctionne : l'extension vous indiquera le code PHP à insérer dans votre thème pour afficher réellement ce chemin de navigation.

Onglet Permaliens

Certaines options disponibles ici sont une petite mine d'or, mais c'est aussi là que vous pouvez « casser » votre site très facilement. Restez donc très vigilant quant aux choix que vous allez faire !

Retirer la base de la catégorie

Rappelez-vous que lorsque nous parlions du paramétrage de base des permaliens, il était possible de demander à WordPress de remplacer dans les URL la partie /category/ par un autre terme pour vos URL de catégories, mais qu'il était impossible de s'en débarrasser. Pourtant, c'est exactement ce qu'il faut faire pour avoir une structure plus propre pour vos URL.

> REMARQUE **Les répertoires peuvent vous nuire en SEO**
>
> Quand Google voit des répertoires parents dans une URL, il les teste, même sans trouver de liens vers eux. Il visite donc l'URL monsite.com/category/, qui est par défaut une page d'erreur 404 dans WordPress.

Avant de modifier cette option, listez dans un fichier Excel toutes les URL de vos catégories. Vous pouvez ensuite cocher cette option pour vous débarrasser du /category/.

Vos catégories auront alors cette forme : monsite.com/nomcategorie au lieu de monsite.com/category/nomcategorie.

Vérifiez juste après que les anciennes URL de catégories sont correctement redirigées vers les nouvelles (grâce à votre liste). Si ce n'est pas le cas, utilisez l'extension Redirection dont nous avons parlé un peu plus haut.

ATTENTION

Parfois, l'activation de cette option peut provoquer des bogues. Si WordPress ajoute un préfixe pour chaque taxonomie, c'est pour éviter des conflits d'URL. Ayez donc en tête que ce réglage peut casser certaines URL (mais c'est vraiment rare).

Rediriger l'URL des pièces jointes vers celle de l'article parent

Quand un utilisateur ajoute une image dans un contenu, WordPress lui offre deux possibilités d'interactions lorsqu'il clique dessus :

- soit l'utilisateur est dirigé vers l'image en taille réelle, par exemple monsite.com/wp-content/2012/05/monimage.jpg *(Fichier média)* ;
- soit l'utilisateur est dirigé vers une page attachment monsite.com/url-de-votre-article/monimage/ *(Page du fichier joint)*.

Figure 7–32
Optez toujours pour
le Fichier média !

Au tout début de l'ouvrage, nous avons vu que les pages attachments sont très souvent nuisibles. Il faut donc activer l'option *Rediriger le lien URL des pièces jointes au lien URL de l'article parent*. Ainsi, même si l'utilisateur utilise à tort l'option *Page du fichier joint*, l'internaute et le moteur de recherche seront redirigés vers l'article, et non vers la page attachment.

Mots d'arrêt dans les identifiants

Cette option est utile pour optimiser en partie vos URL : elle permet de retirer de vos URL les petits termes qui ne servent à rien, comme « le », « la », « un », « des », etc. Attention cependant : l'option supprime ces termes uniquement au moment de la génération des URL, lorsque vous créez un nouveau contenu.

Supprimer les variables ?replytocom

Depuis de nombreuses versions, WordPress propose une fonctionnalité pour répondre à un commentaire spécifique. Rappelez-vous, nous l'avons déjà désactivée dans le paramétrage de WordPress (dans le menu *Discussions*).

Le hic, c'est que Google conserve dans son index toutes les URL contenant le paramètre de réponse à un commentaire, paramètre qui se présente sous la forme suivante : urlarticle/?replytocom=ID. Cela est surtout vrai pour les anciens thèmes mal conçus qui indiquaient clairement ce paramètre lors de l'affichage d'un bouton de réponse.

En cochant l'option *Supprimer les variables ?replytocom*, Yoast SEO va supprimer et rediriger proprement toutes les URL qui contenaient ce paramètre. Faites-le.

Rediriger les liens URL laids vers des permaliens propres

Il est indiqué clairement « non recommandé dans la majorité des cas » et, croyez-moi, il faut suivre ce conseil.

Onglet RSS

Avec cette dernière partie, vous allez pouvoir personnaliser le contenu des flux d'actualités RSS, en ajoutant avant ou après du contenu supplémentaire. On peut aussi ajouter certains contenus dynamiques avec les balises suivantes :

- %%AUTHORLINK%% : un lien vers l'auteur avec le nom de l'auteur comme ancre ;
- %%POSTLINK%% : un lien vers l'article avec le titre comme ancre ;
- %%BLOGLINK%% : un lien vers votre site avec le nom de votre site comme ancre ;
- %%BLOGDESCLINK%% : un lien avec le nom du site et la description comme ancre.

Comme nous avons déjà réduit les risques de duplication de contenus du site avec les paramètres de WordPress, il n'est pas obligatoire d'utiliser cette section : à vous de voir si cela a un intérêt pour les visiteurs d'ajouter du contenu supplémentaire et personnalisé.

Vous pourriez par exemple ajouter après chaque élément du flux RSS le code suivant (ce que l'extension fait théoriquement par défaut) : %%POSTLINK%% a été publié en premier sur %%BLOGLINK%%.

Menu Outils

Importer et exporter les données SEO

Certains d'entre vous n'ont peut-être pas cette extension de référencement mais une autre.

Pour en avoir testé plusieurs, je juge que Yoast SEO est encore devant pour le moment, mais il est contraignant de tout réinstaller. Heureusement, Yoast SEO prévoit des fonctions d'importation ou d'exportation de données dans le menu *Outils*. Vous pouvez donc importer des données depuis :

- un fichier d'import d'un autre Yoast SEO ;
- HeadSpace2 ;
- All In One SEO (ancienne et nouvelle versions) ;
- WPSEO ;
- le framework SEO de WooThemes.

Si vous utilisez une autre extension ou un framework (ou encore votre thème) pour gérer votre SEO, abandonnez ce système et servez-vous le plus rapidement possible de l'extension Yoast SEO : cela prendra plus ou moins de temps pour tout mettre en place mais vous aurez un vrai outil de qualité à la place.

Éditeur par lot

Dans ses outils, Yoast SEO propose un outil d'édition en masse. Ainsi, vous pourrez notamment éditer dans une seule et même interface les balises `title` et `meta description` de tous vos contenus.

Cet outil vous fera gagner du temps, mais sachez que cela peut rendre parfois plus difficile l'optimisation, puisqu'on ne voit pas chaque contenu dans son ensemble.

Sécurité et WordPress   8

On pourrait penser à tort que la sécurité d'un site n'a pas de liens directs avec le référencement. Et pourtant, cet aspect souvent négligé peut causer des dégâts sérieux s'agissant du positionnement de votre site Internet.

WordPress, sécurité et SEO, par Julio Potier

Dans un Web heureux, personne ne serait tenté d'exploiter les lacunes des services Internet. Malheureusement, des pirates « commerciaux » sont à la poursuite de milliards de dollars de recettes, tandis que des pirates « d'État » tentent de dominer le Web.

Il n'y a rien que vous ne puissiez faire pour empêcher quelqu'un d'essayer de pénétrer dans votre site web. Vous êtes en mesure de le verrouiller afin d'empêcher l'accès. En effet, lorsque votre site est en panne ou tagué comme étant infecté par des malwares, cela vous coûte de l'argent.

S'attaquer au SEO

Certains hackers se font discrets pour rester cachés le plus longtemps possible : ils visent à exploiter au maximum vos ressources telles que votre bande passante, votre capacité de stockage mais aussi, et surtout, votre visibilité en *front-end*.

Ce sont les plus dangereux, car ils s'attaquent principalement au SEO. S'ils parviennent à détourner vos contenus, vos pages, vos e-mails, vos liens vers leurs propres contenus, pages, e-mails et liens, alors ils gagneront de l'argent pendant que vous et vos clients en perdront.

Les modes d'attaque

Elles sont basiques, comme l'insertion de liens en pied de page directement via la modification du fichier du thème ou l'injection de codes en JavaScript ; elles peuvent également être plus complexes et modifier ou créer des redirections dans le fichier .htaccess ou des *iframes* en base de données.

Ils savent rester discrets et se cacher. Si vous visitez votre site, il vous paraîtra tout à fait normal, et il en sera de même pour vos visiteurs. Mais les moteurs de recherche auront, eux, une tout autre version de votre site, « ultracloackée », c'est-à-dire remplie de liens en tout genre, ou bien ils pourront être redirigés vers d'autres sites « exotiques ».

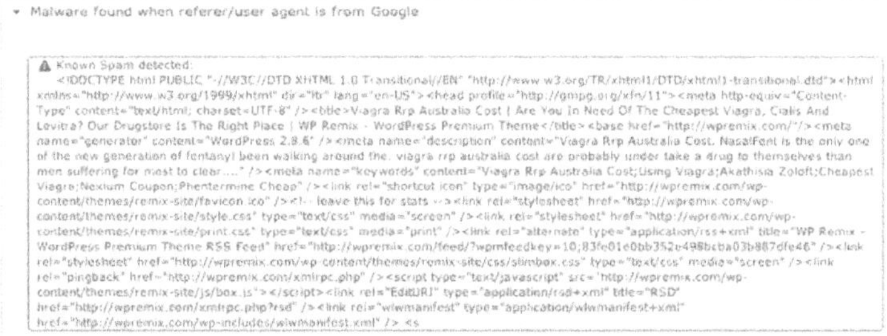

Figure 8–1
Évidemment, ces liens auront une place d'honneur dans les SERP ; votre SEO sera alors fortement impacté.

Les ressources de votre site

Les ressources de votre site sont également une mine d'or pour les hackers. Par exemple, l'utilisation abusive de la fonction d'e-mailing est aussi une pratique bien connue de ces derniers, à laquelle ils recourent pour spammer des liens depuis l'adresse de votre serveur.

Une fois votre site banni, tagué comme spammeur, vous ne pourrez plus, au mieux, envoyer légitimement des e-mails ; au pire, vous serez toujours classé automatiquement dans les spams des destinataires.

Votre site peut aussi servir d'hébergeur pour hameçonnage *(phishing)* : il contient encore une fois d'autres liens SEO, pour faire grimper le clic et falsifier des identités.

Quoi qu'il en soit, qu'importe la technique utilisée, ces hackers du SEO ne veulent que très rarement votre compte Admin ou, en tout cas, ils ne souhaitent pas « casser » votre site. Ils misent plutôt sur du backlink et des SERP, tout en souhaitant tenir votre site debout le plus longtemps possible sans se faire repérer.

WordPress est-il la cause de ces piratages ?

WordPress n'est bien évidemment pas la cause des piratages. Il n'en est que le moyen.

Les causes sont multiples. Les piratages peuvent par exemple venir de votre hébergeur, de votre serveur, d'une mauvaise configuration PHP, Apache, NGNIX. D'autres facteurs peuvent par ailleurs se révéler fatals, comme un mot de passe faible ou le prêt de compte administrateur à « des amis ». Sachez que les causes les plus courantes sont les vulnérabilités contenues dans les extensions et les thèmes.

Pour vous protéger, pensez-y avant !

Il est alors important de toujours chercher à protéger son site pour que, le jour où vous serez la cible d'un piratage, vous soyez prêt tout comme votre site, afin qu'il ressorte indemne de ces attaques.

Malheureusement, trop nombreux sont les webmasters qui y penseront trop tard, une fois l'attaque effectuée, n'imaginant pas qu'ils peuvent être une cible potentielle ou se retrouver infectés, jusqu'au jour où…

Ne soyez pas ce webmaster et sachez protéger votre site contre les pirates. Pour ce faire, il existe des personnes capables de vous aider ou des extensions qui vous simplifieront la tâche. Si vous pensez avoir déjà suffisamment sécurisé votre site, recommencez !

Remarque

Pour cette première partie du chapitre, je remercie Julio Potier, expert en sécurité chez BoiteAWeb (http://boiteaweb.fr/), d'avoir partagé ici sa vision de la sécurité de WordPress et de son impact sur le référencement naturel.

Les problèmes de sécurité et le référencement naturel

Pour optimiser la visibilité d'un site sur les moteurs de recherche, il faut déjà qu'il soit correctement référencé. Et ce n'est pas toujours le cas, les moteurs et les antivirus refusant de mettre en avant des sites potentiellement dangereux pour les internautes.

Les moteurs de recherche

De base, un moteur de recherche ne contrôle pas la sécurité d'un site. Cela n'est pas un de ses critères de positionnement. Sécuriser un site ne va pas le faire gagner en visibilité ; en revanche, l'inverse est vrai. En effet, un site non sécurisé peut disparaître des résultats après un piratage. Google et les autres moteurs de recherche souhaitent donner accès aux contenus qui vont répondre aux besoins de l'internaute. Ils vont donc automatiquement bloquer tous les sites qui peuvent nuire ou endommager l'ordinateur de celui-ci. En voici un exemple :

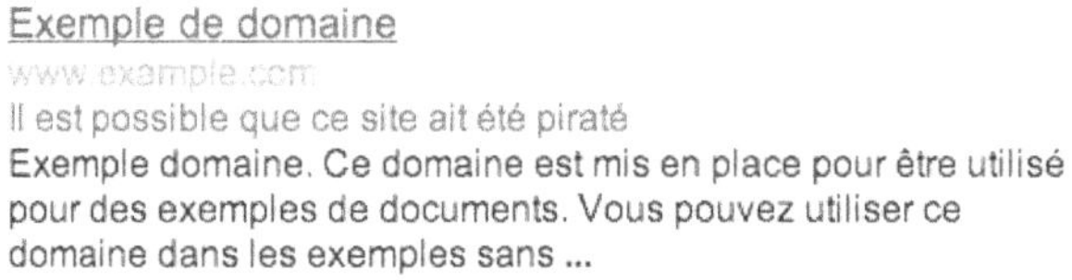

Figure 8–2
Un message d'alerte de Google

Exemple de domaine
www.example.com
Il est possible que ce site ait été piraté
Exemple domaine. Ce domaine est mis en place pour être utilisé
pour des exemples de documents. Vous pouvez utiliser ce
domaine dans les exemples sans ...

En d'autres termes, un site non sécurisé prend le risque de voir ses efforts de référencement naturel réduits à néant. Il est donc primordial de toujours vous préoccuper de la sécurité de votre site.

Les antivirus

La seconde problématique, en plus de l'impact qu'un virus ou un piratage peut avoir sur l'image de marque et la notoriété, c'est que les moteurs de recherche ne sont pas les seuls à classer les sites. Les logiciels d'antivirus le font également.

Et c'est là que cela se complique. Suite à un piratage puis au nettoyage du site, un moteur de recherche peut débloquer rapidement la pénalité, permettant normalement de retrouver son positionnement. Avec un antivirus, les délais pour que chacun d'eux supprime les URL des sites infectés peut être très long (six mois pour certains). Il est donc crucial qu'aucun logiciel antivirus ne puisse catégoriser votre site comme « nuisible ».

Le nettoyage impératif du site

Si vous êtes piraté, il y a un certain nombre de règles à suivre. Si vous en oubliez une, vous risquez d'être pénalisé (tôt ou tard) en SEO.

1 Ne cherchez pas à remettre une sauvegarde en ligne trop vite. Il est en effet important de comprendre ce que le pirate a pu faire, pour qu'il ne puisse plus recommencer.

2 Mettez votre sauvegarde en ligne, puis corrigez la faille qui avait permis au pirate de s'immiscer dans votre site.

3 Changez TOUS vos logins et mots de passe (ceux de WordPress, de l'hébergeur, de la base de données et de vos accès FTP, SFTP et SSH).

4 Améliorez la sécurité à l'aide des points qui suivront.

5 Nettoyez les contenus qui ont été générés lors du piratage.

Le dernier point est quasiment toujours oublié, il est pourtant **indispensable**. La plupart des piratages vont générer de nouvelles pages. Lors de la restauration du site, ces pages vont donc disparaître. Le problème, c'est que Google va garder en mémoire ces URL, qui vont ainsi générer des milliers, dizaines de milliers, voire des centaines de milliers d'URL. Il est donc impératif de les rediriger, sinon Google risque de pénaliser trop facilement votre site.

Figure 8–3
L'effet dévastateur
d'un piratage non maîtrisé

Sécuriser WordPress

Pour sécuriser ce CMS, il existe heureusement plusieurs solutions. Malheureusement, aucune ne garantira **JAMAIS** une sécurité totale ; elles vous permettront néanmoins de renforcer grandement la fiabilité de votre site.

Le fichier wp-config.php

Le fichier `wp-config.php` situé à la racine de votre installation WordPress sert à gérer le paramétrage de votre site. Vous pourrez ajouter ou modifier certains éléments pour améliorer la sécurité.

Utilisateur et mot de passe

Commencez par vérifier que le nom d'utilisateur (`db_user`) et le mot de passe (`db_password`) pour la base de données ne sont pas :

- trop simples ;

- déjà utilisés ailleurs (par exemple, pour l'administration du site) ;
- faciles à deviner (par exemple, en reprenant le nom du site).

Attention, notez que si vous changez l'un ou l'autre, vous devrez avant tout effectuer cette modification auprès de votre hébergeur, puis faire le même changement dans ce fichier.

> **Remarque**
>
> Chacune des lignes qui vont suivre peut être ajoutée dans le fichier `wp-config.php`, idéalement après les lignes liées à la base de données (`db_host`, `db_name`, `db_user`, `db_password`).

Filtrage des uploads

La ligne suivante force notamment WordPress à toujours filtrer tous les fichiers mis en ligne, quels que soient les extensions ou le thème utilisés.

Forcer le filtrage des fichiers mis en ligne

```
define( 'ALLOW_UNFILTERED_UPLOADS', FALSE );
```

Les éditeurs de fichiers dans l'administration

Autres éléments de sécurité à contrôler : les menus de WordPress, qui permettent à un utilisateur de modifier les fichiers présents sur le serveur (ceux des extensions et des thèmes). Vous pouvez en effet trouver des menus *Éditer* dans les menus *Apparence* et *Extensions* de WordPress, ce qui pose deux problèmes :

- si vous vous trompez lors de la modification d'un fichier, vous risquez de perdre l'accès à l'administration de WordPress et de ne plus pouvoir revenir en arrière, par conséquent ;
- si un pirate parvient à accéder à l'administration du site, il va pouvoir très facilement modifier tous vos fichiers, même sans accès FTP.

Pour l'éviter, ajoutez la ligne suivante.

Pas d'éditeur de fichier dans l'administration de WordPress

```
define( 'DISALLOW_FILE_EDIT', TRUE );
```

Le préfixe de table

Vous pouvez aussi vérifier le préfixe utilisé pour votre base de données WordPress. Par défaut, celui de l'installation est `wp_`.

Le préfixe de base des bases de données WordPress

```
$table_prefix = 'wp_';
```

Facile à deviner pour un pirate, l'idéal est donc de le modifier. Avec un nouveau site WordPress, c'est très simple : on vous le demandera lors de l'installation.

Figure 8–4
Le menu d'installation
de WordPress

En revanche, si votre site existe déjà, vous devrez vous connecter d'abord à votre base de données, puis modifier ce préfixe dans le fichier wp-config.php. Pour la première étape, je vous conseille le script Database Search and Replace : https://interconnectit.com/products/search-and-replace-for-wordpress-databases/.

Attention, vous ne devez l'utiliser que si vous savez ce que vous faites.

Les clés de sécurité

Toujours dans le fichier de configuration, vous trouverez plusieurs lignes liées aux clés de sécurité (define AUTH_Key, notamment). Si vous ne les trouvez pas, ajoutez-les (cela veut dire que votre WordPress est vraiment très vieux). Et si elles contiennent le texte par défaut « Put your unique phrase here », remplissez-les au moyen de cet outil en ligne : https://api.wordpress.org/secret-key/1.1/salt/.

Les clés par défaut dans le fichier wp-config.php

```
/**#@+
 * Clés uniques d'authentification et salage.
 *
 * Remplacez les valeurs par défaut par des phrases uniques !
 * Vous pouvez générer des phrases aléatoires en utilisant
 * {@link https://api.wordpress.org/secret-key/1.1/salt/ le service de
clés secrètes de WordPress.org}.
 * Vous pouvez modifier ces phrases à n'importe quel moment, afin
d'invalider tous les cookies existants.
 * Cela forcera également tous les utilisateurs à se reconnecter.
 *
 * @since 2.6.0
 */
define('AUTH_KEY',         'put your unique phrase here');
define('SECURE_AUTH_KEY',  'put your unique phrase here');
define('LOGGED_IN_KEY',    'put your unique phrase here');
define('NONCE_KEY',        'put your unique phrase here');
define('AUTH_SALT',        'put your unique phrase here');
define('SECURE_AUTH_SALT', 'put your unique phrase here');
define('LOGGED_IN_SALT',   'put your unique phrase here');
define('NONCE_SALT',       'put your unique phrase here');
```

Le fichier .htaccess

Nous allons maintenant modifier un autre fichier pour y ajouter des règles de sécurité : il s'agit du fichier .htaccess, situé à la racine de votre installation Word-Press.

Le premier code bloque l'accès à ce fichier.

Protection du fichier .htaccess

```
<files .htaccess>
order allow,deny
deny from all
</files>
```

Le deuxième évite qu'un internaute puisse lister les fichiers présents dans un répertoire.

Protection de la lecture des répertoires

```
Options -Indexes
```

Et, enfin, on protège à l'aide du troisième code l'accès au fichier de configuration du site.

Protection du fichier wp-config.php

```
<files wp-config.php>
order allow,deny
deny from all
</files>
```

On peut cependant faire bien plus avec le fichier .htaccess. Ajoutez donc aussi les codes suivants.

Forcer l'utilisation prioritaire des fichiers index.php

```
<ifModule mod_dir.c>
    DirectoryIndex index.php index.html index.htm index.cgi index.pl
index.xhtml
</IfModule>
```

Bloquer l'accès aux fichiers Readme

```
<IfModule mod_rewrite.c>
    RewriteEngine On
    RewriteBase /
    RewriteRule (/|^)(readme|changelog)\.(txt|html|md)$ - [R=404,L,NC]
</IfModule>
```

Masquer la version de WordPress dans les en-têtes HTTP

```
<IfModule mod_headers.c>
    Header unset X-Powered-By
</IfModule>
```

Les utilisateurs et les bonnes pratiques

Une des plus grosses failles de sécurité qui puisse exister sur WordPress, c'est l'utilisateur, et donc vous !

Heureusement, il existe un grand nombre de conseils et de bonnes pratiques à mettre en place pour éviter se retrouver dans des situations trop difficiles. Sur chaque site WordPress, validez les points suivants :

- le compte Admin ne doit pas exister, car il est trop simple à deviner, tout comme le compte ayant l'identifiant n° 1, et ce pour la même raison ;
- aucun login ne doit pouvoir être deviné. Il faut notamment éviter les nom/prénom pour les logins (ou encore les noms d'entreprises ou d'associations) ;

- tous les mots de passe doivent être uniques, c'est-à-dire ne pas être employés sur d'autres sites ou avec d'autres comptes ;
- tous les mots de passe doivent être forts, et donc constitués d'une suite de caractères incluant des chiffres, des majuscules, des minuscules et des caractères spéciaux : RxE68cuJp^6szCw, par exemple ;
- chaque utilisateur ne doit posséder que les accès dont il a besoin. Par exemple, la personne en charge de la publication des contenus pourra avoir le rôle d'auteur ou d'éditeur. Il sera inutile de lui donner un rôle d'administrateur ;
- si un compte devient inactif et/ou inutile, pensez à le supprimer ;
- les PC utilisés pour se connecter sont à jour, avec un antivirus également à jour.

Les extensions

Au-delà de ces bonnes pratiques, certaines extensions WordPress vont également permettre de corriger certaines failles de sécurité. En voici une liste.

INFORMATIONS SUR L'EXTENSION **Login LockDown**

Version actuelle de l'extension : 1.7.1

▸ https://wordpress.org/plugins/login-lockdown/

Cette extension limite le nombre de tentatives de connexion à l'administration d'un site.

INFORMATIONS SUR L'EXTENSION **Breach Avoider**

Version actuelle de l'extension : 1.3

▸ https://wordpress.org/plugins/baw-breach-avoider/

Breach Avoider prémunit contre la vulnérabilité présente chez certains hébergeurs dans le protocole HTTPS.

INFORMATIONS SUR L'EXTENSION **SF Author URL Control**

Version actuelle de l'extension : 1.2

▸ https://wordpress.org/plugins/user-switching/

Cette extension permet de modifier manuellement les URL des pages auteurs, dans le but de trouver plus difficilement le login réel d'un utilisateur.

> INFORMATIONS SUR L'EXTENSION **Block Bad Queries**
>
> Version actuelle de l'extension : 20161114
> ▸ https://wordpress.org/plugins/block-bad-queries/

Block Bad Queries est une extension WordPress qui bloque automatiquement certaines requêtes d'URL malicieuses.

> INFORMATIONS SUR L'EXTENSION **User Name Security**
>
> Version actuelle de l'extension : 2.3
> ▸ https://wordpress.org/plugins/user-name-security/

Cette extension que j'ai créée avec Julio Potier rend plus difficile l'accès au login véritable de l'utilisateur. Elle masque tout d'abord – dans la fonction `body_class` – le login et le numéro d'identifiant de l'utilisateur. Elle va également forcer le fait d'avoir un nom public différent du login réel.

Le développement des thèmes et des extensions

Sachez qu'une autre partie des failles provient non pas de WordPress, mais des extensions et thèmes installés, qu'ils soient payants ou gratuits, connus ou non. Par exemple, des failles de sécurité ont été trouvées dans de célèbres extensions (Yoast SEO, MailPoet, Revolution Slider ou encore WPML). Chaque développeur crée en effet des fonctionnalités, mais ils peuvent y inclure sans le savoir et sans le vouloir différents types de failles de sécurité.

Pour y remédier, il faudrait en réalité auditer chaque extension et chaque thème qu'on installe ou que l'on met à jour ; mais cela prend un temps considérable et nécessite surtout de réelles connaissances dans ce domaine.

Pour s'en prémunir, l'idéal est donc de toujours disposer d'une sauvegarde récente de son site, contenant à la fois des fichiers présents sur le serveur et une copie de la base de données. Là encore, une extension peut vous y aider de manière automatique.

> INFORMATIONS SUR L'EXTENSION **BackWPUp Free**
>
> Version actuelle de l'extension : 3.3.7
> ▸ https://wordpress.org/plugins/backwpup/
> Intérêt : programmer des sauvegardes du site, et surtout choisir où stocker ces données, notamment par e-mail, par FTP, sur Dropbox ou encore sur Amazon.

Le temps de chargement   9

Google indique qu'il prend en compte, dans son algorithme, le temps de chargement d'un site. C'est effectivement le cas, même si cela a un impact encore minime sur le positionnement global d'un site.

Néanmoins, ce temps de chargement peut influer énormément sur vos ventes, votre trafic et la fidélisation des internautes. Ne négligez donc jamais ce point !

> REMARQUE **Les sources de ce chapitre**
>
> Le contenu de ce chapitre est en grande partie tiré directement de différents articles déjà présents sur SeoMix, et qui sont toujours d'actualité (même dans cette troisième version du livre).
>
> ▸ http://www.seomix.fr/

Mesurer son travail

Avant toute chose, il est important de savoir que la plupart des optimisations présentées ici peuvent s'appliquer à d'autres types de sites, que ce soit un autre CMS ou une solution maison.

Je vous conseille de toujours tester votre site à l'aide de plusieurs outils en ligne, ce qui vous donnera un ordre d'idées du temps de chargement actuel du site et du travail qu'il vous reste à faire :

- WebPagetest : http://www.webpagetest.org/ ;
- GTmetrix : http://gtmetrix.com/ ;
- PageSpeed Insights : https://developers.google.com/speed/pagespeed/insights.

Figure 9–1
GTmetrix analyse la vitesse
d'un site.

Optimiser le code PHP

> **Remarque**
>
> Ne modifiez pas toujours votre thème. Les optimisations suivantes touchent souvent au thème. S'il s'agit d'un thème créé sur mesure, aucun problème. En revanche, si vous utilisez un thème gratuit ou payant, vous devrez créer un thème enfant pour faire vos modifications tout en gardant la possibilité de faire vos mises à jour.

Un header trop chargé

Par défaut, WordPress va charger plusieurs informations dans le header (tout ce qui se trouve entre les balises `<head>` et `</head>`), ce qui pose problème à la fois pour le temps de chargement et pour le référencement naturel. En effet, la surcharge d'informations va augmenter le poids de la page, sans en augmenter la pertinence. Certes, l'impact sera minime, mais j'ai pour habitude de dire qu'il n'existe pas de petites optimisations. Si votre site est rapide, il sera meilleur pour le visiteur et pour le moteur de recherche.

Au cœur de ce trop-plein d'informations, vous trouverez :

- des données relatives au CMS et à sa version ;
- des liens vers différents contenus.

Pour désactiver le tout, rien de plus simple ! Ajoutez les deux codes suivants dans le fichier `functions.php` de votre thème WordPress.

Nettoyer le contenu du header de WordPress (cette partie est déjà gérée par l'extension WordPress SEO)

```
remove_action('wp_head', 'wp_generator');
remove_action('wp_head', 'rsd_link');
remove_action('wp_head', 'wlwmanifest_link');
```

Nettoyer le contenu du header de WordPress : les liens rel

```
remove_action('wp_head', 'index_rel_link');
remove_action('wp_head', 'parent_post_rel_link');
remove_action('wp_head', 'start_post_rel_link');
remove_action('wp_head', 'adjacent_posts_rel_link_wp_head');
```

Dans votre fichier `header.php`, supprimez la ligne suivante si elle est présente.

Une balise profile inutile

```
<link rel="profile" href="http://gmpg.org/xfn/11" />
```

Le Template Hierarchy

Dans un blog WordPress, chaque type de contenu fait appel au *template* correspondant présent dans le répertoire de votre thème. Pour optimiser la vitesse, vous devez donc – une fois de plus – utiliser correctement le Template Hierarchy. Nous expliquerons ce point dans le chapitre dédié aux thèmes.

Un code plus simple

Si vous n'avez pas l'intention de diffuser et de partager votre thème avec d'autres utilisateurs, ou de déplacer votre site en changeant de nom de domaine, il est conseillé de coder en dur dans le thème un maximum de fonctions pour accélérer le temps de calcul des pages.

Du code en dur

Afin de réduire le nombre de fonctions et de requêtes SQL à exécuter, remplacez, à chaque fois que c'est possible, toutes les informations statiques de vos pages (dans le contenu même et dans le header). En effet, WordPress recalcule inutilement certaines informations, comme l'encodage utilisé par la page ou encore l'URL de votre flux RSS, qui théoriquement ne devraient jamais changer.

Par exemple, on aura ces codes sur l'encodage.

Encodage par défaut d'un thème WordPress

```
<meta charset="<?php bloginfo( 'charset' ); ?>" />
```

va devenir :

Encodage codé en dur

```
<meta charset="UTF-8">
```

Ou encore, ce code de votre template WordPress :

URL par défaut pour les pings

```
<link rel="pingback" href="<?php bloginfo( 'pingback_url' ); ?>" />
```

va se transformer en :

URL des pings codée en dur

```
<link rel="pingback" href="http://www.monsite.com/xmlrpc.php" />
```

Simplifier l'HTML

Pour simplifier le code, il est également fortement conseillé de supprimer les blocs HTML vides et de réduire au maximum les codes imbriqués de manière inutile. Si vous avez, par exemple, une div #content qui contient uniquement une div #article, vous aurez ainsi la possibilité de vous passer de ce code HTML.

Code HTML non optimisé

```
<div id="content">
    <div id="coucou"></div>
    <div id="article">
        Vive les schtroumpfs
    </div>
</div>
```

Code HTML optimisé

```
<div id="article">
   Vive les schtroumpfs
</div>
```

Diviser le fichier functions.php

Une autre petite optimisation que l'on peut mettre en place sur le CMS WordPress est de diviser en deux le fichier functions.php, afin de séparer les fonctionnalités propres à l'administration WordPress, comme le suggère ScreenFeed.

> ▸ http://www.screenfeed.fr/blog/accelerer-wordpress-en-divisant-le-fichier-functions-php-0548/

On obtient donc :

- le fichier `functions.php` du thème, avec le code suivant au début :

```
if ( is_admin()) get_template_part( 'admin-functions');
```

- le fichier `admin-functions.php` qui ne contiendra que les fonctions spécifiques à l'administration du site, ce qui permet de ne pas les exécuter pour les visiteurs.

Le gain de cette optimisation sera certes faible… mais cette dernière est rapide à mettre en œuvre et ne coûte rien, alors pourquoi s'en priver ?

Ce contenu est-il utile ?

Toujours au niveau de vos templates, posez-vous la question de savoir si chaque fonctionnalité, contenu ou élément de vos pages a un réel intérêt pour vos visiteurs ou pour le référencement naturel. Vous allez donc être sans doute amené à supprimer certaines choses. Par exemple, est-ce que les listes des derniers commentaires et des personnes qui commentent le plus votre blog sont intéressantes pour le visiteur ?

Le mieux pour se rendre compte si certaines fonctionnalités sont réellement utiles est de mettre en place un suivi et une analyse avec l'aide d'un outil de web analytics.

Les transients

Sous ce terme se cache une fonctionnalité intéressante de WordPress, qui permet de mettre en cache temporairement une information en base de données. Cela évite notamment de recalculer certains éléments récurrents dans les pages, ce qui accélère le temps de chargement. Il peut s'agir, par exemple, de la liste des articles les plus commentés, du contenu de votre *blogroll* ou encore de vos derniers tweets.

Comment cela fonctionne-t-il ?

Vous pouvez mettre tout ce que vous voulez dans un *transient* : un chiffre, un mot ou un long contenu HTML, par exemple. Voici comment en créer un.

Créer un transient

```
set_transient( $nom, $valeur, $expiration );
```

- `$nom` est le nom unique du transient (45 caractères maximum).
- `$valeur` est le contenu du transient.
- `$expiration` est la durée en secondes au bout de laquelle le transient n'est plus valide – mais il existe toujours en base de données.

Pour récupérer la valeur d'un transient dans WordPress, il faut utiliser la fonction suivante.

Récupérer un transient

```
get_transient($nom);
```

Voici le code qui vous permettra de tester proprement si un transient existe et s'il est toujours valide.

Tester et récupérer la valeur d'un transient

```
if ( false === ( $valeur = get_transient($nom) ) ) {
    // Le transient n'existe pas
}
```

Un exemple pratique

Imaginons que vous ayez une fonction `toto()` qui récupère les 5 derniers commentaires de votre site et que vous vouliez afficher cette liste sur toutes les pages. Vous avez alors la possibilité d'employer la fonction suivante dans le fichier `functions.php` de votre thème WordPress.

Exemple de transient

```
function seomix_transient(){
    // Quel est le nom du transient ?
    $nomtransient = 'tototransient';
    // Le transient est-il inexistant ou expiré ?
    if ( false === ( $transient = get_transient( $nomtransient ) ) ) {
        // Si oui, je fais appel à n'importe quelle fonction pour donner une
        // valeur au futur transient. Dans mon exemple, ce sera ma fonction toto().
        $value = toto();
        // Je mets à jour la valeur du transient avec $value, et j'indique à
        // WordPress une durée d'expiration de 60 secondes.
        set_transient($nomtransient, $value, 60);
        // Je mets à jour la valeur de ma variable $transient, car à ce stade
        // elle est encore égale à false .
        $transient = get_transient( $nomtransient )
    }
    // Je renvoie la valeur du transient mis à jour.
    return $transient;
}
```

Ensuite, insérez le code suivant dans votre thème, à l'endroit désiré.

Affichage du transient

```php
<?php echo seomix_transient(); ?>
```

1 Au premier chargement d'une page contenant cette fonction, WordPress va vérifier si le transient existe :
   – si ce n'est pas le cas, il lui donnera la bonne valeur, puis l'affichera ;
   – si tel est le cas, il affichera directement la bonne valeur.
2 Dans les quelques secondes qui suivent, si une nouvelle page est chargée avec cette fonction à l'intérieur, WordPress vérifiera son existence, puis affichera sa valeur sans la recalculer.
3 Si plus de 60 secondes se sont écoulées, le transient sera vérifié, recalculé, mis à jour, puis affiché.

La fonction donnée en exemple ne sera calculée qu'une fois toutes les 60 secondes maximum, peu importe le nombre de pages et de visiteurs de votre site Internet pendant cette durée.

Sur des fonctions très simples, le gain sera faible, puisque WordPress doit toujours faire au minimum deux requêtes pour vérifier si le transient existe. En d'autres termes :

• plus le contenu du transient est complexe à générer, plus le gain en performance sera élevé pour votre site, car les ressources allouées pour vérifier l'existence du transient seront « amorties » ;
• plus un même transient est présent sur vos différentes pages, plus le gain sera là aussi élevé, car un seul calcul est nécessaire pour plusieurs pages.

Quand utiliser un transient ?

Faut-il ou non employer les transients dans WordPress ? En réalité, tout dépendra de ce que vous voulez en faire.

Tout d'abord, je vais partir du principe que vous avez un autre système de cache déjà mis en place :

• s'il est géré du côté serveur, les transients ne vous seront pas d'une grande utilité. Par exemple, pour simplifier, si vous avez installé correctement Nginx, Varnish ou encore Memcached, les autres systèmes de mise en cache n'apporteront pas grand-chose à vos visiteurs puisque le contenu aura déjà été mis en cache par votre serveur ;
• si le cache est généré côté utilisateur, par exemple avec des extensions comme WP Super Cache ou W3 Total Cache, les transients auront davantage d'utilité.

En réalité, il existe deux cas de figure pour lesquels il est fortement conseillé d'employer les transients.

- Lorsqu'un même contenu est présent sur plusieurs pages. Par exemple : derniers commentaires, une sélection d'articles, une blogoliste, une galerie d'images, etc. Le recalcul d'une donnée identique est ainsi limité.

- Lorsque le contenu utilisé est issu d'un site externe. Les requêtes DNS et la consommation de bande passante et d'API (par exemple, Twitter ou Facebook) sont alors limitées. C'est dans ce second cas de figure que les transients sont le plus efficace. Dans le cas où vous faites appel à des données externes, par exemple Twitter, les transients vont vraiment apporter un gain de performance en évitant de nombreuses requêtes superflues. Par exemple, le transient peut stocker pendant 10 minutes les derniers tweets. Votre site ne fera alors que 6 requêtes maximum par heure aux serveurs de Twitter, tout en restant dynamique et réactif.

EXPLICATION **Requête DNS**

Une requête DNS est une demande envoyée par votre ordinateur à un nom de domaine pour savoir où se trouve son serveur. Quand l'internaute se connecte à votre site, il fait une requête DNS puis télécharge la page et toutes vos images.
Plus vous vous connecterez à des noms de domaines différents, plus il y aura de requêtes DNS, et plus le temps de chargement sera élevé.

Bien utiliser les transients de WordPress

Vous devez enfin savoir deux choses sur les transients.

Tout d'abord, un transient n'a pas obligatoirement un délai d'expiration. N'en mettez donc pas si vous savez que la donnée calculée ne changera plus jamais. Par ailleurs, demandez-vous à partir de quand vous n'utiliserez plus un transient donné, parce qu'une fois expiré, il reste inutilement en base de données. En effet, WordPress ne le supprimera que si vous essayez d'y accéder. En fonction du nombre d'extensions installées puis désinstallées, ou du changement de vos thèmes, vous pourrez alors vous retrouver avec des dizaines de transients inutiles en base de données ; il est donc nécessaire de faire un peu de ménage !

Le code initial qui suit est tiré de la très bonne extension Artiss Transient Cleaner, que j'ai ensuite optimisé.

1 Tout d'abord, il faut définir la durée, en jours (ici, `3`), au bout de laquelle WordPress doit faire le ménage dans les différentes corbeilles (suppression des articles, commentaires…). Le code et l'extension se greffent en effet sur cette fonction pour supprimer tous les transients expirés. Le processus se définit au moyen de la ligne suivante, à placer dans le fichier `wp-config.php` situé à la racine de votre site.

Vider les corbeilles de WordPress au bout de 3 jours

```
define('EMPTY_TRASH_DAYS', 3 );
```

2 Ensuite, copiez/collez le code suivant dans le fichier `functions.php` de votre thème.

Nettoyage automatisé des transients

```
// Création de l'action qui va déclencher la suppression des transients
function seomix_content_transients_opti() {
    seomix_action_delete_transient();
}

// Activation de l'action en même temps que wp_scheduled_delete
// La variable EMPTY_TRASH_DAYS doit être définie dans le fichier wp - c onfig.
// Par exemple : define('EMPTY_TRASH_DAYS', 3 );
add_action( 'wp_scheduled_delete', 'seomix_content_transients_opti' );

// Fonction de suppression des transients
function seomix_action_delete_transient() {
    // Si WordPress ne fait pas appel à un cache externe
    global $_wp_using_ext_object_cache;
    if ( !$_wp_using_ext_object_cache ) {
        // On récupère la globale du site
        global $wpdb;
        // On récupère l'heure actuelle
        $time = time();
        // On récupère tous les transients trop vieux
        $sql = "SELECT option_name FROM $wpdb->options WHERE option_name LIKE
'_transient_timeout%' AND option_value < $time";
        // On les récupère proprement
        $mestransients = $wpdb->get_col( $sql );
        // Pour chacun d'entre eux, on les supprime
        foreach( $mestransients as $transient ) {
            $deletion = delete_transient( str_replace( '_transient_timeout_',
'', $transient ) );
        }
        // On optimise la base de données après les suppressions
        $wpdb->query('OPTIMIZE TABLE ' . $wpdb->options);
    }
}
```

Attention, le code précédent n'est pas utile si vous utilisez une extension qui optimise régulièrement votre base de données.

Déboguer votre thème

Il est fortement conseillé de déboguer les thèmes WordPress, car bien souvent, ils ne sont pas bien conçus : on utilise des fonctions qui ont été dépréciées, des variables sont conservées en mémoire de manière inutile, et ainsi de suite. Pour ce faire, il existe des extensions spécifiques.

Voici celles que j'ai retenues :

- DebugBar (et tous ses add-ons, comme Slow Queries)

> ▸ https://fr.wordpress.org/plugins/debug-bar/

- Query Monitor

> ▸ https://fr.wordpress.org/plugins/query-monitor/

Figure 9–2
Exemple de résultats
avec DebugBar

Ces deux extensions vont mettre en avant de nombreuses informations de vos thèmes, comme le nombre de requêtes de la page, les fonctionnalités dépréciées, les constantes et variables utilisées, ou encore un aperçu détaillé de chacune de vos requêtes et du temps de chargement de celles-ci, etc.

Par ailleurs, vous pouvez aussi déboguer votre thème WordPress grâce à deux petites fonctions toutes simples à placer dans le footer de vos pages (ou encore juste avant et après une de vos fonctions pour en mesurer l'impact) :

- `<?php echo get_num_queries();?>` affiche le nombre de requêtes totales effectuées dans la page ;
- `<?php echo('Seconds: '.timer_stop( 0 ).'<br />'); ?>` affiche le temps total nécessaire au calcul de l'ensemble du contenu, c'est-à-dire avant l'envoi de données à votre ordinateur.

Vous suivrez ainsi au fur et à mesure l'optimisation de votre thème et verrez si vos actions ont un impact réel sur le temps de calcul et de chargement.

Ressources externes

Listez tous les contenus qui ne sont pas hébergés sur votre serveur et auxquels vous faites appel, notamment tous les systèmes publicitaires comme AdSense ou Amazon, les boutons liés aux réseaux sociaux ou encore aux partenariats et bannières publicitaires. Puis posez-vous la question de l'intérêt de ces contenus et si vous pouvez les rapatrier sur votre propre site.

Cela réduirait le nombre de requêtes DNS pour le chargement de vos pages. Pour certains contenus, cela est parfois impossible (par exemple, AdSense et réseaux sociaux). Cependant, quand vous le pouvez, essayez de rapatrier sur votre serveur toutes les images et autres scripts JavaScript hébergés sur d'autres noms de domaines.

Afficher les tailles des images

Voici une autre bonne pratique à mettre en place pour tous vos contenus (internes et externes) : spécifiez toujours les dimensions des images dans le code HTML. Même si cela n'a aucune incidence sur le temps de chargement, il y aura un impact sur la vitesse d'exécution de vos pages. Votre navigateur n'aura pas besoin, alors, de tester la taille de l'image pour l'afficher.

De même, plus vous utiliserez de CSS 3 et de JavaScript, plus votre contenu sera long à s'afficher, et plus vous devrez faciliter le travail des navigateurs dans l'exécution des différentes fonctionnalités de la page, surtout sur des ordinateurs anciens. Rien n'est plus frustrant qu'une page qui se télécharge rapidement, mais qui fait ramer le navigateur !

Sprite et compression

Lorsqu'il est question d'images et de temps de chargement, on pense forcément au nombre total d'images qui vont s'afficher et au poids de celles-ci. Il va donc de soi qu'il faut limiter, lorsque c'est possible, le nombre d'images total qui seront affichées dans la page. Il est en effet évident que, si vous avez 50 images à télécharger, la page sera forcément plus lente que si vous n'en aviez que 10.

Il est cependant possible d'accélérer à deux niveaux son site :

* grâce aux *sprites* ;
* par la compression d'images.

Un sprite est une technique CSS qui consiste à fusionner en une seule image plusieurs éléments qui composent votre charte graphique : par exemple, le logo avec les images utilisées pour les listes à puces, les boutons ou encore les différentes images de fond.

Pour aller plus loin

Vous trouverez sur Internet, plusieurs tutoriels très bien conçus sur la création et la mise en place de sprites. Je vous invite donc à utiliser notre ami Google !

Figure 9–3
Un exemple de fichier
SPRITE sur Google

Pour la compression des médias, WordPress va réduire la qualité des fichiers de manière native, mais cela reste inefficace, et ce pour deux raisons :

- seules les images JPEG seront améliorées (adieu GIF et autres PNG par exemple…) ;
- le CMS réduit généralement à 90 % la qualité de l'image. Sachez que sur Internet, une qualité supérieure à 80 ou 85 % ne sert généralement à rien, car on fait difficilement la différence à l'écran.

Je vous conseille donc de commencer par compresser vos images JPEG grâce au hook suivant, à ajouter dans le fichier functions.php (pour PHP 5.3 et versions supérieures).

Augmenter la compression des images

```
add_filter('jpeg_quality', function($arg){return 80;});
```

Si vous utilisez une version de PHP inférieure à la 5.3, préférez le code suivant.

Augmenter la compression des images (versions de PHP inférieures à la 5.3)

```
add_filter( 'jpeg_quality', create_function( '', 'return 80;' ) );
```

Si vous optimisez déjà vos images sur votre ordinateur, ou grâce aux sites listés ci-après, les fonctions précédentes sont inutiles.

De nombreux outils existent pour améliorer grandement le poids de vos images avant même leur mise en ligne, et des médias de votre thème. Voici les plus connus et les plus efficaces :

- Imagify (une extension WordPress existe)

> ▸ https://imagify.io/fr

- JPEGmini

> ▸ http://www.jpegmini.com/

- TinyPNG

> ▸ http://tinypng.org/

Le CSS

À ce stade de l'optimisation, vous devez avoir des images légères, ainsi qu'un contenu HTML propre et généré rapidement. Le CSS qui permet de mettre en page votre site n'échappera pas à ce nettoyage. Cela implique de supprimer, entre autres, toutes les classes et ID qui ne sont plus utilisés par les différents éléments HTML de votre site.

Parmi les petites optimisations à faire sur votre feuille de styles, vous allez pouvoir supprimer certaines informations inutiles, dont voici quelques éléments.

Supprimer le dernier point-virgule et tout espace inutile

```
#monidentifiant {font-size: 1.2em;padding: 10px;}
```

devient :

```
#monidentifiant{font-size:1.2em;padding:10px}
```

Regrouper les classes, ID et propriétés similaires

Dans votre feuille de styles, regroupez toutes les classes et tous les identifiants dont les attributs sont identiques. Dans l'exemple ci-après, on économise ainsi 30 % de caractères pour le même rendu.

```
#ID1{font-size:1em;font-weight:400}
#ID2{font-size:1.2em;font-weight:400}
#ID3{font-size:1.2em;font-weight:400}
#ID4{font-size:1.3em;font-weight:700}
#ID5{font-size:1.4em;font-weight:700}
#ID6{font-size:1.4em;font-weight:700}
```

Ce code devient :

```
#ID1,#ID2,#ID3{font-weight:400}
#ID4,#ID5,#ID6{font-weight:700}
#ID1{font-size:1em}
#ID2,#ID3{font-size:1.2em}
#ID4{font-size:1.3em}
#ID5,#ID6{font-size:1.4em}
```

De même, certaines règles séparées peuvent être fusionnées en une seule. Par exemple, ce code :

```
font-weight:bold;
font-size:1.3em;
font-family:georgia, serif;
background-image:url('i/chose.png');
background-repeat:no-repeat;
background-position:top left;
background-color:transparent;
```

devient :

```
font:bold italic 14px/1.3em georgia, serif;
background:url('i/chose.png') no-repeat top left transparent;
```

Fusionner les feuilles de styles CSS

Regroupez en une seule et même feuille de styles toutes celles chargées sur votre site (c'est-à-dire celles de votre thème et de vos extensions). Pour ce faire, vous devez copier dans la feuille de styles principale le contenu de toutes les autres afin de réduire le nombre de fichiers à télécharger.

Même si une seule feuille de styles contient tout, WordPress continue tout de même à charger les feuilles de styles de vos différentes extensions. Heureusement, le fichier `functions.php` permet de désactiver l'ajout de ces feuilles de styles devenues inutiles. Utilisez le code suivant pour désactiver chaque CSS superflue.

Désactiver le chargement d'une feuille de styles

```
add_action( 'wp_print_styles', 'deregister_mystyles', 100 );
function deregister_mystyles() {
    wp_deregister_style('nom-du-style');
}
```

CDN

Pour parfaire l'optimisation du fichier CSS, il est possible de mettre en place ce que l'on appelle un *Content Delivery Network* (CDN), qui va charger les images de votre thème, non pas à partir de l'URL de votre site mais d'un autre nom de domaine ou d'un sous-domaine.

L'idée est de répartir les fichiers à télécharger sur différents serveurs pour qu'ils soient chargés plus rapidement. Un CDN peut être installé sur votre propre plate-forme d'hébergement ou via des services payants tels qu'Amazon ; à vous de trouver la solution que vous jugerez la plus pertinente.

Compresser le fichier CSS

Votre feuille de styles est presque terminée. Il ne vous reste plus qu'à parfaire son optimisation via un service de compression qui réduira son poids et son temps de chargement. Pour ce faire, on va « minifier » le fichier CSS, c'est-à-dire le compresser. Dans ce but, il existe des outils en ligne efficaces et performants. Pour ma part, j'utilise régulièrement YUI Compressor.

> ▸ http://www.refresh-sf.com/yui/

JavaScript et jQuery

Aller à l'essentiel

Faites le ménage dans tous vos scripts JavaScript, en vous posant toujours la même question : « Est-ce que cette fonctionnalité à un intérêt réel ? ».

Sur le même principe que les fichiers CSS, regroupez les scripts JavaScript en un seul fichier afin de réduire le nombre de requêtes de vos pages et le poids de celles-ci. Par ailleurs, cela vous évitera également de charger sur une même page plusieurs fois les mêmes bibliothèques (notamment jQuery).

ATTENTION **Ne faites pas tout d'un seul coup**

Fusionnez vos scripts JavaScript étape par étape, afin qu'il n'y ait pas d'incompatibilités entre différents scripts.

Et tout comme pour les fichiers CSS, il est possible de dire à WordPress de ne pas charger les scripts des extensions, car ces derniers sont désormais inclus dans le JavaScript unique de votre thème. Il suffit d'insérer la fonction suivante dans le fichier `functions.php`.

Désactiver l'ajout d'un script dans le header

```
add_action( 'wp_print_styles', 'deregister_myscripts', 100 );
function deregister_myscripts() {
    wp_deregister_script('nom-du-script');
}
```

Une extension pour vous aider

J'ai développé, avec un très bon ami nommé Willy Bahuaud, une extension pour vous faciliter le travail d'optimisation des temps de chargement des scripts JavaScript.

POUR EN SAVOIR PLUS **WP Deferred Javascripts**

Version actuelle de l'extension : 2.0.5
Paramétrage de l'extension : aucun
▸ https://wordpress.org/plugins/wp-deferred-javascripts/
Intérêt : exécuter les scripts JavaScript en parallèle pour ne pas bloquer le temps de chargement

---

Une fois activée, l'extension va basculer tous les scripts dans le footer, puis elle va utiliser la bibliothèque LABjs pour charger de manière asynchrone tous vos scripts. En d'autres termes, vos scripts JavaScript ne sont plus un problème s'agissant du temps de chargement.

REMARQUE **Pourquoi ne pas en avoir parlé avant ?**

Je n'en ai pas parlé dans le chapitre sur les extensions, tout simplement parce que cette extension peut parfois provoquer des bogues. En effet, elle fonctionne parfaitement, à condition que les scripts, le thème et les extensions employés soient bien conçus, conformément aux standards de WordPress. Et c'est malheureusement loin d'être toujours le cas, d'où parfois des incompatibilités.

Le fichier wp-config.php

Le fichier `wp-config.php` est situé à la racine de votre installation et permet de configurer votre site, et notamment l'accès à votre base de données. Il peut par ailleurs servir à améliorer le temps de chargement des pages – l'ajout de quelques petites lignes suffit.

Activer le cache par défaut

Auparavant, WordPress avait un système de cache natif qui était activé grâce à la ligne de code suivante.

Ancienne activation du cache

```
define(' ENABLE_CACHE', true);
```

Malheureusement, celui-ci ne fonctionne plus depuis la version 2.5. Si nécessaire, ajoutez cette ligne : elle vous permettra de faire fonctionner les différentes extensions de cache, notamment WP Super Cache. Les extensions peuvent le faire de manière automatique ; ou bien elles vous le demanderont.

Activation du cache pour les extensions

```
define(' WP_CACHE', true);
```

Réduire le nombre de révisions

La ligne de code suivante réduit le nombre de sauvegardes d'un article, c'est-à-dire ce qu'on appelle communément une révision. C'est utile pour le travail collaboratif ou pour conserver l'historique d'un contenu à la manière de Wikipédia, mais cela occupe une place importante dans la base de données et peut donc ralentir le site. Dans notre exemple, on limite à cinq le nombre de ces révisions pour chaque contenu du site.

Réduire le nombre de révisions de chaque article

```
define('WP_POST_REVISIONS', 5);
```

De manière plus radicale, il est aussi possible de désactiver cette fonctionnalité.

Désactiver les révisions

```
define('WP_POST_REVISIONS',false);
```

Par ailleurs, vous pouvez aussi réduire le temps entre chaque sauvegarde automatique – changez le chiffre par la durée souhaitée en secondes.

Vider automatiquement la corbeille

La ligne de code ci-après force à vider la corbeille pour les contenus ayant plus de x jours (articles, pages, commentaires et médias). En mettant cette valeur à 3, je m'assure ainsi de ne pas surcharger inutilement la base de données de WordPress.

```
define('EMPTY_TRASH_DAYS', 3 );
```

Ne pas envoyer de cookies aux sous-domaines

Il s'agit ici de placer – sur un sous-domaine ou sur un autre nom de domaine – tous vos contenus statiques (par exemple, vos images et vidéos), afin d'accélérer le temps de chargement de ces données. Seul hic, WordPress transmet un cookie inutile pour chacune de ces requêtes. Pour l'éviter, insérez ces deux lignes de code dans le fichier wp-config.php.

Ne pas envoyer de cookies aux sous-domaines

```
Define( 'COOKIE_DOMAIN', ' www.monsite.com' ) ;
define( 'WP_CONTENT_URL' , ' http://static.yourdomain.com ' );
```

Augmenter la mémoire allouée

Pour exécuter n'importe quelle action, WordPress fait appel à la mémoire allouée par votre hébergeur. Lorsque cette dernière est trop faible, un message d'erreur s'affiche : « Allowed memory size of xxx bytes exhausted ».

Afin de l'éviter, ajoutez la ligne suivante à votre fichier wp-config.php, pour augmenter cette valeur :

Augmenter la mémoire allouée à WordPress

```
Define( 'WP_MEMORY_LIMIT', '256M') ;
```

ATTENTION **Vous ne pouvez pas utiliser la capacité de mémoire de votre choix**

Par défaut, WordPress fixe la mémoire à 32 Mo. Attention, il ne pourra pas dépasser la limite imposée par votre hébergeur. Si celui-ci la fixe également à 32 Mo, la ligne de code ne permettra jamais d'aller au-delà.

Par ailleurs, WordPress testera toujours s'il doit ou non utiliser ce paramètre. Par exemple, si PHP alloue déjà 64 Mo, le fait de définir la même valeur dans le fichier `wp-config.php` ne servira à rien.

Des extensions pour plus de vitesse

Tout ce travail d'optimisation reste important. Pourtant, on peut parfois s'en passer en faisant appel à l'utilisation des bonnes extensions. En effet, certaines optimisations manuelles peuvent être réalisées automatiquement au moyen d'extensions, ce qui peut faire gagner un temps précieux. Le défaut cependant, c'est que recourir aux extensions n'est pas une stratégie fiable à 100 %. Procéder à une optimisation manuelle (et donc définitive) sera toujours plus performant que la même optimisation réalisée de manière automatique en PHP.

Néanmoins, je vous recommande très fortement d'installer et de paramétrer les différentes extensions liées au temps de chargement, et dont nous avons parlé au chapitre 7 consacré aux extensions SEO.

Compatibilité mobile et responsive design

10

La compatibilité mobile est un critère de positionnement dans les moteurs de recherche, qui prend chaque année un peu plus d'importance. Elle a aussi un impact de plus en plus déterminant sur l'expérience utilisateur et sur vos ventes.

Vous devez donc vous assurer que votre site est adapté aux mobiles afin d'améliorer votre référencement naturel.

Les différentes solutions qui existent

Pour rendre votre site adapté aux périphériques mobiles, il existe plusieurs solutions :

- un site mobile : m.site.fr, par exemple ;
- une application mobile ;
- un design dit « responsive » (qui s'adapte à la taille de l'écran).

Bien que Google précise que les première et troisième solutions sont équivalentes, préférez **toujours** le *responsive design*. J'élimine les deux premières pour des raisons différentes.

Le site mobile dédié implique :

- de détecter correctement la taille d'écran pour rediriger le visiteur vers la bonne version (sachant que certaines tailles d'écran sont un peu un entre-deux) ;
- de maintenir deux sites différents ;
- de devoir faire comprendre à Google que vous avez des contenus dupliqués entre ces deux sites.

L'application mobile est quant à elle une très mauvaise idée (pour le référencement). Pour le marketing, c'est une bonne chose : il s'agit de proposer à l'internaute une application avec des fonctionnalités plus adaptées, plus dynamiques et plus personnalisées. Mais en aucun cas cela ne remplace votre vrai site, qui, lui, devra TOUJOURS être adapté aux mobiles.

Vous pouvez donc créer une application mobile (une pour Android, une pour Windows Phone, une pour Apple), mais vous devrez quand même rendre votre site compatible avec les mobiles, en optant pour le responsive design.

Il existe aussi une quatrième solution, que je vous déconseille : les extensions mobiles pour WordPress, comme WP Touch. Elles vont remplacer votre thème par un autre pour les mobiles, ce qui présente le même défaut que le site mobile dédié : deux thèmes à maintenir et à faire évoluer. Et en plus, la plupart des thèmes de ces extensions sont très éloignés de votre véritable thème.

Qu'est-ce que le responsive design ?

Le responsive design est un concept simple : il implique que le design et l'affichage de votre site s'adaptent en temps réel à la taille de l'écran utilisé. Ainsi, quand vous faites pivoter votre tablette ou votre téléphone, le thème de WordPress s'adapte, tout comme il le fera si vous redimensionnez la taille de votre navigateur sur Internet.

Le responsive design est une bonne chose : en le mettant correctement en œuvre, vous êtes sûr de vous adapter à n'importe quel type d'affichage, y compris si de nouvelles tailles d'écran voient le jour dans les années à venir. Vous n'avez également qu'un seul site à maintenir et à mettre à jour. Et de la même façon, vous n'avez aucun risque de duplication de contenu.

Les pages d'un site (et donc d'un thème WordPress) sont composées de deux éléments : un contenu HTML et une mise en page CSS. Le responsive design agit sur ce second élément. Il s'agit donc purement et simplement d'une modification ou d'une adaptation de votre mise en page, qui permet de conserver toujours le même contenu HTML.

Nous sommes en 2017 : avoir un site en responsive design, c'est tout simplement **indispensable** !

Faire du responsive design avec WordPress

WordPress, comme tout autre CMS, n'a en réalité rien à voir avec la compatibilité mobile. Ce qui influe, c'est le rendu visuel, c'est-à-dire votre thème. C'est lui qui va permettre ou non de rendre compatible pour les mobiles chacune de vos pages.

Le responsive design, ce n'est ni plus ni moins que des règles CSS qui prescrivent des changements visuels lorsque l'on modifie la résolution. Dans l'exemple suivant, on indique que si le navigateur fait au moins 900 pixels de large, alors la largeur de l'élément #toto est de 700 pixels.

```
@media screen and (min-width:900px) {
    #toto {
        width:700px;
    }
}
```

C'est ce que l'on appelle des *media queries*, et c'est la base du responsive design. Si vous voulez approfondir ce sujet, je vous conseille l'excellent article de l'agence AlsaCréations : https://www.alsacreations.com/article/lire/930-css3-media-queries.html.

ATTENTION **Méfiez-vous des thèmes**

Faites toujours très attention aux descriptions des thèmes que vous allez choisir. Ce n'est pas parce que ces derniers indiquent qu'ils sont « compatibles mobiles » qu'ils le sont réellement. Il vous faudra toujours tester avec les outils que nous vous présenterons à la section suivante.

D'ailleurs, c'est aussi valable pour toute description de thème : ce n'est pas parce qu'un thème est considéré comme « optimisé SEO » qu'il l'est réellement.

Tester la compatibilité mobile de son site

Comme mentionné précédemment, Google affirme qu'il ne prend pas en compte la compatibilité mobile de chaque page dans son algorithme. À vrai dire, nos tests tendent à dire que c'est exact, même si l'impact est faible. Cependant, il est important pour vos visiteurs et l'expérience utilisateur que votre site soit compatible avec les mobiles. Il est donc primordial de tester chaque page pour vérifier si elle s'affiche correctement sur les mobiles.

Il existe plusieurs moyens de tester si les contenus de son site sont compatibles ou non (et donc s'ils sont optimisés pour le référencement naturel). Ce qu'il faut savoir, c'est que Google attribue cette compabilité page par page, et non à l'ensemble du site d'un coup.

Il se peut donc que vous ayez certaines pages compatibles, et d'autres non.

Dans un premier temps, avant de lister les méthodologies de test, Google doit pouvoir accéder correctement à vos fichiers CSS et JS, ce qui lui permettra de savoir si oui ou non votre contenu est adapté. Respectez donc scrupuleusement ce qui sera dit dans cet ouvrage sur le fichier *robots.txt*.

Le centre Webmaster de Google

À la première étape, commencez par étudier le menu de compatibilité mobile de la Search Console de Google. Il va vous indiquer tous les problèmes qu'il a détectés jusqu'ici.

Une fois inscrit, rendez-vous dans le menu *Trafic de recherche>Ergonomie mobile*. Vous verrez alors dans le graphique et le tableau les différentes erreurs rencontrées.

Figure 10–1
Le menu Ergonomie mobile de la Search Consolee de Google

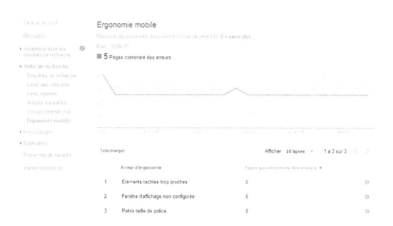

Corrigez-les toutes, puis attendez quelques jours ou semaines pour les voir enfin disparaître de ce menu (il y a toujours un décalage de données dans la Search Console de Google).

À ce stade, vous aurez déjà corrigé pas mal d'erreurs. Malheureusement, il peut encore en exister d'autres que Google n'a pas encore découvertes, ou que son outil détecte mal (et qu'il faut donc quand même corriger pour vos utilisateurs). Nous allons ensuite utiliser les techniques et outils qui suivent.

Google et ses outils Mobile

Un des premiers outils qui peut vous être utile, c'est tout simplement celui de test de compatibilité mobile, qui vous indiquera si la page testée est compatible ou non : https://www.google.com/webmasters/tools/mobile-friendly/.

Figure 10–2
Cet outil vous indique
si le contenu est compatible
ou non avec les mobiles.

L'outil détaillera tout ce qui a pu poser problème au niveau de la compatibilité mobile d'une page de votre site.

Attention, pensez à vérifier les mentions affichées au haut de la page de cet outil. Le message « Problèmes de chargement de la page » peut parfois apparaître, indiquant que Google n'a pas pu accéder à tous les fichiers (notamment CSS et JS), et qu'il peut donc se tromper en analysant la compatibilité mobile.

Votre navigateur et Firefox

Enfin, un test tout simple consiste – sur ordinateur – à redimensionner manuellement la fenêtre de votre navigateur et à en modifier la taille (hauteur et largeur) pour voir si, à certains moments, l'affichage ne fonctionne plus correctement.

Sur le navigateur Firefox, il existe aussi un raccourci très pratique pour rendre encore plus simple cette procédure : cliquez simultanément sur les raccourcis *Ctrl + Shift + M*.

Figure 10–3
L'affichage mobile,
grâce à Firefox

Vous savez donc maintenant ce qu'il vous reste à faire pour corriger les performances de votre thème WordPress, ainsi que les éventuelles extensions permettant d'ajouter du contenu.

## PARTIE 3

Le contenu

Google a besoin de contenu unique et pertinent pour renvoyer de bons résultats de recherche. Voyons comment effectuer des optimisations de contenus aussi efficaces pour les visiteurs que pour les moteurs de recherche.

Optimisation du contenu 11

Un contenu pertinent et optimisé pour les moteurs de recherche est l'une des bases du référencement naturel, au même titre que la création de liens et de popularité, ou que le fait d'avoir un code source indexable et une structure logique. Nous allons expliquer dans ce chapitre comment créer et optimiser un contenu sous WordPress, sans tomber dans le piège de l'ajout de mots-clés à tort et à travers. En bref, nous allons voir comment penser aux visiteurs tout en optimisant son référencement naturel.

Comment optimiser ses contenus pour un mot-clé précis ?

Avant d'entrer dans le détail des optimisations à mettre en place pour vos contenus, il faut avant tout comprendre ce qui rend une publication pertinente aux yeux des moteurs de recherche. Ces derniers ne peuvent pas réellement comprendre votre texte (ce sont des robots), mais ils essaient de plus en plus d'avoir une analyse sémantique et « humaine » de vos contenus.

Pour chaque contenu que vous souhaitez modifier, il y a quelques grandes règles à respecter.

Répondre au besoin

C'est la base : quel que soit le sujet que vous allez traiter, il faut chercher à comprendre l'intention de l'internaute. Quels sont ses besoins ? Quelles sont les informations nécessaires ? Quelles fonctionnalités ce dernier attend-il ? Etc. Ne partez pas du principe que vous ciblez le sens premier de votre expression. Il faut penser à tout ce qui gravite autour.

Prenons un exemple : imaginons que je vends des produits pour le jardin. Parmi ces produits, je propose une tondeuse. Mon expression ciblée sera donc « tondeuse ». Mais mon contenu ne devra pas uniquement cibler ce terme. Il devra également viser les autres besoins liés à mon expression, et qui diffèrent du simple « achat de tondeuse ». On pourra parler par exemple :

- de la meilleure façon de l'utiliser ;
- du SAV ;
- de la façon dont on doit la nettoyer et l'entretenir ;
- des méthodes complémentaires pour prendre soin de sa pelouse ;
- etc.

Ces thématiques pourront donc venir compléter votre contenu ou encore vous donner de nouvelles idées de publications.

La règle ici est donc simple : si vous parlez d'un sujet précis, votre contenu doit devenir la référence sur ce sujet, c'est-à-dire être le plus exhaustif possible.

Et si vous manquez d'idées, pensez simplement à utiliser les différents outils présentés dans le chapitre 3 consacré aux mots-clés. Je vous conseille notamment l'excellent AnswerThePublic : http://answerthepublic.com/.

Figure 11–1
Un très bon outil pour compléter son contenu grâce aux questions que se posent les internautes

Longueur

Un bon contenu est également un contenu suffisamment long. Si ce dernier est trop court, Google et les autres moteurs de recherche auront tendance à le trouver moins pertinent.

En règle générale, on conseille d'avoir au moins 250 à 300 mots pour chaque publication, l'idéal étant de dépasser les 500 mots.

Répéter le mot-clé

Lorsque l'on cible un terme précis, on conseille de pouvoir le répéter plusieurs fois dans le contenu. On va essayer ainsi de le mentionner plusieurs fois dans notre paragraphe, mais aussi de le placer dans la balise `h1`, la balise `title`, le titre de l'article, les textes alternatifs des images ou encore dans la première phrase du contenu.

Cette pratique est assez cohérente, car si l'on parle d'un terme précis, il est logique de le réutiliser tout au long de notre publication.

> REMARQUE **Attention à la suroptimisation !**
>
> Faites toutefois attention. Certes, il faut répéter votre mot-clé, mais il faut surtout rester naturel. Le but n'est pas de l'avoir dans chaque phrase.
> Le plus simple pour détecter une suroptimisation, c'est de relire votre contenu. Si vous le trouvez redondant ou répétitif, cela veut dire que vous avez été trop loin dans votre optimisation SEO.

Univers sémantique

Un autre moyen d'optimiser globalement son contenu est d'utiliser des termes du même univers sémantique, c'est-à-dire des termes synonymes ou encore des termes utilisés souvent de manière conjointe avec le terme que vous ciblez.

Reprenons l'exemple que l'on avait donné au début du livre : le terme « voiture ». On pourra ainsi utiliser les termes suivants, du même univers sémantique :

- termes liés à mon terme : « garage », « entretien », « révision », « permis », etc. ;
- synonymes : « auto », « automobile », « caisse », etc. ;
- termes qui répondent au même besoin (le transport) : « moteur », « route », « essence », « déplacement », etc. ;
- etc.

Là encore, l'analyse des mots-clés réalisée en amont vous aidera à sélectionner les termes du champ sémantique. Pour vous y aider, vous pouvez utiliser notamment Yooda Insight, SEMrush ou encore l'excellent site `1.fr`.

Structure dans le site

Un bon contenu est surtout une publication qui va être correctement insérée dans la structure du site.

Nous en reparlerons plus loin, mais il faut savoir que c'est très important : une bonne structure, une bonne catégorisation et des liens internes adéquats vont donner plus de poids à certains contenus, leur permettant ainsi d'obtenir une meilleure visibilité.

Maillage externe

Les backlinks ne doivent en aucun cas être oubliés. Vous pouvez rédiger le meilleur contenu possible, ce dernier n'aura pas beaucoup d'impact sans liens externes.

À chaque publication, il est ainsi fortement conseillé d'ajouter des liens depuis d'autres sites, qui pointeront vers elle et lui donneront ainsi plus de poids.

Votre stratégie

Enfin, et de manière générale, votre stratégie marketing et sur les réseaux sociaux pourra faire la différence. Avec une vraie différenciation, ainsi qu'une bonne stratégie de marque et de fidélisation, il devient bien plus simple de rédiger des contenus et de les relayer.

Soyez donc inventif, innovant et différent pour décupler l'impact de vos contenus.

Apprendre à rédiger un contenu

Titre, title et description

Le titre de votre contenu

Dès que vous rédigez un article ou une page, le titre de votre contenu est le premier élément que vous devez compléter. Faites-le avec soin, en respectant certaines règles.

- **Pour le moteur de recherche :** le titre doit être explicite et posséder les mots-clés que vous ciblez.
- **Pour le visiteur :** le titre doit être explicite, accrocheur et donner envie de lire le contenu.

Pour les visiteurs, l'intérêt de ces règles est évident. Pour les moteurs de recherche, elles sont encore plus importantes, car le titre va être réutilisé à plusieurs endroits :

- en tant que balise `h1` dans la page d'article ;
- en tant que balise `h2` dans les pages de taxonomies et sur la page d'accueil du site si vous y affichez vos articles ;
- en tant que titre du contenu dans le flux RSS ;
- dans la description lors du partage du contenu via les boutons de partage sociaux.

La balise title

En référencement, le titre de l'article et le contenu de sa balise title sont importants. Ici, on parle du nom de votre article ou de votre page. Ce qu'il faut savoir, c'est que le titre de votre article n'est pas forcément le title de celui-ci. Même s'ils sont identiques par défaut sur WordPress, l'extension Yoast SEO permet de les différencier pour respecter les règles précitées.

Figure 11–2
Le titre de l'article et sa balise title peuvent ou non être identiques.

Il est donc possible d'avoir un titre d'article qui s'adresse à l'utilisateur et une balise title destinée au moteur de recherche. Prenons l'exemple d'un article sur SeoMix.

- « Les erreurs serveur, servez-vous en ! » est un titre accrocheur pour l'internaute.
- « Les erreurs serveur » est un title explicite pour les moteurs de recherche.

Pour changer le title, vous devez utiliser le nouveau bloc ajouté par Yoast SEO dans les pages d'édition de vos post types. Par défaut, vous le trouverez juste en dessous de l'endroit où vous rédigez le contenu. Profitez-en également pour remplir la balise meta description juste en dessous.

Figure 11–3
Remplissez impérativement ces deux éléments du bloc Yoast SEO.

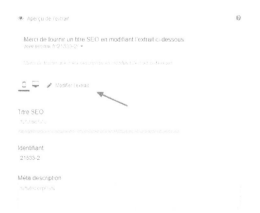

> REMARQUE **Et les autres options de Yoast SEO ?**
>
> Il existe d'autres options dans le bloc de l'extension Yoast SEO, que je détaillerai plus loin dans ce chapi-
> tre. En général, elles n'ont pas ou peu d'utilité.

Normalement, les balises `title` et `meta description` n'ont pas de longueurs parfaites. Attention tout de même : elles ne doivent être ni trop longues, ni trop courtes,
au risque de réduire leur utilité et leur efficacité.

- Le titre doit comporter 60 à 70 caractères maximum. Plus il sera court, plus les
  mots auront d'impact. Mais attention, ne tombez pas dans l'extrême inverse en
  n'utilisant qu'un seul mot. En effet, le titre doit être parfaitement compréhensible
  par l'internaute et, surtout, il doit être écrit en bon français.
- La description doit comporter 150 à 160 caractères maximum. En effet, tout le
  texte au-delà ne sera pas affiché dans les résultats de Google.

> REMARQUE **La balise meta description et son intérêt SEO**
>
> Même si la balise `meta description` n'a aucun impact en référencement naturel, elle est tout de
> même affichée dans les résultats de Google. Sachez que plus elle sera percutante, plus les gens auront de
> chances de cliquer. Si elle inclut les mots-clés saisis par l'internaute, ils seront également mis en gras,
> augmentant ainsi la visibilité du résultat.

Le permalien

Une fois la rédaction de votre titre terminée, WordPress va générer automatiquement
l'URL de votre contenu en fonction des réglages mis en place au début de ce livre.

Figure 11–4
WordPress a rempli
directement l'URL
de mon article.

Ajouter un nouvel article

test d'un contenu pour voir son URL

Permalien : http://daniel-roch.fr/test-dun-contenu-voir-url/   Modifier

Normalement, ces derniers permettent déjà de rendre cette URL logique pour le
visiteur et pour Google. Il est cependant possible de l'améliorer en supprimant tous
les éléments inutiles (par exemple, les termes sans réel sens, les lettres superflues), qui
sont souvent la conséquence d'une apostrophe supprimée. Par exemple, on pourrait
ainsi changer `titre-de-larticle` en `titre-article` (voir figure 11-4).

Rappelez-vous que l'URL ne doit pas être trop longue, qu'elle doit décrire votre contenu et être suffisamment explicite afin que l'internaute sache ce qu'il va trouver à
cette adresse.

La catégorie

Bien structurer son contenu avec une catégorie

Il vous faut ensuite choisir la catégorie dans laquelle vous allez publier votre contenu.

Comme le format des URL a été correctement défini dans les chapitres précédents, il n'y a aucun risque de duplication de contenus par ce biais-là. Il est donc possible de définir plusieurs catégories. Mais attention, cela peut n'avoir aucun sens pour vos visiteurs et signifier par ailleurs que vous avez mal segmenté les thématiques de votre site. N'oubliez pas que vous publiez du contenu pour vos visiteurs et non pour Yahoo!, Bing ou Google. Il peut être judicieux de revoir la façon dont vous allez structurer vos contenus entre eux.

Figure 11–5
Je peux choisir moi-même
la catégorie de mon article.

S'il ne vous est pas facile de choisir la catégorie dans laquelle vous allez publier votre contenu, c'est que vos catégories sont mal conçues.

Par ailleurs, si vous publiez le même article dans plusieurs catégories, ces dernières auront tendance à trop se ressembler. En effet, plus vos articles sont visibles partout sur votre site, moins Google va trouver pertinent de continuer son indexation des différentes catégories ; il risque alors de pénaliser ces pages dupliquées en leur donnant moins de poids.

Et dernier défaut, enfin, avoir plusieurs catégories : vous ne pouvez pas choisir la catégorie principale. Votre chemin de navigation sélectionne une catégorie pour vous, qui n'est pas forcément la plus pertinente, ni celle par laquelle le visiteur a trouvé votre contenu : cela provoque donc une problématique au niveau du maillage interne, et un problème d'ergonomie. Yoast SEO propose une fonctionnalité pour y remédier, mais le résultat est bancal parce qu'il ne s'applique pas partout sur le site, notamment dans les flux RSS.

Pour résumer, pour réellement optimiser votre contenu, il **faut** qu'un article soit associé uniquement à une seule catégorie, et pas une de plus.

RAPPEL **La description des catégories**

Quand vous créerez vos catégories, pensez à toujours vous rendre dans le menu *Articles>Catégories* pour vérifier que vous avez bien renseigné une description pour chacune d'elles. Les descriptions s'afficheront dans votre thème et permettront d'ajouter du contenu unique et pertinent dans chacune des catégories.

Le concept des « sticky posts »

Dernière remarque par rapport aux catégories : ne les utilisez **jamais** pour gérer une section de type « coups de cœur », « nouveautés » ou encore « mises en avant ». Si vous le faites, toutes les publications situées dans la catégorie n'auront pas une thématique qui correspond à une requête des internautes, rendant complexe le fait de pouvoir la référencer et diluant votre popularité. Vous aurez aussi, dans ces cas de figure, l'obligation de choisir une seconde catégorie correspondant à la vraie thématique du contenu pour chaque publication, ce qui revient au problème cité juste précédemment.

Pour gérer des mises en avant, utilisez plutôt la fonction des *sticky posts*, c'est-à-dire des articles « mis en avant » : https://codex.wordpress.org/Sticky_Posts.

Un article mis en avant remonte ainsi automatiquement en tête dans toutes vos listes d'articles sur l'accueil, dans les catégories, dans les pages d'étiquettes, etc. Et surtout, vous pouvez faire des développements supplémentaires dans votre thème ou vos extensions :

* être capable de vérifier si l'article en question est un sticky post pour en changer l'affichage (par exemple, ajouter une pastille « coup de cœur »). Pour cela, utilisez le tag conditionnel `is_sticky()` ;
* créer de nouvelles fonctions ou boucles pour afficher à d'autres endroits les sticky posts, afin d'afficher par exemple vos coups de cœur dans une colonne à droite de chacun de vos articles.

Quand vous éditez un article, pour le transformer en sticky post, cliquez en haut à droite sur *Visibilité>Modifier>Mettre cet article en avant sur la page d'accueil*.

Pour information, les sticky posts ne sont compatibles qu'avec les articles. Sans code supplémentaire, vous ne pourrez donc pas les utiliser pour vos autres types de contenus.

Figure 11–6
WordPress vous permet facilement de mettre en avant vos articles.

Les étiquettes

En référencement naturel, il faut savoir optimiser son site. Pour ce faire, encore faut-il savoir correctement l'utiliser. Et sur WordPress, certains éléments peuvent être réellement traîtres, comme les fameuses « étiquettes ».

Il ne faut pas les utiliser

Nous avons expliqué précédemment ce qu'était une étiquette. En soi, on pourrait considérer cette taxonomie comme une bonne chose, car on peut ajouter une nouvelle classification à ses contenus, à la fois pour les internautes et pour les moteurs de recherche. Dans la pratique, cela pose d'énormes problèmes en matière d'ergonomie et de référencement.

Un contenu pauvre ou inutile

Le premier problème que l'on peut rencontrer est simple : certaines pages d'étiquettes ne contiennent qu'un seul article. C'est le comportement par défaut de WordPress. La première fois que vous ajoutez une étiquette à un article, cela crée une page dédiée. On arrive alors à une situation un peu bizarre où l'internaute lit un article et clique sur le mot-clé pour trouver les autres publications du même sujet. Il se retrouve alors sur la page dédiée à l'étiquette, laquelle contient uniquement l'article sur lequel il était précédemment (aucun intérêt, donc, pour l'internaute et le moteur de recherche).

Autre problématique : cette page ne comporte en général aucun contenu unique, car la plupart des développeurs et utilisateurs ont tendance à systématiquement omettre de remplir et d'afficher la description de l'étiquette (ce que nous vous avons conseillé de faire pour les catégories un peu plus tôt), ce qui est pourtant utile en référencement, mais aussi pour l'internaute.

Pour ces deux premiers points, il faut savoir que le phénomène est accentué par le fait que, lorsque vous intégrez une étiquette à un article, vous ne voyez pas les mots-clés déjà renseignés. Normalement, il y a une autocomplétion, mais elle met du temps à s'afficher, et l'utilisateur ajoute souvent des étiquettes presque identiques.

Figure 11–7
L'autocomplétion peut mettre du temps à s'afficher.

On se retrouve alors avec des sites ayant des termes très proches, comme :

* voiture ;
* voitures ;
* les voitures ;
* la voiture ;
* etc.

Chez certains clients que nous avons audités, nous avons parfois trouvé plusieurs milliers de mots-clés différents, la plupart d'entre eux sans contenu unique et beaucoup d'entre eux associés à un seul article. C'est d'autant plus fréquent lorsque vous avez un site multi-auteur, chacun utilisant la variante d'une même expression.

Et je ne vais pas non plus m'étendre sur les nuages d'étiquettes que l'on peut parfois observer en footer ou *sidebar* de certains sites WordPress (heureusement de moins en moins), et qui nuisent à votre référencement pour deux raisons.

* Théoriquement, l'utilisateur navigue dans des sections logiques et ergonomiques via les menus. Le nuage d'étiquettes va casser la structure de votre site.
* En référencement, on se retrouve avec des minifermes de liens, avec des étiquettes n'ayant aucun rapport les unes avec les autres, ou certaines étant trop similaires les unes aux autres.

Le contenu dupliqué

Un autre gros problème SEO lorsqu'on optimise un contenu, c'est la duplication interne, c'est-à-dire le fait de retrouver des textes communs à plusieurs URL du site. Cela ne vous vaudra pas de pénalité de la part de Google, mais risque fortement d'impacter la pertinence, la structure et la popularité de vos contenus. Il existe plusieurs types de duplications.

Dans certains thèmes, les pages d'étiquettes affichent l'intégralité de l'article. On se retrouve donc avec une duplication intégrale de son contenu. Si vous avez associé votre publication à 10 étiquettes par exemple, vous avez ainsi créé en tout 11 versions dupliquées d'un même contenu (sans compter que vos catégories, votre flux RSS et votre accueil peuvent également dupliquer cet élément).

Il y aura également de la duplication de contenu entre vos pages d'étiquettes. Certains seront en effet tellement proches les uns des autres que la liste des articles sera identique d'un mot-clé à un autre.

Enfin, cela va dupliquer et multiplier les liens vers les étiquettes au sein d'une même page. Ce défaut est vrai d'ailleurs pour toutes les URL de listings de contenus, c'est-à-dire pour toutes vos taxonomies, et éventuellement pour l'accueil de votre site. Dans ces listings, le thème va parfois afficher directement les liens vers les étiquettes associées aux articles ; on peut ainsi se retrouver, au sein d'une même page, avec 20, 30 ou 40 liens voire plus vers la même page d'étiquettes, ce qui est inutile pour l'internaute et ne permet pas une bonne diffusion en termes de popularité sur votre site.

Première solution : éradiquer les étiquettes

À ce stade, on peut envisager de supprimer les étiquettes – comme on peut le lire sur pas mal de sites – ou de les mettre en noindex, follow (on dit à Google de ne pas indexer les pages, mais de suivre les liens qu'il y trouve).

Cette dernière solution ne sert pas à grand-chose.

Le mieux si l'on veut éviter de prendre des risques avec les étiquettes, c'est de les supprimer définitivement. C'est d'ailleurs ce que l'on conseille de faire quasi systématiquement, surtout lors de la création de sites WordPress. Pour ce faire, utilisez le code suivant (source : HereWithMe.fr).

Supprimer les étiquettes de WordPress

```
add_action('init', 'remove_default_taxos', 2 );
function remove_default_taxos() {
   global $wp_taxonomies;
   unset($wp_taxonomies['post_tag']);
}
```

Grâce à ce code, que vous aurez inséré dans une extension ou dans le fichier `functions.php` de votre thème, vous n'aurez plus aucune étiquette. Vous éliminez donc un problème SEO courant de WordPress.

Mais attention, cette opération peut entraîner deux problèmes.

- En supprimant les étiquettes, toutes les URL indexées vont générer des pages d'erreur 404. Vous devez donc penser à faire vos redirections 301.
- Si le site avait des étiquettes, il est possible que certaines soient quand même bien référencées. Si c'est le cas, n'utilisez surtout pas notre code, et suivez plutôt la seconde solution.

Seconde solution : optimiser les étiquettes de WordPress

Si vous choisissez d'utiliser quand même des étiquettes, il faut que cela ait du sens et une utilité. La question est de savoir comment s'y prendre.

Bien les choisir

La première chose à faire est de former les utilisateurs. Quand on ajoute une étiquette, il faut respecter plusieurs règles logiques et simples à appliquer.

- L'étiquette **répond à un besoin de l'internaute**.
- Il n'est JAMAIS identique ou similaire au nom d'une catégorie du site.
- Il doit permettre une navigation transversale. Si tous les articles d'une catégorie sont associés à la même étiquette, alors celle-ci est inutile. Au contraire, elles doivent être associées à des articles présents dans des catégories distinctes (ce qui permet d'avoir une navigation secondaire thématique et pertinente).
- L'étiquette doit être compréhensible par elle-même. Par exemple :
  - « services » est mauvais ;
  - « services à la personne » serait plus utile.

Des pages d'étiquettes pertinentes

Ici, on rejoint des conseils qui seront donnés dans le chapitre sur les thèmes. Pour que ces pages aient un réel intérêt, elles doivent suivre quelques règles.

- Elles n'affichent qu'un extrait de l'article et non pas son intégralité.
- Elles n'affichent pas directement les étiquettes associées à chaque article présent dans la page (sous peine de créer des liens vers soi-même et de multiplier le nombre de liens internes vers les étiquettes de ces pages).
- Elles affichent également une description unique de l'étiquette.

Pour ce dernier point, c'est assez simple. Dans le menu *Articles>Mots-clés*, **il faut, comme indiqué, que TOUTES les étiquettes aient une description unique**. Il faudra ensuite modifier votre thème (comme précisé plus tard dans ce livre).

Après ces étapes obligatoires, voyons maintenant comme continuer à améliorer ces étiquettes.

Les URL

Dans une démarche d'amélioration de l'expérience utilisateur, pensez toujours à traduire le terme `tag` présent à la racine des URL de chaque étiquette. Par défaut, elle a ce format : site.fr/tag/nom-du-mot-cle.

Pour ce faire, rendez-vous dans *Réglages>Permaliens* pour modifier le préfixe des étiquettes. Une traduction en français est le minimum obligatoire, en utilisant « theme », « thematique », « sujet »... Sachez aussi que l'on peut aller plus loin. Si, par exemple, vous utilisez les étiquettes pour présenter des caractéristiques, on pourra utiliser le terme « caracteristiques » comme préfixe d'URL.

Figure 11–8
Pensez à traduire le préfixe
des étiquettes.

Attention toutefois : s'il s'agit d'un site encore en création, pas de problème. Mais dans le cas où les étiquettes sont déjà en ligne, pensez bien à toutes les rediriger vers leurs nouvelles URL avec une redirection 301.

Dans le menu *Articles>Étiquettes*, vous pouvez aussi optimiser directement l'URL de chaque étiquette en fonction de vos besoins et objectifs.

Supprimer proprement une étiquette

Vous devrez parfois supprimer une étiquette, soit pour les problématiques dont nous avons parlé au départ, soit parce que celle-ci n'a plus d'intérêt pour vous et/ou vos internautes. Dans ce cas, pensez bien à toujours mettre en place une redirection de cette étiquette avant de la supprimer. Deux choix se présentent à vous :

- la rediriger vers la catégorie, la page, l'article ou l'étiquette la plus sémantiquement parlant ;
- si aucune page ne correspond, la rediriger alors vers l'accueil pour éviter d'afficher des erreurs pour Google ou face au visiteur.

Modifier la portée des étiquettes

En cas de besoin, on peut également faire en sorte que les étiquettes soient associées aux pages, ou à tout autre type de contenu (les fameux custom post types) que l'on aura créé sur son site, avec quelques petites lignes de code à ajouter dans le fichier functions.php de votre thème (source : SitePoint.com) ou dans une extension.

Dans cet exemple de code, on ajoute la fonctionnalité des étiquettes (post_tag) non seulement aux articles (c'est déjà fait par défaut) mais aussi aux pages (page).

Ajouter les étiquettes aux autres post types

```
// add tag support to pages
function tags_support_all() {
  register_taxonomy_for_object_type('post_tag', 'page');
}

// ensure all tags are included in queries
function tags_support_query($wp_query) {
  if ($wp_query->get('tag')) {
    $wp_query->set('post_type', 'any');
  }
}
// tag hooks
add_action('init', 'tags_support_all');
add_action('pre_get_posts', 'tags_support_query');
```

Dois-je les utiliser ?

Les étiquettes de WordPress peuvent vraiment être utiles, à la fois pour l'internaute et pour se positionner sur des termes et expressions secondaires en référencement.

La clé vient de l'utilisateur : s'il sait les utiliser, cela peut avoir un impact décisif. Les techniques et bonnes pratiques évoquées ici vont donc limiter la casse et améliorer la pertinence de votre site. Mais si c'est un boulet qui est derrière, ce sera quand même peine perdue...

Le contenu en lui-même

Les titres de niveau

Dans un contenu, les moteurs de recherche essayent de comprendre le texte. Pour y parvenir, ils font appel, entre autres, aux balises de titre h1, h2, h3, h4, h5 et h6, qui font partie des éléments qui permettent de décomposer une page en plusieurs sections. On peut ainsi les utiliser pour créer un plan structuré de la page (voir figure 11-9), un peu comme le plan d'une dissertation.

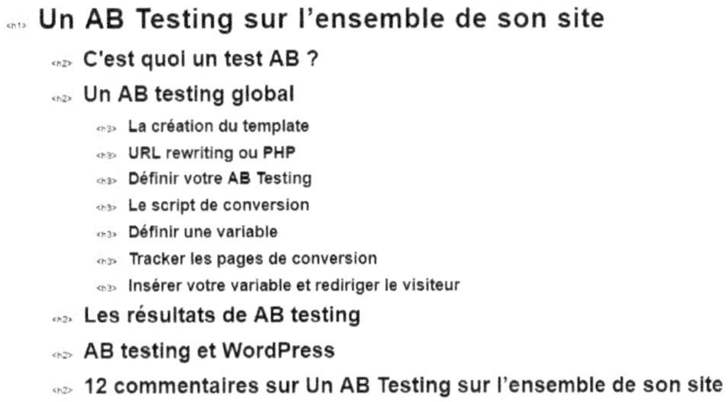

Figure 11–9
Un exemple de plan
d'un contenu en fonction
des balises de titre

‹h1› **Un AB Testing sur l'ensemble de son site**
  ‹h2› **C'est quoi un test AB ?**
  ‹h2› **Un AB testing global**
    ‹h3› La création du template
    ‹h3› URL rewriting ou PHP
    ‹h3› Définir votre AB Testing
    ‹h3› Le script de conversion
    ‹h3› Définir une variable
    ‹h3› Tracker les pages de conversion
    ‹h3› Insérer votre variable et rediriger le visiteur
  ‹h2› **Les résultats de AB testing**
  ‹h2› **AB testing et WordPress**
  ‹h2› **12 commentaires sur Un AB Testing sur l'ensemble de son site**

Cette division en sections homogènes grâce à des titres facilite le travail d'indexation et de compréhension des contenus par les moteurs de recherche, mais aussi par le visiteur : cela rend vos publications plus agréables à lire visuellement, et plus accessibles :

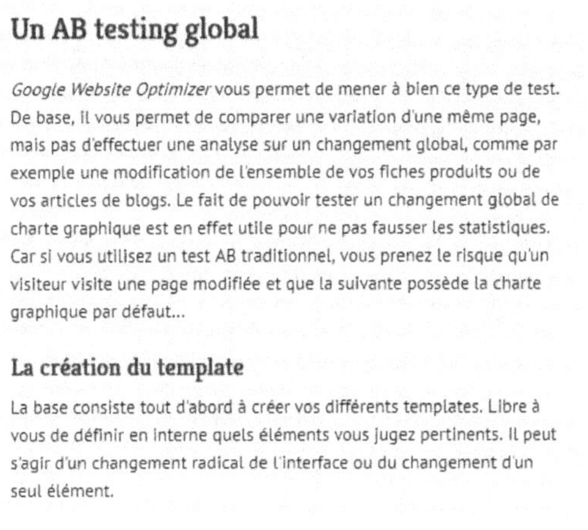

Figure 11–10
Avoir des titres rend la lecture
plus facile et plus agréable.

Un AB testing global

Google Website Optimizer vous permet de mener à bien ce type de test. De base, il vous permet de comparer une variation d'une même page, mais pas d'effectuer une analyse sur un changement global, comme par exemple une modification de l'ensemble de vos fiches produits ou de vos articles de blogs. Le fait de pouvoir tester un changement global de charte graphique est en effet utile pour ne pas fausser les statistiques. Car si vous utilisez un test AB traditionnel, vous prenez le risque qu'un visiteur visite une page modifiée et que la suivante possède la charte graphique par défaut...

La création du template

La base consiste tout d'abord à créer vos différents templates. Libre à vous de définir en interne quels éléments vous jugez pertinents. Il peut s'agir d'un changement radical de l'interface ou du changement d'un seul élément.

WordPress permet d'ajouter facilement les titres h2 à h6 lors de la rédaction de vos articles, grâce à une liste déroulante siuée à gauche dans votre éditeur (Titre 2, Titre 3, etc.) :

Figure 11–11
WordPress permet d'insérer
facilement vos titres de niveau.

Retenez tout de même deux choses :

- n'ajoutez jamais de h1 (Titre 1), car c'est votre thème WordPress qui le fera pour vous ;
- les titres h4 à h6 ont peu d'importance en référencement naturel.

Les « mots-clés » dans la publication

Normalement, il faut faire apparaître l'expression que vous ciblez directement dans votre article, que ce soit l'expression exacte, ses variantes (singulier/pluriel, féminin/masculin…) ou ses synonymes, ce qu'on nomme pour rappel notre univers sémantique. Ainsi, vous vous positionnerez sur ces termes en faisant comprendre à Google que vous parlez bien de la thématique en question.

Pour être sûr de ne pas suroptimiser votre contenu en mettant des mots-clés partout, il existe, souvenez-vous, une méthode simple de vérification. Si, en vous relisant, vous trouvez votre texte redondant et répétitif, c'est que vous n'avez pas correctement rédigé votre publication.

La balise more (le bouton Lire la suite)

Dans votre thème WordPress, on utilise une fonction appelée the_content() pour afficher le contenu des articles dans les fichiers du thème. Si on l'utilise à tort, on peut se retrouver à afficher notre contenu en entier sur toutes les pages de notre site (votre développeur aurait dû utiliser une fonction dont on parlera plus tard : the_excerpt()).

C'est dans ce cas de figure que la balise more de WordPress sera utile. En plaçant une balise more dans votre contenu, le contenu situé avant la balise sera affiché sur toutes les pages du site, et le contenu situé après ne sera affiché que dans la page dédiée à l'article concerné (ou au custom post type).

Figure 11–12
Le bouton d'ajout de la balise
« Lire la suite »

Quand vous cliquez dessus, une séparation s'ajoute dans votre article (voir figure 11-13).

Figure 11–13
Une fois la balise more ajoutée,
on voit clairement la séparation
dans l'éditeur de WordPress.

Le concept est simple : sur toutes les pages de votre site qui utilisent la fonction `the_content()`, hormis celle du contenu en lui-même, seul le contenu présent avant la balise `more` sera affiché, et le reste sera remplacé automatiquement par un lien *Lire la suite*. Il est ainsi possible de mettre en place des variantes supplémentaires pour modifier l'affichage et les contenus du site.

Voici donc ce qu'il est possible de faire :

- un contenu complet dans les articles avec `the_content()` ;
- un contenu avant la balise `more` sur la page d'accueil et les catégories avec la fonction `the_content('Lire la suite')` ;
- un extrait pour les étiquettes et les éventuelles taxonomies supplémentaires avec la fonction `the_excerpt()`.

L'extrait

WordPress génère automatiquement l'extrait *(excerpt)* d'un contenu dans les pages de listing de contenus (l'accueil du site et les taxonomies). Mais cet extrait est parfois trop court et pas assez pertinent, voire pas du tout compréhensible.

Heureusement, vous pouvez (et devez) le rédiger vous-même. Attention, sur les versions de WordPress supérieures à la 3.0, l'excerpt est masqué par défaut dans l'interface. Pour le faire de nouveau apparaître, rendez-vous sur la page d'édition de votre contenu, puis cliquez en haut à droite, sur l'onglet *Options de l'écran*, puis sur *Extrait* (exactement comme pour l'extension YARPP).

Vous aurez alors accès au bloc *Extrait*, dans lequel vous devrez rédiger une description unique pour chaque article. Elle doit donner envie au lecteur et comporter dans l'idéal 200 caractères au minimum (c'est-à-dire au moins 3 ou 4 phrases). Cela vous permettra d'avoir du contenu unique dans chaque taxonomie, et avec un texte plus « accrocheur » au niveau marketing.

Figure 11–14
Vous pouvez rédiger
votre extrait.

Extrait

Les extraits sont des resumes facultatifs de vos articles. écrits à la main. il se peut que votre theme s en serve. En sa-oir plus.

ATTENTION **La longueur de l'extrait sera la longueur réellement utilisée**

Notez que les extraits rédigés manuellement ne sont plus soumis au hook `excerpt_length`. La fonction pour afficher l'extrait dans WordPress utilise en effet un filtre qui en limite la longueur à 50 mots par défaut. Mais si l'extrait rédigé manuellement fait 300 mots, il fera alors réellement cette taille (le filtre est en effet inactif si l'on rédige soi-même l'extrait).
C'est important de le savoir car, en fonction de l'emplacement où ce dernier va s'afficher, il peut parfois casser la mise en page de votre site.

Optimiser son contenu avec Yoast SEO

Revenons un peu sur le bloc ajouté par l'extension Yoast SEO.

Figure 11–15
Le bloc complet ajouté par
Yoast SEO dans chaque page
d'édition de contenu

Lisibilité   Saisissez votre mot-cl...   + Ajouter un mot-clé

Aperçu de l'extrait

Merci de fournir un titre SEO en modifiant l'extrait ci-dessous.
www.seomix.fr/21533-2/ ▾
Merci de fournir une méta description en modifiant l'extrait ci-dessous.

Modifier l'extrait

Optimisation du contenu

Le contenu

L'onglet Généraux est celui ouvert par défaut. Dans le premier bloc, vous avez tout d'abord un aperçu de ce que pourrait rendre votre résultat dans Google (sur un ordinateur fixe, mais aussi sur un mobile si vous cliquez sur la petite icône correspondante). J'utilise bel et bien le conditionnel, car le moteur de recherche peut décider à son gré de faire varier l'affichage du contenu quand il le juge pertinent, par exemple en modifiant son titre.

Figure 11–16
Optimisez vos balises title
et meta description.

Dans le deuxième bloc, qui est trompeur pour beaucoup d'utilisateurs, Yoast SEO propose de choisir un *Mot-clé principal*. Surtout, ne vous y consacrez pas trop longuement, car **il ne servira à rien de le remplir pour votre référencement naturel**. Il ne s'agit que d'une aide pour rédiger votre contenu. Si vous renseignez ce champ, cela permettra de calculer les statistiques situées juste en dessous, dans le bloc Analyse.

L'extension cherche à vous aider à optimiser l'ensemble du contenu de votre article selon plusieurs critères :

- la densité des mots-clés ;
- les balises `title` et `meta description` ;
- le titre de votre article ;
- le contenu texte ;
- les liens ;
- les images.

Figure 11–17
Yoast SEO donne
des indications sur ce qu'il
vous reste à optimiser.

REMARQUE **N'appliquez pas systématiquement toutes les recommandations**

Comme expliqué, les recommandations données dans cet onglet ne sont que des conseils et **en aucun cas des règles à respecter impérativement**. Si vous les suivez à la lettre, vous risquez parfois de suroptimiser votre site et d'être pénalisé par Google.

Enfin, juste en dessous du champ *Mot-clé Principal* et du bloc de statistiques, vous pourrez constater la présence d'une nouvelle option introduite dans la toute dernière version de Yoast (la version 4.6) : Cornerstone Content (ce qui sera sans doute traduit par « Contenu clé » ou « Contenu majeur »). Elle permet de dire à l'extension que c'est un contenu prioritaire. Le souci, c'est que cette option ne peut servir que si vous achetez Yoast Premium SEO ; et c'est seulement dans ce cas-là que l'option Cornerstone pourra être utilisée.

La lisibilité

Cliquez sur l'onglet *Lisibilité du bloc Yoast SEO*.

Figure 11–18
Le bloc Yoast SEO possède deux menus de navigation : l'un est horizontal, l'autre vertical.

Il fournit, comme pour la fonctionnalité du *Mot-clé principal*, quelques conseils sur la lisibilité de votre contenu. Sachez juste que les remarques indiquées ici n'auront aucun impact sur votre référencement naturel.

Réseaux sociaux (seconde icône à gauche)

Vous pourrez ici modifier les informations transmises à Facebook et Twitter telles que le titre, l'image et la description pour ces deux réseaux sociaux.

Même si cela n'améliore en rien votre référencement naturel (pour rappel, les réseaux sociaux n'ont aucun impact en SEO), cela pourra vous permettre d'adapter le message à votre cible pour pouvoir mieux la toucher. Marketing quand tu nous tiens…

Onglet Avancé (dernière icône à gauche)

Dans cette troisième partie, l'extension donne accès à des options spécifiques que l'on peut ou non appliquer contenu par contenu.

Normalement, il n'est pas nécessaire de changer quoi que ce soit, car les réglages par défaut fonctionnent très bien (ceux que nous avons mis en place lors du paramétrage de l'extension).

Voici tout de même les champs qu'il est possible de paramétrer.

- *Meta Robots Index* : pour indexer ou non le contenu. Valeur par défaut : *Index*.
- *Meta Robots Follow* : pour indiquer aux moteurs de recherche de suivre les liens contenus dans la page. Valeur par défaut : *Suivre*.
- *Paramètres Meta Robots Avancés* : pour donner des indications supplémentaires aux robots des moteurs de recherche. Valeur par défaut : *Aucun*.
- *Titre pour le fil d'Ariane* (si vous avez activé l'option) : si vous souhaitez modifier le fil d'Ariane généré par l'extension. Valeur par défaut : *vide*.
- *URL canonique* : pour définir l'URL de la page réelle. Par exemple, si vous copiez intégralement le contenu d'un autre site ou d'une autre page (en ayant conscience du manque cruel d'intérêt pour l'internaute et le moteur de recherche), remplissez cette case avec l'URL de l'article original. Vous indiquerez ainsi que vous avez délibérément copié/collé un contenu. Valeur par défaut : *vide*.

Vous n'aurez normalement presque jamais à utiliser ces menus. Ce sera le cas uniquement quand vous voudrez vous assurer que ce contenu précis ne soit jamais référencé, notamment dans le cas d'une page privée. Si tel est le cas, voici le paramétrage à utiliser pour que Google ignore votre publication :

- *Meta Robots Index* : *noindex*.
- *Meta Robots Follow* : *nofollow*.

Optimiser les autres types de contenus

Le texte, c'est la base de tout site Internet et des publications. Sans lui, vous avez peu de chance d'intéresser les internautes et de capter l'attention des moteurs de recherche. Néanmoins, les autres types de contenus, notamment les images, les vidéos, etc., vont venir compléter, renforcer et améliorer vos publications.

Lors de la création ou de la modification d'un article, en cliquant sur le bouton *Ajouter un média*, il est possible de mettre en ligne très facilement de nombreux types de fichiers (PDF, images, Word, vidéos…) : c'est l'un des atouts de WordPress. Ainsi, votre publication est plus attrayante et du contenu est ajouté pour les moteurs de recherche. Mais vous devrez suivre certaines règles pour ce qui est du référencement naturel.

Les images

WordPress est bien conçu, puisque le CMS va gérer automatiquement les miniatures des images (pour optimiser le temps de chargement) et les informations relatives à ces dernières. Ainsi, lorsque vous mettrez en ligne une image, vous aurez trois champs texte à remplir systématiquement, le quatrième restant facultatif.

Figure 11–19
Les différentes options
à remplir

DÉTAILS DU FICHIER JOINT

gephi-structure-optimisee.png
18 avril 2017
397 KB
588 × 600
Modifier l'image
Supprimer définitivement

Adresse web   http://daniel-roch.fr/wp-cc

Titre   gephi-structure-optimisee

Légende

Texte alternatif

Description

Les champs obligatoires sont indiqués
avec *

Ajax Thumbnail Rebuild

Rebuild Thumbnails

Imagify   En cours d'optimisatic

RÉGLAGES DE L'AFFICHAGE DU FICHIER JOINT

Alignement   Centre

Lier à   Fichier média

http://daniel-roch.fr/wp-cc

Taille   Taille originale – 588 × 600

insérer dans l'article

Le titre de l'image (attribut title)

C'est le texte affiché lors du survol de l'image. Le titre **n'aura pas d'impact** sur le référencement mais seulement sur l'accessibilité, notamment pour les personnes ayant un handicap visuel.

Pensez donc à renseigner ce champ avec un titre court mais explicite. Il devra être différent de ce que vous mettrez dans le texte alternatif (il apportera des informations supplémentaires). Si vous n'y arrivez pas, alors il vaut mieux ne pas remplir : cela risquerait au contraire de nuire à l'accessibilité de vos contenus.

Le texte alternatif (attribut alt)

Ce texte est vraiment important pour le référencement, car c'est lui qui est analysé par les moteurs de recherche. C'est aussi ce texte qui est lu par les visiteurs lorsque l'image est introuvable ou lorsqu'ils attendent qu'elle soit téléchargée par leur ordinateur.

Il faut donc le choisir avec soin. Préférez un texte qui décrit en quelques mots le contenu réel de l'image. Cela vous permettra à terme d'apparaître dans les résultats en images. C'est pour l'instant la seule technique qui fonctionne, et on voit souvent d'ailleurs qu'on peut facilement le berner, comme ici sur un test SEO de l'agence AxeNet sur la « Pizza aux anchois » :

Figure 11–20
La pizza aux anchois
dans Google Images

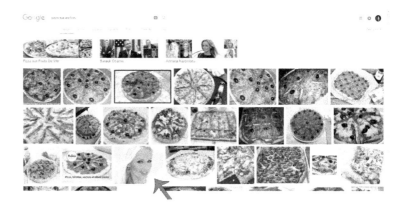

N'essayez pas de placer à tout prix les mots-clés que vous ciblez mais qui n'ont pas de lien avec l'image. Cela provoquerait non seulement un problème d'accessibilité, mais cela risquerait aussi de vous pénaliser dans les années à venir : Google a en effet récemment déposé un brevet sur une technologie qui lui permet d'analyser une image pour savoir ce qu'elle représente. Il est ainsi capable de décrire parfaitement une image, même sans texte alternatif. Par exemple, il peut indiquer « quatre personnes assises autour d'une table ». Pour l'instant, cette technologie n'est pas active dans le moteur de recherche.

La légende de l'image

C'est le texte qui s'affiche sous l'image. La légende peut tout à fait être identique au texte alternatif ou être orientée de manière plus « marketing ».

Par exemple, la figure 11-21 présente une page d'erreur sur le réseau social LinkedIn. La balise alt est « Erreur serveur de LinkedIn », mais la légende explique l'intérêt de cette page, sans faire référence ni au réseau social, ni au contenu réel.

Figure 11–21
Pensez à ajouter une légende
à vos images.

La description : la description longue de votre image (facultative)

Les descriptions sont utilisées dans les pages dédiées aux images (les pages attachments) et peuvent parfois se révéler un bon levier SEO si les images sont votre contenu principal. Quand vous insérez une image dans votre contenu, la description n'est donc pas utilisée. Elle ne l'est que dans vos pages attachments, et comme on déconseille leur utilisation, il est inutile de la renseigner.

Les vidéos

La vidéo est un autre levier utile au référencement naturel. Aux yeux de Google en effet, un contenu possédant une vidéo peut être plus pertinent. Pour insérer une vidéo, on peut utiliser le bouton *Ajouter un média*, mais nous vous le déconseillons, et ceci pour deux raisons.

- La première, c'est qu'il n'existe pas d'équivalent à la balise alt pour les vidéos. Impossible, par conséquent, d'avoir un champ texte pris en compte par Google pour interpréter ce type de contenu.
- Ensuite, si vous utilisez le système de médias de WordPress, vous passerez à côté de la technologie oEmbed et de la puissance de YouTube.

L'oEmbed

Le gros avantage de WordPress, c'est qu'il gère ce que l'on appelle l'« oEmbed », une technologie qui permet d'intégrer rapidement un contenu externe dans n'importe quel article. Pour l'utiliser, c'est très simple : copiez sur une ligne vide uniquement l'URL de la vidéo que vous voulez ajouter.

Figure 11–22
En insérant seulement l'URL d'une vidéo YouTube, j'active l'oEmbed de la vidéo.

Lors de la publication, WordPress transforme alors cette URL en lecteur vidéo :

Figure 11–23
Avec une simple URL, j'ai réussi à ajouter une vidéo musicale à mon contenu.

Vite, la musique du siècle

C'était génial !

YouTube

Puisque YouTube appartient à Google depuis quelques années maintenant, ce dernier sera ainsi parfaitement capable de détecter l'ajout de la vidéo au cœur même de votre contenu. Ainsi, en fonction de plusieurs critères (vidéo choisie, popularité de votre site et contenu concerné, optimisation de la vidéo dans YouTube), il est possible d'obtenir des extraits enrichis pour la vidéo, comme ici.

Figure 11–24
Un exemple de vidéo mise en avant dans les moteurs de recherche

Attention à ce dernier point : Google a drastiquement réduit l'affichage des contenus vidéo enrichis par rapport aux années précédentes : cela reste toujours intéressant, même si cela a moins de poids.

Cependant, insérer une vidéo via YouTube permettra au moteur de recherche de la comprendre. Pensez donc bien à renseigner sur cette plate-forme le maximum d'informations pour chaque vidéo :

* son titre ;
* sa description ;
* une image représentative ;
* des mots-clés ;
* une catégorie.

Enfin, essayez au maximum de faire partager, commenter et aimer chacune de vos vidéos, car cela leur donne plus de poids.

Anticiper les erreurs de l'utilisateur

12

Une des choses que j'ai apprises avec le CMS WordPress (valable avec tout autre CMS ou framework d'ailleurs), c'est que non seulement vous devez vous méfier des développeurs de thèmes et d'extensions, mais que vous devez surtout en faire de même avec les utilisateurs : ils risquent bien souvent de nuire à votre référencement naturel.

Pourquoi tant de haine ?

En réalité, il existe de nombreuses raisons qui poussent un utilisateur à mal agir sur votre site : d'une part un manque cruel de formation, et d'autre part une mauvaise anticipation de votre côté des fonctionnalités fournies avec WordPress ou avec votre thème et vos extensions.

Le premier point sur lequel je pourrais insister dans ce livre, c'est sur la nécessité de comprendre l'importance de former vos utilisateurs.

Former les utilisateurs

Quand vous apprenez à conduire ou à vous servir d'une perceuse, vous avez un guide, une notice ou encore un ami qui vous explique comment l'utiliser. Je vous conseille donc très fortement de faire de même avec toutes les personnes qui seront amenées à utiliser WordPress.

Il y a d'ailleurs deux types de formations qui seront utiles dans le cadre du SEO :

- des formations spécifiques à l'utilisation de WordPress ;
- des formations spécifiques au référencement naturel.

Les deux permettront à n'importe quel utilisateur de bien appréhender les tenants et les aboutissants de la visibilité d'un site dans un moteur de recherche, tout en sachant exactement quel sera l'impact ou non de chaque option présente dans l'interface de WordPress.

Pour ce faire, il existe plusieurs solutions :

- confier ce livre à chaque utilisateur ;
- lire d'autres ouvrages dédiés à WordPress et/ou au référencement naturel : ils compléteront ainsi parfaitement mes propos ;
- se former auprès d'un professionnel de ce secteur d'activité (ou directement auprès de SeoMix) ;
- avoir toujours à disposition un site de test afin d'expérimenter sur le SEO et sur WordPress.

Sachez que, bien souvent, les meilleurs référenceurs sont ceux qui prennent le temps de tout tester, sans pour autant prendre pour argent comptant ce qu'on leur dit (vous faites vraiment confiance à tout ce que je vous ai dit ?). Le dernier conseil énoncé plus haut est donc le plus important : testez, testez et testez !

Pourquoi anticiper les erreurs ?

Mais tout cela, ce ne sont que de belles paroles : dans la réalité, un grand nombre d'entre vous n'aura pas le temps de réaliser ces tests, ni de se former, ni de former ses collègues ou utilisateurs. Et même si vous y parvenez, l'erreur est humaine : vous risquez d'oublier certains éléments ou de faire ponctuellement certaines erreurs.

Nous allons donc essayer d'anticiper les erreurs des différents utilisateurs.

Dans les passages suivants, je vous propose donc différentes pistes de travail. Les codes donnés ne seront pas exhaustifs, car une bonne partie de vos problématiques utilisateurs devront être traitées au cas par cas. Il vous appartiendra ensuite d'ajouter et de créer de nouveaux codes en fonction des problématiques rencontrées face à l'internaute.

Anticiper les erreurs courantes

Titre de niveau 1 et rédaction de contenu

Nous le verrons en détail dans le chapitre 15 dédié aux thèmes : le titre de niveau 1 (le h1) est très utile en référencement naturel.

Il est théoriquement géré par votre thème. Vous ne devez donc JAMAIS l'insérer directement dans vos contenus. Mais WordPress vous le propose par défaut dans une liste déroulante.

Par chance, il est possible d'enlever de cette liste tous les éléments superflus pour le contenu et le référencement. En copiant-collant le code ci-dessous dans le fichier functions.php de votre thème ou dans une extension, vous limitez ainsi cette liste déroulante à la seule utilisation des éléments paragraphe, h2, h3, h4 et h5, afin d'éviter que le rédacteur ne fasse n'importe quoi.

Limiter les styles disponibles dans WordPress

```
function seokey_admin_tinymce_style_dropdown( $initArray ) {
    // Default configuration of TinyMCE (located in tinymce.min.js)
    // Paragraph=p;Heading 1=h1;Heading 2=h2;Heading 3=h3;Heading 4=h4;Heading
    // 5=h5;Heading 6=h6;Preformatted=pre"
    // Change Style Dropdown to remove h1, h6 and preformated styles
    $initArray['block_formats'] = 'Paragraph=p;Heading 2=h2;Heading 3=h3;Heading
4=h4;Heading 5=h5';
    // return final value
    return $initArray;
}
add_filter( 'tiny_mce_before_init', 'seokey_admin_tinymce_style_dropdown', 10 );
```

Afficher clairement le texte alternatif des images

Il est parfois difficile pour un utilisateur de savoir ou de se rappeler pour quelles images il a pensé ou non à ajouter un texte alternatif. Essayons de lui faciliter le travail.

Le code suivant permet d'ajouter à la bibliothèque de médias une nouvelle colonne contenant le texte alternatif de chaque image, ce qui permet donc de visualiser immédiatement celles qui n'en ont pas.

Afficher le texte alternatif dans la colonne des médias

```
function seomix_adm_media_attachment_alt($cols) {
    $cols["alt"] = 'ALT Text';
    return $cols;
}
function seomix_adm_media_attachment_alt_content($column_name, $id) {
  if ( $column_name === 'alt' ) {
    echo get_post_meta( $id, '_wp_attachment_image_alt', true);
  }
}
add_filter('manage_media_columns', 'seomix_adm_media_attachment_alt', 1);
add_action('manage_media_custom_column',
'seomix_adm_media_attachment_alt_content', 1, 2);
```

Figure 12–1
L'utilisateur peut désormais voir
facilement les textes alternatifs
des images.

Forcer l'ajout d'un texte alternatif

Nous pouvons aller encore plus loin en forçant l'ajout d'un texte alternatif si l'image n'en a pas, en reprenant si besoin le titre du contenu actuel.

Ajouter une balise ALT aux images qui n'en possèdent pas

```
function seomix_seo_img_add_alt_tags($content){
  global $post;
  preg_match_all('/<img (.*?)\/>/', $content, $images);
  if(!is_null($images)) {
    foreach($images[1] as $index => $value) {
    if(!preg_match('/alt=/', $value)){
      $new_img = str_replace('<img', '<img alt="'.get_the_title().'"',
$images[0][$index]);
      $content = str_replace($images[0][$index], $new_img, $content);}}}
  return $content;}
add_filter('the_content', 'seomix_seo_img_add_alt_tags', 99999);
```

> REMARQUE **Vous devez faire une saisie manuelle**
>
> Attention, cela ne vous dispense **en aucun cas** de renseigner manuellement chaque texte alternatif. Voyez ce code plutôt comme un pansement sur une plaie ouverte : il s'agit d'une première étape, mais cela ne résout pas le problème.

Le paramétrage par défaut des liens lors de l'ajout d'images

Dernier exemple de ce qu'il est possible de faire ou non : la possibilité de modifier les réglages par défaut lors de l'ajout d'une image. Pour rappel, WordPress a la mauvaise habitude de vous suggérer de créer un lien vers la page attachment lors de l'ajout d'une image, plutôt que de vous proposer un lien vers le fichier concerné.

Là encore, il est possible de forcer la modification de ce réglage par défaut pour nos utilisateurs.

Paramétrage par défaut pour l'ajout d'images

```
/**
  Paramétrage par défaut pour les attachments
  Source : http://wpsnipp.com/index.php/functions-php/set-default-
attachment-display-settings-alignment-link-size-wordpress/
  *
  */
function seomix_adm_attachment_display_settings() {
  update_option( 'image_default_align', 'center' );
  update_option( 'image_default_link_type', 'file' );
  update_option( 'image_default_size', 'large' );
}
add_action( 'after_setup_theme',
'seomix_adm_attachment_display_settings' );
```

Attention, le code ne change que l'option par défaut, donc pour tout nouvel utilisateur. Il ne change pas pour les utilisateurs qui ont déjà modifié manuellement ce réglage lors de la rédaction de contenus.

Masquer certains menus

Sachez aussi que pour éviter toute catastrophe, on doit chercher à donner à chaque utilisateur uniquement ce dont il a besoin. Nous devons donc masquer certains menus qui pourraient être nuisibles, comme nous l'avons fait un peu dans le chapitre sur la sécurité en supprimant les menus *Éditeur* présents pour les thèmes et les extensions.

Une autre solution consiste à ne donner que le rôle adapté à l'utilisateur : si par exemple son travail a pour objet de publier de nouveaux articles, ce dernier sera donc un « auteur », et non pas un « éditeur » ou un « administrateur ».

Mais ce n'est pas suffisant : il faut parfois désactiver manuellement certains menus. Dans l'exemple suivant, je supprime ainsi pour tous les utilisateurs la plupart des menus par défaut, ainsi que celui de l'extension Contact Form 7 :

Supprimer des menus dans l'administration de WordPress

```
/**
  Supprimer des menus
  */
function seomix_adm_content_contributor_remove_menu() {
  global $menu;
  remove_menu_page('wpcf7'); /* Plugin Contact Form 7*/
  unset($menu[10]); // Médias
  unset($menu[25]); // Commentaires
```

```
  unset($menu[75]); // Outils
  unset($menu[15]); // Liens
  unset($menu[60]); // Apparence
  unset($menu[65]); // Plug-ins
  unset($menu[70]); // Utilisateurs
  unset($menu[80]); // Réglages
}
add_action('admin_head', 'seomix_adm_content_contributor_remove_menu');
```

Donner des instructions

Vous pourriez également ajouter des instructions lors de la rédaction d'un nouvel article. WordPress vous offre en effet la possibilité d'avoir un contenu par défaut dès lors que vous cliquez sur le bouton *Ajouter un article*.

Ici, par exemple, on donne quelques rappels et instructions pour les rédacteurs lorsqu'ils vont rédiger un nouveau contenu :

Ajouter un texte par défaut lors de la création d'un contenu

```
function seomix_adm_default_post_text( $content ) {
  $content = "
  <p>Merci pour la création de ce nouvel article. Voici les règles à respecter
:</p><ul>
    <li>Votre contenu est <strong>unique</strong></li>
    <li><strong>Votre contenu répond à un besoin</strong></li>
    <li>Votre contenu est bien écrit, aéré et mis en page, et si possible avec
des images et des vidéos</li>
    <li><strong>Ne faites pas les bourrins</strong> avec les liens</li>
    <li>Soyez pertinents, décalés et originaux, sous peine de finir dans le
mixeur</li>
  </ul><p>Bonne rédaction à tous !</p>";
  return $content;}
add_filter( 'default_content', 'seomix_adm_default_post_text' );
```

Pour aller plus loin

Maintenant, à vous de vous demander ce que vos utilisateurs ont mal fait, ou ce qu'ils risquent de mal faire. Pour chacune des problématiques que vous listerez, il vous suffira alors de créer une fonction dédiée (ou de faire appel à un développeur qui s'y consacrera).

Les codes précédents n'étaient que des exemples courants de problématiques rencontrées à cause des utilisateurs. On pourrait aller bien plus loin en créant des codes adaptés à notre site, notre thème, nos extensions ou à nos utilisateurs.

Voici d'autres exemples possibles :

- forcer la valeur d'un paramétrage si un utilisateur essaie de le modifier ;
- modifier à la volée tous les liens vers des pages attachments, avec leurs équivalents vers les fichiers images ;
- empêcher la publication d'un contenu si l'utilisateur n'a pas personnalisé les balises `title` et `meta description` ;
- etc.

## PARTIE 4

Référencement WordPress avancé

Un site WordPress bien référencé ne se contente pas d'un bon paramétrage et de contenus efficaces. Il est indispensable de bien structurer son site, ce qui passe par la création de silos, un bon maillage interne, un thème réellement optimisé et, éventuellement, la création de post types et de taxonomies sur mesure. Cela tombe bien, nous allons justement parler de tous ces points dans cette partie.

Le concept de silo en SEO

13

Il ne suffit pas de procéder aux bons réglages et d'installer les bonnes extensions pour améliorer réellement son référencement naturel, loin de là. En effet, il est impératif de créer une structure optimisée, et notamment des silos. Voyons plus précisément de quoi il s'agit.

L'importance de la structure et du maillage interne

La catégorisation de vos publications et la façon dont vous établirez des liens permettront de mieux diffuser la popularité au sein des pages, de rendre plus compréhensible la structure pour les moteurs de recherche et les internautes, tout en vous aidant à mettre en avant vos pages les plus importantes. Pour ce faire, il vous faudra créer des silos.

Qu'est-ce qu'un silo ?

Un silo est une section homogène de votre site, c'est-à-dire une section dédiée à une thématique principale. Les silos sont à la base de tout site bien conçu. Non seulement ils vous aideront en matière de référencement naturel, mais ils aideront également l'internaute puisque vos contenus seront bien mieux rangés.

L'idée consiste ici à faire en sorte que l'internaute trouve le bon contenu dans la bonne section. L'impact sera le même pour le moteur de recherche : il aura des contenus similaires et/ou proches sémantiquement dans chaque section du site.

Il faut bien avoir en tête qu'un moteur de recherche est un robot : faites donc tout ce qui est possible pour lui faciliter la compréhension de votre site. Essayez donc de catégoriser au mieux les contenus pour qu'il puisse comprendre les différentes thématiques de votre site, ce qui sera d'autant plus important que vos catégories, produits ou services seront nombreux et différents.

Cela s'avérera aussi très pertinent quand on parlera de liens et de popularité. Si des sites ayant une thématique XY font des liens vers votre site, le mieux est qu'ils le fassent vers votre section XY, renforçant ainsi à la fois la popularité de cette section et sa portée sémantique.

À quoi ressemble un silo ?

Voici une représentation abstraite du concept de silo pour mieux comprendre de quoi il s'agit :

Figure 13–1 Une structure de base saine

En créant un silo, vous allez donc créer une section thématique. Ensuite, chaque sous-section ou contenu situé(e) dans ce silo viendra le renforcer. Voici deux exemples concrets :

- Premier site, une agence web
  - Un silo WordPress :
    - une sous-section « Référencement de WordPress » ;
    - une sous-section « Thèmes de WordPress » ;
    - etc.
  - Un silo webmarketing :
    - une sous-section « Définitions du webmarketing » ;
    - une sous-section « Stratégies webmarketing » ;
    - etc.

- Second site, un chocolatier
  - Un silo « Chocolat » :
    - une sous-section chocolat au lait ;
    - une sous-section chocolat noir ;
    - une sous-section chocolat praliné ;
    - etc.

Ce que vous devez retenir ici, c'est que la structure que vous imaginez doit mettre en avant vos mots-clés principaux. On évitera donc d'avoir des noms de silos (donc de pages principales ou de catégories) trop génériques comme « Services », « Produits » ou encore « Prestations ».

Ensuite, il est important de garder en tête que vous devez penser à l'avance votre structure. À quoi ressemblera-t-elle dans quelques années ? Il vous faut donc re-décomposer toute votre structure en sous-catégories, avec autant d'étages que nécessaire en fonction de votre univers sémantique et des différences d'importance de vos mots-clés (même si vous ne mettez pas tout en place dès le départ).

N'oubliez pas non plus que votre structure devra recevoir de manière équitable des liens externes, afin d'en optimiser encore plus la structure.

Figure 13–2
Une structure plus complexe
de silos SEO

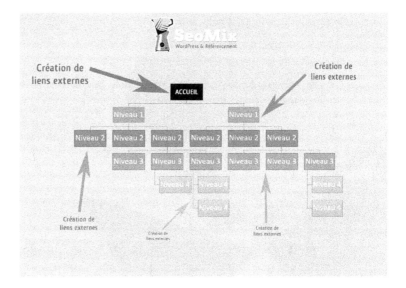

Qu'est-ce que le glissement sémantique ?

C'est une notion importante pour réussir son silo, et ce depuis des années. Le glissement sémantique consiste à modifier progressivement le sujet des contenus au fur et à mesure que l'on navigue dans un silo. On utilise ainsi des termes du même univers sémantique, tout en en modifiant certains.

C'est d'ailleurs le concept même du silo : vous parlez d'une thématique et vous approfondissez le sujet au fur et mesure.

Les référenceurs ont d'ailleurs tendance à utiliser cette expression à tort et à travers. Le vrai sens d'un glissement sémantique est d'étendre ou modifier la signification de certains termes traditionnels sans en changer la forme. En SEO, c'est plutôt le fait que deux contenus liés entre eux vont parler du même univers sémantique, mais en en changeant le point de vue.

Si vous avez bien catégorisé votre site, ce glissement sémantique se fera donc naturellement.

WordPress et les silos

Malheureusement, rien n'est natif avec WordPress, ou presque. Très souvent, on pense qu'il suffit de bien catégoriser ses contenus et d'utiliser les bons termes situés dans l'univers sémantique adéquat.

Mais vous devez savoir que WordPress fait tout de travers. Ce n'est parce que vos catégories sont correctes que votre maillage interne sera optimisé. Et bien souvent, là où l'on pensera avoir mis en place un silo, le moteur de recherche verra uniquement des contenus mélangés. Nous en reparlerons dans le chapitre suivant, car il faut d'abord apprendre à bien imaginer son silo.

Concevoir un silo

Avant de nous intéresser à la création effective d'un silo dans WordPress, il est impératif de correctement l'imaginer en amont.

Du point de vue utilisateur

Si l'on se place du côté utilisateur, une structure optimale repose sur un principe simple : une navigation la plus fluide possible. En d'autres termes, cela veut dire que :

- l'internaute doit savoir exactement où il est ;
- il doit savoir ce qu'il va trouver dans chaque section du site ;
- il n'a pas (ou peu) à réfléchir pour trouver le contenu dont il a besoin.

Si à un moment de sa navigation, ce dernier hésite pour choisir la section dans laquelle il va trouver son bonheur, c'est que votre structure ou que les intitulés ne sont pas suffisamment clairs ou explicites.

C'est par exemple souvent le cas avec les sites d'entreprise dans lesquels on trouve les menus suivants :

- Nos services
- Nos prestations
- Nos produits
- Etc.

C'est aussi le cas des structures de sites centrés uniquement sur le produit ou service, alors que l'internaute peut parfois effectuer des recherches en termes de problématiques, sans pour autant savoir que vos produits et services peuvent y répondre.

Du point de vue sémantique

Nous l'avons déjà dit : chaque silo doit cibler une thématique précise. Vous devez donc cibler en tête de silo votre expression principale, tandis que chaque sous-niveau ciblera des expressions plus précises.

Chaque silo devra ainsi cibler un univers sémantique complet. C'est pour cette raison que votre analyse de mots-clés réalisée au début du livre est si importante : tout dépendra d'elle.

Du point de vue technique

Un silo bien conçu doit également répondre à plusieurs critères techniques, ce qui va bien au-delà d'une simple catégorisation.

Vous devrez donc respecter les règles suivantes :

- les contenus d'un silo ne font pas de liens vers les contenus des autres silos ;
- toutes les publications font systématiquement des liens vers le niveau supérieur et les niveaux inférieurs éventuels ;
- dans un même niveau, les contenus se font des liens entre eux.

En d'autres termes, cela nous donne par exemple le rendu de la figure 13-3. À noter que l'image n'est pas complète ; autrement, elle ne serait pas lisible.

Chaque page principale d'un silo peut faire des liens vers la page principale d'un autre silo. Par exemple, une catégorie A peut faire un lien vers une catégorie B. Une fois dans le silo, les pages de même niveau peuvent se faire des liens entre elles. Par exemple, la page A-1 peut faire des liens vers les pages A-2, A-3, etc., sans faire de liens, en revanche, vers les pages des autres silos (B-1, B-2, etc.).

Figure 13–3
Un silo correctement conçu
et optimisé pour le SEO

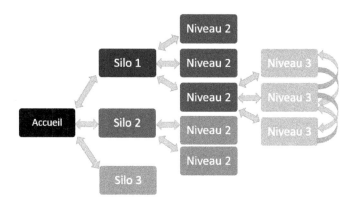

Du point de vue de WordPress

Vous l'aurez compris, il ne suffit pas de paramétrer correctement WordPress pour que cela fonctionne. Nous allons voir en détail comment faire dans les chapitres suivants, mais retenez déjà les éléments suivants. Il faudra :

- former les utilisateurs pour qu'ils ne fassent pas de liens internes entre différents silos ;
- bien catégoriser les contenus ;
- s'assurer qu'un maillage interne est réalisé de manière automatique entre les contenus de mêmes niveaux, et entre les contenus parents-enfants ;
- vérifier que vos extensions et votre thème ne font pas des liens n'importe comment (et c'est très souvent le cas).

L'approche marketing

Avoir une réelle stratégie

Dans certains cas, la structure d'un site peut avoir un impact désastreux sur le référencement naturel, entraînant perte de positionnement, contenus non indexés, incompréhension du visiteur… La solution, c'est donc d'adopter le plus tôt possible une structure adaptée à votre site.

Vous devez donc appliquer les conseils précédents, tout en allant plus loin. Il faut évoquer les concepts de contenu et de cible. Ce sont des questions de bon sens, trop souvent oubliées :

- À qui s'adresse votre site ?
- À quels besoins répondez-vous ou devez-vous répondre ?
- Quels contenus, produits, services et outils permettent de répondre à ces problématiques ?
- Qu'est-ce que j'apporte de plus que mes concurrents ? En d'autres termes, comment vais-je me différencier ?

> **Remarque**
>
> Si vous voulez réellement vous différencier (au sens marketing du terme), je vous conseille de lire également des livres dédiés. Je vous suggère notamment les trois suivants :
>
> 📖 *Marketing et Management,* de Philip Kotler, Bernard Dubois et Delphine Manceau, Pearson Education, 2009
> 📖 *La longue traîne – La nouvelle économie est là !*, de Chris Anderson, Pearson, 2007
> 📖 *Stratégie Océan Bleu – Comment créer de nouveaux espaces stratégiques*, de W. Chan Kim et Renée Mauborgne, Pearson, 2e édition 2015

Ensuite, vos réponses aux questions suivantes permettront d'établir les grands axes de la structure de votre site Internet :

- Quel type de site utiliser ? En fonction de vos réponses, vous allez peut-être opter pour un blog, un site institutionnel, un forum, un site e-commerce, un portfolio…
- Comment répondre aux besoins de mes visiteurs ? Là encore, les possibilités sont nombreuses : contenus texte, audio ou vidéo, téléchargements, vente de produits ou de services, ouverture d'un espace d'entraide…
- Comment catégoriser mes contenus, produits et services ?

Pour rappel, pour vous aider à mieux cerner la façon dont les internautes vont exprimer leurs besoins et leurs recherches sur Google, plusieurs outils sont disponibles sur Internet pour trouver les mots-clés et expressions pertinentes pour vos cibles, vos produits et vos services. Par exemple :

- le générateur de mots-clés d'AdWords (disponible gratuitement après inscription sur AdWords, mais ce dernier est limité si vous n'avez pas de campagnes payantes actives) ;
- SEMrush ;
- Yooda SeeUrank Falcon et/ou Yooda Insights ;
- Ahrefs ;
- AnswerThePublic ;
- Google Trends ;
- Übersuggest.

En d'autres termes, vous devez impérativement réaliser un audit des mots-clés de votre secteur d'activité et, surtout, analyser ensuite les besoins correspondant à chaque mot-clé (je sais que je me répète, mais c'est vraiment la clé de la réussite). C'est la seule façon de savoir quelles expressions et termes sont pertinents, et donc quels contenus le seront.

Pouvoir cerner ses clients et prospects

La méthode du tri des cartes

La question la plus épineuse reste de savoir comment catégoriser tous vos contenus. Pour y répondre, je vous conseille de commencer par la méthode du tri des cartes. Munissez-vous d'un stylo et d'un bloc-notes, et essayez de hiérarchiser vos contenus au sein d'ensembles logiques. Pour ce travail, vous pouvez tout aussi bien utiliser Excel.

1 Listez tous les contenus de votre site web, actuels ou à venir.
2 Regroupez-les en catégories.
3 Structurez-les.

Rien de tel qu'une illustration pour mieux comprendre ce concept (figure 13-4) !

Très souvent, on réalise ce travail dans Excel, en créant une colonne « thématique » pour chaque mot-clé. Mais le problème, c'est que la méthode du tri des cartes n'est efficace qu'avec une aide extérieure ; autrement, la structure générée risque de beaucoup dépendre de votre point de vue, d'être subjective par conséquent, et donc fortement **faussée**. Par exemple, nous avons tous tendance à utiliser les termes techniques pour présenter nos produits et services, et ce ne sont pourtant pas les termes tapés réellement par les internautes. Comment procéder alors ?

Figure 13–4
Listez, regroupez, puis
structurez vos contenus.

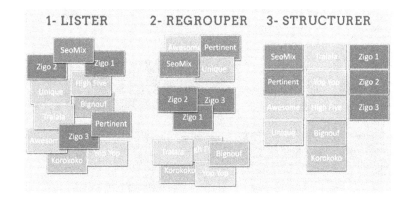

Sur des morceaux de papier, écrivez l'intitulé de vos contenus. Demandez ensuite à une tierce personne (peu importe qui au départ : un proche, un collègue, un client, un fournisseur, etc.) de les regrouper en catégories homogènes, voire de les renommer si besoin. Vous pourriez être surpris de la façon dont cette personne va structurer votre site. Afin de réduire la marge d'erreur, l'idéal est de demander à au moins 4 ou 5 personnes d'effectuer ce travail, le mieux étant qu'elles correspondent à votre cible.

La méthode des personas

La création des *personas* est une autre possibilité. Les personas sont des individus virtuels qui correspondent à vos clients et prospects. L'avantage de cette méthode, c'est qu'elle permet de se mettre à la place de l'internaute cible quand on analyse son propre site web.

Ce concept est utilisé par de grands groupes, notamment Microsoft ou encore Yahoo!.

L'idée de base est simple : vous devez indiquer ce qui caractérise vos personas, c'est-à-dire ce dont chaque typologie de clients ou d'internautes aura besoin. Une fois vos personas créés, vous allez pouvoir réfléchir à la structure de votre site en fonction de leurs spécificités.

Voici deux exemples concrets de personas :

• Jacques est artisan boulanger et souhaite créer son site Internet. Il veut savoir comment apparaître sur Google. Il ne connaît rien au développement web ni au référencement, et il a peu de temps à y accorder.

• Sophie est responsable webmarketing pour une grande société. Elle cherche des conseils et des ressources pour comprendre ses visiteurs et améliorer son positionnement. Elle n'a jamais été formée à un outil de web analytics ni au référencement naturel, mais elle sait que c'est important pour l'évolution de sa société.

La figure 13-5 est extraite du site de QualityStreet et présente un exemple visuel de persona.

Figure 13–5
Un exemple de persona pour mieux comprendre vos visiteurs et adapter vos contenus en fonction de ces derniers (Source : http://www.qualitystreet.fr/2010/04/21/personas-roles-le-duo-detonnant-des-projets-agile/)

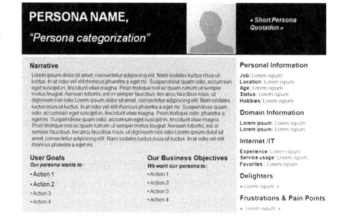

Adapter ensuite sa structure

Si vous avez bien réalisé votre audit de mots-clés, vous devriez avoir une liste de termes pour lesquels vous aimeriez être en première position. Dans cette liste, vous avez forcément des mots-clés principaux et des mots-clés secondaires.

En repartant de la structure que vous avez déjà imaginée avec les points précédents, vous allez maintenant l'adapter. Dans cette structure, vous allez créer et optimiser encore davantage vos silos en prenant en compte tous les éléments dont nous avons parlé.

Et c'est seulement à partir de ce moment-là que nous allons pouvoir essayer de l'implanter de façon optimale dans WordPress.

Structure et maillage interne

14

Un contenu optimisé, c'est une chose… Encore faut-il que vous ayez une réelle stratégie de publication et, surtout, un site bien structuré.

En effet, cela ne sert à rien de lancer un site à la va-vite en publiant des contenus sur tous les sujets sur lesquels on veut se positionner, si on ne réfléchit pas, avant tout, à la manière dont on va rendre l'ensemble cohérent. C'est alors qu'entre en jeu la structure de toutes vos publications.

C'est elle qui va faciliter la navigation de l'internaute, mais aussi celle du moteur de recherche. La structure est donc cruciale pour un bon référencement naturel. Il faut donc maintenant l'appliquer dans WordPress.

Structure réelle et structure imaginée

WordPress vous ment

Vous avez pensé la structure de votre site en amont, sur une feuille de papier, dans Excel ou encore à l'aide d'un outil de *mind mapping*.

Vous avez ensuite suivi nos conseils pour adapter cette structure via l'administration de votre CMS. Vous avez ainsi sûrement ajouté, supprimé, modifié ou déplacé des pages, des catégories, des articles, ou tout autre type de taxonomie ou de post type. Vous imaginez ainsi avoir créé une structure réellement adaptée. Comme indiqué au chapitre précédent, la réalité est bien souvent très différente.

En effet, ce n'est pas parce que la structure théorique dans l'administration du site est parfaite que celle-ci est celle qui sera effectivement mise en place. Avec vos catégories principales et des sous-catégories, vous pourriez vous dire que chaque catégorie principale est correctement mise en avant.

Le souci, c'est que votre thème et certaines extensions vont très souvent ajouter des liens un peu partout, et vous pourrez très bien vous retrouver avec certains contenus secondaires qui reçoivent autant de liens internes que vos catégories ou pages principales, de même que des silos que se font des liens entre eux.

Prenons un exemple courant : imaginons que dans le pied de page de votre site vous affichiez la liste de vos derniers articles, vos articles les plus vus ou encore les articles les plus commentés. Techniquement, ils vont donc recevoir autant de liens que tous les silos présents dans votre menu principal, et vous aurez donc raté la mise en avant de vos pages principales. Pire encore, si je suis dans le silo XY, je ferai peut-être des liens vers des articles du silo AB.

Une première vérification manuelle

Quand on optimise un WordPress, il y a une première étape à effectuer manuellement, et qui consiste à effectuer le travail suivant en naviguant sur votre site.

- Sur chaque page, identifiez les liens inutiles, redondants (qui pointent deux fois ou plus vers une même page) ou non optimisés : vous devrez ensuite les supprimer dans votre contenu, dans votre thème (au chapitre suivant) ou dans vos extensions.
- Dans chaque silo, vérifiez que chaque niveau :
  - fait des liens vers des pages de même niveau ;
  - fait des liens vers les niveaux supérieurs et inférieurs.
- Contrôlez aussi que chaque page de votre site a bien des contenus uniques et pertinents.

Évitez par exemple de créer trop de liens vers des contenus profonds depuis la page d'accueil. En effet, vous devez bien imaginer votre structure en la concevant sous la forme de strates différentes et de sections homogènes.

Il est important de faire ce travail manuellement, car c'est souvent ainsi que l'on détecte les liens redondants ou inutiles. Les outils et logiciels peuvent en effet ne pas suffisamment les mettre en avant.

Toujours vérifier sa structure

Après ce travail manuel, vous devrez vérifier l'agencement de votre structure. Tout au long des chapitres suivants sur les thèmes et les custom taxonomies, nous allons améliorer en continu la structure du site tout en ajoutant du contenu unique. En complément de l'analyse manuelle, nous utiliserons certains outils permettant d'obtenir une analyse plus globale de notre maillage interne et de notre structure.

Tout cela sera détaillé au chapitre 22 dédié à l'audit. Alors pourquoi en parler maintenant ? Tout simplement parce que dans l'idéal, il faudrait auditer son site dès qu'on y apporte des modifications, et non pas uniquement à la toute fin. Par exemple, une fois que vous aurez optimisé les catégories, le mieux est de lancer un audit pour vérifier que vos dernières modifications ont bien eu l'impact attendu. Bien entendu, rien n'empêche d'attendre la fin, tout dépendra de la façon dont vous voulez travailler.

Retenez donc qu'en principe, à chaque modification de votre thème, d'une extension ou de la structure de votre site, vous devez auditer votre site à l'aide des méthodes suivantes :

- l'analyse manuelle ;
- un scan de votre site avec un logiciel de crawl (Screaming Frog Spider SEO ou Xenu Link Sleuth) ;
- un outil pour analyser la structure du site (Gephi ou encore Cocon.se) ;
- les différents outils de tests de Google (Rich Snippets, Compatibilité mobile, Page Speed, etc.).

ATTENTION **Videz votre cache**

N'oubliez jamais de vider votre cache à chaque fois que vous testerez votre site, sinon vous risquez de croire que vos modifications n'ont pas eu d'impact. Pensez donc à vider le cache de votre navigateur (Chrome, Firefox, Edge, etc.), celui de votre site Internet (WP Rocket, WP Super Cache, etc.) ou encore celui du serveur (Varnish, etc.).

Structurer un site WordPress

Nous avons imaginé notre structure au chapitre précédent. Avant d'aborder les chapitres importants consacrés aux thèmes, aux custom taxonomies et aux custom post types, voyons comment on peut d'ores et déjà bien structurer son site WordPress.

Gardez votre structure sous la main, car vous aurez besoin de la consulter pour savoir si vous mettez en place ou non certaines optimisations.

Les utilisateurs

C'est l'étape la plus importante : si les différentes personnes qui vont administrer le site et y rédiger du contenu n'y sont pas formées, vous n'obtiendrez pas de bons résultats.

Vous devez former vos utilisateurs à la rédaction de contenus optimisés, mais surtout à l'utilisation de vos catégories. Expliquez-leur comment est ou sera structuré le site dans son ensemble. Dites-leur bien de ne choisir qu'une seule catégorie et de ne pas utiliser les étiquettes.

Et même en ayant formé ces personnes, vérifiez toujours ce qu'elles font. L'erreur étant humaine, on peut parfois se tromper et, par exemple, cocher plusieurs catégories pour un seul et même contenu.

Utiliser les bonnes taxonomies

Sur le papier, vous avez maintenant tout ce qu'il vous faut :

- les mots-clés pertinents de votre secteur d'activité ;
- les besoins et contenus qui correspondent à ces mots-clés ;
- une structure de l'ensemble, cohérente et qui met en avant vos principaux mots-clés.

Il ne vous reste plus qu'à mettre cela en pratique dans WordPress, en créant toute l'arborescence des catégories dont vous avez besoin.

Stop ! C'est justement là que vous pouvez vous tromper. Par défaut, WordPress vous fournira deux post types et quatre taxonomies (pages et articles d'une part, dates, auteurs, catégories et étiquettes d'autre part). Non seulement il vous faudra choisir entre les deux pour créer la structure du site, mais surtout, gardez en tête que vous n'avez pas l'obligation d'utiliser ces éléments. Il est tout à fait possible de créer ses propres post types et ses propres taxonomies.

Les articles et les pages de WordPress ont en effet leurs avantages et inconvénients.

- Les articles :
  - sont facilement catégorisables ;
  - sont affichés directement sur la page d'accueil et dans les flux RSS.

Mais les catégories affichent difficilement du contenu unique, tandis que ces mêmes catégories ne font pas automatiquement de liens vers les catégories enfants.

- Les pages :
  - peuvent dépendre d'une autre page (pages enfants/pages parentes) ;
  - auront toujours du contenu unique ;
  - ne feront pas automatiquement de liens entre pages enfants et pages parentes.

À vous, par conséquent, de faire le choix de l'un ou de l'autre, des deux, ou de créer de nouveaux custom post types (voir chapitre 16).

En règle générale, si votre structure est standard, voici les conseils que je peux vous donner.

- Les pages ne serviront que pour les contenus annexes (plan du site, mentions légales, page de contact…).
- Les catégories et articles seront bien plus pratiques pour mettre en ligne et hiérarchiser toutes vos publications.
- Il faudra impérativement optimiser le thème pour faire automatiquement des liens entre catégories parentes et catégories enfants, et pour éviter que des liens soient établis entre différents silos.

Cependant, l'idéal est aussi d'ajouter du contenu unique, pertinent et correctement mis en page dans vos catégories. De base, elles ne contiennent aucun contenu unique pour les moteurs de recherche.

Vous l'aurez donc compris : le cœur de votre optimisation passera d'abord par un bon choix initial, puis par l'amélioration de votre thème.

Les fichiers de référencement

Avant d'attaquer cette partie dédiée aux thèmes, nous allons nous attarder sur deux fichiers qui peuvent avoir un impact sur la structure globale de WordPress.

Le fichier robots.txt

Le fichier `robots.txt` permet d'éviter l'indexation par les moteurs de recherche de certains contenus inutiles (par exemple, les fichiers du cœur de WordPress, du cache ou provenant de certaines extensions). Il se place tout simplement à la racine du site, par exemple monsite.fr/robots.txt. Si le fichier n'existe pas, créez-le à cet endroit de votre site.

Nettoyer le cœur de WordPress

Nous allons donner ici plusieurs directives aux moteurs de recherche, en commençant par leur bloquer l'accès à la page de connexion.

1re partie du fichier robots.txt

```
# Pour tous les robots
User-agent : *
# On désindexe la page de connexion (contenu inutile)
Disallow: /wp-login.php
```

Grâce à ce simple code, vous avez déjà une base saine pour bloquer les pages de connexion à l'administration, mais il est possible d'aller bien plus loin.

La partie suivante du fichier `robots.txt` de WordPress bloque l'accès à certains contenus et URL indésirables.

2e partie du fichier robots.txt

```
# On bloque les URL de ping et de trackback
Disallow: */trackback
```

```
# On bloque tous les flux RSS sauf celui principal (enlevez le premier /* pour
bloquer TOUS les flux)
Disallow: /*/feed
# On bloque toutes les URL de commentaire (flux RSS de commentaires inclus)
Disallow: /*/comments
```

Ces règles ne sont pas non plus parfaites. Il vous faudra effectuer certaines actions sur votre site.

1 Supprimez dans votre thème les liens qui pointent vers les *trackbacks* de vos articles, vers les sous-pages de commentaires et vers les flux RSS secondaires (si vous en trouvez, bien entendu…).

2 Ne divisez pas vos commentaires en sous-pages, car cela va créer des pages pauvres en contenu, tout en diluant inutilement la popularité du site sur des pages secondaires.

3 Supprimez dans votre thème toute référence aux flux RSS, à l'exception de celui de l'accueil. À la rigueur, vous pouvez garder ceux des catégories mais, par pitié, supprimez ceux des commentaires : ils n'ont aucun intérêt.

Les fichiers indésirables

Certains fichiers ne devraient jamais être accessibles à une autre personne que le webmaster ou l'administrateur système, et encore moins être mis à disposition dans les résultats de recherche de Google, Yahoo! ou Bing. Heureusement, le fichier robots.txt peut bloquer leur accès grâce à ces quelques lignes.

3e partie du fichier robots.txt

```
# On élimine ce répertoire sensible présent sur certains serveurs.
Disallow: /cgi-bin
# On désindexe tous les fichiers qui n'ont pas lieu de l'être.
Disallow: /*.php$
Disallow: /*.inc$
Disallow: /*.gz$
Disallow: /*.cgi$
```

Google Images et Google AdSense

Pour que les images appelées depuis des répertoires bloqués soient ajoutées dans le moteur de recherche d'images de Google, ajoutez le code suivant :

Autoriser Google Images partout

```
User-agent: Googlebot-Image
Disallow:
```

Si, comme un nombre important de sites, vous faites appel à la plate-forme AdSense pour afficher des publicités, voici quelques lignes supplémentaires qui permettront à leurs scripts de fonctionner parfaitement sur toutes vos pages, quelles que soient les autres lignes de votre fichier `robots.txt`.

Autoriser Google AdSense partout

```
User-agent: Mediapartners-Google
Disallow:
```

Le code complet

Vous l'aurez compris, le fichier `robots.txt` bloque l'accès à certains contenus, mais ce n'est pas une solution miracle. C'est à vous, en effet, d'optimiser votre site pour bloquer de manière plus complète et naturelle l'accès aux contenus privés, dupliqués ou qui ne sont pas intéressants. Le mieux est en effet que Google ne détecte jamais de liens vers ces URL, répertoires et fichiers. Le fichier `robots.txt` n'est qu'une protection.

Code final du fichier robots.txt pour WordPress

```
User-agent: *

Disallow: /wp-login.php
Disallow: */trackback
Disallow: /*/feed
Disallow: /*/comments
Disallow: /cgi-bin
Disallow: /*.php$
Disallow: /*.inc$
Disallow: /*.gz
Disallow: /*.cgi


User-agent: Googlebot-Image
Disallow:

User-agent: Mediapartners-Google
Disallow:
```

Le fichier sitemap

Je vous ai déjà parlé du fichier sitemap lors du paramétrage de l'extension Yoast SEO. Il complète votre site en indiquant à Google toutes ses adresses. Là encore, ce n'est qu'une question d'indexation : ce fichier garantit de pouvoir retrouver tous les contenus dans Google.

Théoriquement, si vous avez suivi toutes les recommandations de ce livre, votre site n'a pas vraiment besoin du fichier sitemap. Mais vu que l'extension Yoast SEO le génère, autant en profiter et le soumettre aux différents centres Webmaster des moteurs de recherche :

Voici tout d'abord deux adresses de centres Webmaster :

- http://www.google.fr/intl/fr/webmasters
- http://www.bing.com/toolbox/webmaster

L'intérêt, même lorsque le contenu est pertinent et que le maillage interne est excellent, c'est de pouvoir obtenir des statistiques plus ou moins utiles sur l'état de santé de son site Internet.

Figure 14–1
Des statistiques vous sont données par les centres Webmaster des moteurs de recherche.

Pensez aussi à rajouter le flux RSS de votre site dans cette section du centre Webmaster de Google. Votre URL site.fr/feed/ lui permettra en effet de pouvoir indexer chaque nouveau contenu dès sa publication.

Attention cependant : il est très important de bien paramétrer ce flux RSS. Comme indiqué au chapitre 7 dédié aux extensions, il faut absolument vérifier que vous affichez dedans :

- les taxonomies et post types pertinents (les autres sont désactivés) ;
- aucun contenu non pertinent (pour rappel, il faut exclure manuellement les pages peu ou pas pertinentes, comme celles créées par les extensions e-commerce).

Au passage, pensez aussi à vérifier que le paramétrage de votre extension *Plan du site* est correct, de manière à n'y afficher que les éléments pertinents de votre structure.

Les thèmes
de WordPress

15

Il est impératif de passer un peu de temps sur votre thème WordPress.

En référencement naturel, c'est à la fois votre meilleur allié et votre pire ennemi. S'il est mal conçu, vos contenus seront dupliqués et votre site ne sera ni ergonomique pour l'utilisateur, ni efficace pour le moteur de recherche. Après avoir rappelé comment fonctionne un thème, je vais vous expliquer comment l'optimiser.

Avant de s'atteler à son thème

Se poser les bonnes questions

Comme je l'ai déjà dit plusieurs fois, le pire problème que l'on puisse rencontrer avec WordPress est la duplication de contenus. Par défaut, un thème va copier chacun de vos contenus, à l'identique ou partiellement, un peu partout sur votre site. Même en optimisant correctement le CMS avec les bonnes extensions et en ayant de bons contenus, cela ne suffira pas, surtout avec un thème mal conçu.

Chaque site, chaque client et chaque secteur d'activité est différent : je ne peux donc pas vous dire exactement comment créer et coder votre thème. Cependant, nous verrons dans ce chapitre comment ils fonctionnent, et surtout nous apprendrons à regarder, ajouter, supprimer ou optimiser certains éléments pour éradiquer définitivement les problèmes les plus récurrents.

La première question qu'il faut vraiment se poser est la suivante : « Sur chaque type de contenu, que recherche le visiteur ? » Mettez-vous à sa place et anticipez sa recherche pour y répondre au mieux :

- sur l'accueil, il cherchera peut-être vos coordonnées ou vos dernières publications ;
- sur un article ou une page, il souhaitera lire le contenu publié ;
- sur la recherche, il cherchera à trouver facilement n'importe lequel de vos contenus ;
- sur une page auteur, il voudra trouver des informations sur celui-ci, et pas uniquement la liste de ses dernières publications ;
- etc.

Par conséquent, en répondant à cette question, vous aurez déjà une certaine idée de ce qu'il faut ajouter ou supprimer sur chaque type de contenu. Rappelez-vous que WordPress permet de publier des types de contenus classés par taxonomies. Pour les deux, c'est le thème qui détermine comment ils s'afficheront (et c'est donc le thème qui peut les optimiser ou les désoptimiser). À vous, donc, d'utiliser toutes les indications qui vont suivre pour que cet affichage soit optimal.

Rappelez-vous bien que vous ne devez jamais trouver un seul contenu entièrement dupliqué sur votre site. Je ne parle pas des images en miniatures ou des extraits d'articles, mais bien de contenus qui seraient copiés intégralement, comme un article qui se trouverait lisible dans sa totalité au sein d'une catégorie.

Vous devez aussi chasser le faux contenu dupliqué, c'est-à-dire toutes les pages différentes mais qui traitent exactement du même sujet – comme une catégorie et une étiquette portant exactement sur la même thématique. Le contenu peut ainsi être différent, mais vous vous retrouvez avec deux URL différentes qui parlent de la même thématique.

> À SAVOIR **L'intérêt de lire attentivement les pages qui suivent**
>
> À la fin des explications sur le Template Hierachy, je vous donnerai un exemple concret d'adaptation de contenu, avant d'aborder dans une seconde partie la chasse au contenu dupliqué et les fonctions à utiliser presque systématiquement.
> La partie sur le Template Hierachy vous paraîtra rébarbative, mais elle est **indispensable** pour apprendre à créer, personnaliser et optimiser son thème.

Attention aux thèmes payants et gratuits

Premièrement, ne vous fiez jamais à la provenance d'un thème pour juger de sa qualité. Ce n'est pas parce que vous achetez un thème qu'il est meilleur. Ce n'est pas non plus parce que vous avez téléchargé un thème gratuit qu'il est moins bon. Et ce n'est pas parce que le thème vient d'un référenceur ou d'une agence qu'il est optimisé et bien conçu. Tout dépend toujours du développeur qui a créé le thème, de ses compétences et du temps qu'il a consacré à sa conception.

ATTENTION **Méfiez-vous toujours des développeurs !**

Dans la suite de ce chapitre, nous verrons comment fonctionne un thème. Vous devriez ensuite être capable de comprendre parfaitement le vôtre pour l'optimiser.

Mais cela implique que le développeur et l'intégrateur aient bien travaillé : certains d'entre eux ne respectent absolument pas les préconisations de WordPress, ni celles de Google, ce qui fait que vous trouverez des fichiers ayant des noms différents et faisant des inclusions inutiles de fichiers à droite et à gauche.

Si vous êtes dans ce cas de figure, aucun livre ne pourra vous aider à comprendre le créateur de votre thème : il faudra mettre les mains dedans et tester pour retrouver sa logique. Dans tous les cas, je vous souhaite bon courage pour comprendre sa logique lors de l'optimisation.

Avant de continuer, je laisse la parole ici à Alexandre Bortolotti, de l'excellent site WP Marmite. C'est un spécialiste des thèmes WordPress, et je voulais partager avec vous son point de vue sur le choix d'un thème, d'autant plus que ce choix peut avoir un énorme impact sur l'ergonomie ou encore sur votre image de marque. Il permettra surtout de valider définitivement ou presque votre thème, afin d'éviter de répéter vos optimisations en référencement naturel plusieurs fois à chaque changement.

Le choix d'un thème, par Alexandre Bortolotti

Vous êtes-vous déjà trompé en achetant un thème WordPress ? Si oui, souvenez-vous de ce que vous avez ressenti. Vous avez probablement pensé : « Allez, encore de l'argent jeté par les fenêtres... ».

À mon sens, la raison principale qui mène à un mauvais achat de thème (sur Themeforest ou une autre boutique) est une mauvaise définition des besoins du projet...

Vous ne devez pas choisir un thème uniquement parce que vous le trouvez beau. C'est un peu plus compliqué que ça. De même, par pitié, n'achetez jamais un thème sur un coup de tête. En procédant ainsi, vous êtes quasiment assuré d'aller droit dans le mur.

Comme pour toute décision importante, vous devez garder la tête froide. Rappelez-vous que le thème que vous choisirez va vous représenter (ou votre client) sur Internet pendant quelques années.

Remarque

Cet article est une adaptation d'un chapitre du guide gratuit *Themeforest : le guide ultime pour dénicher votre thème WordPress*. Merci à Alexandre de me permettre de partager ces conseils avec vous :).

Reprenons. Le site que vous êtes en train de construire est le salon dans lequel vous inviterez des centaines de personnes. Cela ferait mauvais genre de les recevoir dans de mauvaises conditions, n'est-ce pas ? Votre objectif est que vos visiteurs passent un agréable moment sur votre site et surtout qu'ils trouvent ce qu'ils sont venus chercher.

Pour cela, fermez tout sur votre ordinateur à l'exception de ce livre. Oui vraiment. Nous n'avons besoin de rien d'autre pour le moment. Prenez simplement une feuille de papier, un crayon et répondez aux questions qui suivent.

Quel est le but de votre site ? Que va-t-il proposer ?

Recopiez et complétez la phrase suivante : **MONSITE** est un site dont l'objectif est de **VERBE + BUT**.

Voici quelques exemples pour vous aider :

- WP Marmite est un site dont l'objectif est d'accompagner ses lecteurs dans la création de leurs propres sites avec WordPress ;
- Meetic est un site dont l'objectif est d'aider les célibataires à trouver l'amour ;
- Capitaine Train est un site dont l'objectif est de simplifier l'achat de billets de train sur Internet.

Quel est votre public cible ? À qui vous adressez-vous ?

Une erreur classique est de croire que vous vous adressez à tout le monde. Votre site est forcément destiné à une catégorie de personnes en particulier.

Recopiez et complétez la phrase suivante : **MONSITE** s'adresse aux personnes **DESCRIPTION**.

La description de votre public cible peut inclure et combiner les informations suivantes :

- la tranche d'âge ;
- le sexe ;
- la localisation ;
- le métier ;
- les valeurs ;
- les goûts.

Reprenons nos exemples :

- WP Marmite s'adresse aux personnes qui veulent créer des sites avec WordPress ;
- Meetic s'adresse aux personnes célibataires désirant trouver quelqu'un ;
- Capitaine Train s'adresse aux personnes qui s'arrachent les cheveux sur le site de la SNCF.

Quelles sont les valeurs que vous désirez transmettre ?

Concrètement, un site Internet n'est qu'un ensemble de pixels sur un écran. Rien de plus. C'est plutôt froid, et l'humain n'est pas présent. Pour vous démarquer des sites avec qui vous serez en concurrence, il faut vous distinguer autrement.

Imaginons que vous soyez artiste peintre. Votre site devrait arriver à transmettre votre passion pour la peinture. Il faut qu'en face de leurs écrans, vos visiteurs comprennent que vous vous donnez à fond dans ce que vous faites.

Si vous fréquentez régulièrement WP Marmite ou Webmarketing & Co'm, j'espère que vous ressentez cela. Quel que soit votre secteur d'activité, votre site doit mettre en avant ce en quoi vous croyez.

Recopiez et complétez la phrase suivante : les valeurs de **MONSITE** sont **VALEUR1**, **VALEUR2** et **VALEUR3**.

Exemples :
- les valeurs de WP Marmite sont le partage, la bonne humeur et la transparence ;
- les valeurs de Meetic sont la confiance, la sécurité et la convivialité ;
- les valeurs de Capitaine Train sont la simplicité, la réactivité et le bon design.

Quelle est l'action unique que vos visiteurs doivent accomplir sur votre site ?

Avec ce chapitre, je veux que vous preniez des notes. Vous créez un site avec un objectif bien précis. Nous avons défini cela lors de la première question.

Maintenant, qu'allez-vous mettre en œuvre pour atteindre cet objectif ? À mon sens, un site doit être élaboré de manière à rendre ses visiteurs actifs.

Recopiez et complétez la phrase suivante : sur **MONSITE**, les visiteurs doivent **ACTION**.

Avec nos exemples, cela donne :
- sur WP Marmite, les visiteurs doivent s'inscrire à la newsletter ;
- sur Meetic, les visiteurs doivent s'inscrire ;
- sur Capitaine Train, les visiteurs doivent acheter un billet de train.

Avec quels adjectifs les visiteurs décriront-ils votre site ?

Cette étape est très importante, car elle vous force à vous mettre à la place de vos visiteurs. Si vous désirez que votre site reflète la simplicité, le thème que vous choisirez ne devra pas comporter des animations qui fusent de partout.

Cet exercice est similaire à la définition de vos valeurs, excepté qu'il faut associer des adjectifs plutôt que des noms à votre site.

Recopiez et complétez la phrase suivante : les visiteurs de **MONSITE** doivent le trouver **ADJECTIF1**, **ADJECTIF2** et **ADJECTIF3**.

Exemples :

- les visiteurs de WP Marmite doivent le trouver clair, instructif et utile ;
- les visiteurs de Meetic doivent le trouver ergonomique, efficace et engageant ;
- les visiteurs de Capitaine Train doivent le trouver rapide, simple et clair.

Qui sont vos concurrents ? En quoi votre site sera-t-il différent ?

Internet est si vaste qu'il y a vraiment très peu de chances pour que votre site soit le seul dans son domaine. Il existe forcément d'autres sites qui proposent plus ou moins la même chose que vous.

Et même dans le cas où vous seriez seul, il faudra vous faire remarquer, montrer pourquoi les gens devraient visiter votre site et passer à l'action.

Trouvez trois sites qui ciblent le même public que vous. Ensuite, recopiez et complétez la phrase suivante : **MONSITE** se différencie de **SITE1**, car **RAISON**.

Faites de même pour **SITE2** et **SITE3**.

Exemples :

- WP Marmite se différencie de GeekPress.fr, car il publie des articles régulièrement ;
- Meetic se différencie de Zoosk, car il organise des événements ;
- Capitaine Train se différencie de Voyages-SNCF, car il est simple d'utilisation.

Quel style de thème recherchez-vous ?

Passons maintenant à l'aspect graphique de votre thème (et donc de votre site). Si vous possédez un logo, il faudra que votre site s'accorde avec lui pour conserver de la cohérence.

Posons-nous quelques questions concernant l'apparence :

- Dans quelle gamme de couleur votre site devra-t-il se situer ?
- Quelles polices d'écriture employer ?
- Est-ce qu'un arrière-plan est nécessaire ?

Ces questions peuvent paraître un peu floues, mais elles ont leur importance.

Si vous désirez lancer un blog sur le jardinage, il va de soi que ses couleurs tendront plus vers le vert que vers le rouge – l'idée étant de créer une atmosphère paisible, champêtre et naturelle. Ce que la couleur rouge ne transmet pas du tout.

Attention, par conséquent, aux couleurs que vous choisirez. Préférez utiliser une seule couleur pour éviter les mauvaises combinaisons.

Quelles fonctionnalités votre site devra-t-il comporter ?

Que vous créiez un blog, un site vitrine ou un site e-commerce, il devra posséder un certain nombre de fonctionnalités (newsletter, boutons de partage sur les réseaux sociaux, etc.).

Vous devez savoir que tout ce dont vous avez besoin ne figure pas uniquement dans le thème. Vous devrez utiliser des extensions pour enrichir les fonctionnalités de votre site.

En fait, le rôle d'un thème est d'apporter l'aspect visuel. Les extensions, quant à elles, apportent les fonctionnalités. Il est important que vous ayez bien ce point en tête lorsque vous lancerez vos recherches.

Réfléchissez et listez les fonctionnalités que vous estimez nécessaires à votre site.

Avec toutes ces questions, j'imagine que vous devez avoir une meilleure vision de votre projet de création de site avec WordPress. Passons à la dernière étape.

Créez des maquettes pour modéliser les pages de votre site

Rassurez-vous, il n'y a pas besoin d'être un artiste pour créer des maquettes de pages. L'idée est de déterminer un agencement qui servira de guide lorsque vous lancerez vos recherches.

Prenez plusieurs feuilles A4 et associez-les à chaque type de page dont vous avez besoin.

Selon votre projet, vous aurez besoin d'une page de blog, d'une page pour un article seul, d'une page boutique, d'une page portfolio, etc. En tout cas, vous aurez besoin d'un modèle de page d'accueil et d'un modèle de page classique (pour les pages *Contact* et *À propos*).

Déterminez ensuite comment chaque modèle de page devra s'agencer. Si vous estimez que votre page d'accueil doit se composer de sections horizontales, dessinez-les. Si les pages qui listent les articles doivent comporter 2 colonnes, dessinez-les également.

Le but n'est pas d'aller très loin dans les détails, mais de vous donner une trame qui vous permette de trier efficacement les thèmes que vous rencontrerez lors de la phase de recherche.

Lancez enfin vos recherches

Après avoir conçu votre cahier des charges grâce à cet article, vous devriez avoir une meilleure vision de votre projet. Cela vous permettra de ne plus parcourir les boutiques de thèmes WordPress à l'aveuglette.

Ce cahier des charges vous aura permis de créer une sorte de tamis à travers lequel vous ferez passer les thèmes que vous trouverez. En somme, vous pourrez faire le tri entre le bon grain et l'ivraie.

Encore une fois, ne vous laissez pas embarquer par vos émotions et n'oubliez pas le travail que vous venez d'accomplir parce que vous avez découvert une pépite.

Encore merci à Alexandre pour sa contribution.

Mon thème est-il bien conçu ?

Afin de bien appréhender la problématique du référencement naturel de WordPress, on peut très facilement dire que 60 à 80 % des freins au SEO proviennent du thème, et non pas des contenus en eux-mêmes ni des réglages ou des extensions utilisées.

Ce qu'il faut savoir, c'est que les thèmes que l'on installe sur nos sites sont choisis systématiquement selon les fonctionnalités qu'ils proposent ou selon leur aspect graphique. Le souci, c'est qu'on ne voit jamais comment est généré le code final, ni si le thème respecte les standards de WordPress.

Il existe bien une extension qui s'appelle Theme Checker, et qui teste ou non la présence de certaines fonctions et leur implantation correcte. Mais même si cette extension indique que votre thème respecte les standards, cela ne signifiera jamais que ce dernier est optimisé pour le référencement.

Le seul moyen pour vous d'en être sûr, c'est d'une part de regarder le rendu de votre contenu avec le thème choisi, d'autre part de vérifier point par point les différents passages qui vont suivre.

Conseils de base pour vos thèmes

Maintenant, il est important d'avoir les bases nécessaires à une bonne compréhension pour pouvoir optimiser votre site. Chaque thème utilise un ou plusieurs fichiers pour afficher chacun de vos contenus. Il est ainsi possible de faire varier complètement la disposition, le contenu et la charte graphique entre différents types de contenus. Voici un exemple d'affichage différent entre l'accueil de SeoMix, un article et une catégorie.

Figure 15–1 Sur ce site, les trois types de pages affichent les contenus de manière différente.

Le contenu rédigé et paramétré dans l'administration peut donc avoir un rendu complètement différent pour l'internaute et Google. Commençons donc par les bases : le code HTML.

L'HTML

Pourquoi est-ce important ?

Avant de vous parler en détail de tous les *templates* de WordPress, il faut savoir qu'il existe des règles à respecter quels que soient le CMS ou la solution utilisée pour créer son site Internet.

La structure d'un site se base sur un socle technique : le code source. Vous avez d'un côté le contenu, souvent situé dans une base de données, et de l'autre le code qui va permettre de l'afficher en HTML. Quel que soit le CMS utilisé, vos pages seront quasiment toujours générées en HTML au final.

Ce langage utilise une balise logique pour structurer chaque type d'élément qui pourrait s'afficher :

- `<h1>` à `<h6>` pour les titres ;
- `<p>` pour les paragraphes ;
- `<img>` pour les images ;
- `<a>` pour les liens ;
- `<blockquote>` pour les citations ;
- `<code>` pour afficher du code ;
- etc.

Sans prétendre remplacer un manuel complet sur l'HTML, rappelons cependant quelques règles à connaître et à respecter dans vos thèmes :

- Une balise `alt` (un texte alternatif) doit être insérée dans chacune de vos balises images pour les décrire et pouvoir expliquer à Google le contenu de vos visuels. Cela servira aussi en accessibilité.
- Les balises `div` et `span` ne doivent servir que pour la mise en page, et non pour hiérarchiser directement les contenus, même si c'est parfois lié. On essaiera toujours de simplifier le code HTML : toute balise inutile doit être supprimée.
- N'ajoutez pas à tort ou à travers les balises `<br>` (saut de ligne) ou les ` ` (espaces), car on peut faire la même chose de manière beaucoup plus propre en CSS, et donc avec des pages un peu plus rapides à charger.
- La balise `h1` est le titre de la page actuellement consultée, et chaque section distincte de celle-ci commence par un `h2` :
    - sur l'accueil, le `h1` est le titre du site ;
    - sur un article, le `h1` est le titre de la publication ;
    - etc.

REMARQUE **Nuances sur les h1**

Rien n'interdit d'utiliser plusieurs balises `h1` au sein d'une page web. Cependant, certaines pratiques et recommandations sont devenues courantes. Ainsi, on part du principe qu'en HTML 4 il n'y a qu'un seul `h1` par page, tandis que qu'en HTML5 on peut avoir plusieurs `h1`, un par section.

Avec plusieurs `h1`, il est possible de nuire à la structure de son contenu s'agissant du référencement, tandis qu'en avoir une seule ne vous portera jamais préjudice. Mieux vaut donc suivre le principe de précaution et partir toujours sur la règle du `h1` unique, qui devra décrire l'ensemble du contenu de la page.

Ces quelques conseils sont bien sûr basiques, mais si déjà chacun d'entre vous pouvait les suivre, cela représenterait un pas de géant dans le Web mondial, pour votre référencement et l'accessibilité de votre site.

D'autres points sont à surveiller dans le code de votre thème WordPress, à la fois pour la vitesse de votre site mais aussi pour vous assurer que le code est le plus propre possible pour son indexation par Google.

Là encore, je n'entrerai pas dans le détail, car d'autres livres ou sites traitent vraiment en profondeur ces sujets. Néanmoins, voici deux recommandations essentielles :

- vous devez avoir :
    - un seul fichier CSS pour la mise en page du site ;
    - un seul fichier JavaScript pour gérer vos interactions ;
    - un seul script provenant d'un outil de web analytics.
- supprimez tous les éléments compris entre des balises `<!--` et `-->` : ce sont des commentaires qui ne servent ni aux visiteurs ni aux moteurs de recherche. Gar-

dez-les uniquement sur votre installation de développement, pour aider les développeurs à mieux comprendre le code de votre site.

> RESSOURCES **HTML5**
>
> Rodolphe Rimelé, *HTML 5 – Une référence pour le développeur web*, Eyrolles 2017

Tester la structure HTML

Une fois que vous aurez effectué tout cela, vous pourrez procéder à deux tests pour contrôler la structure générale de votre thème WordPress.

> Les étapes suivantes sont réalisées sous Firefox, navigateur réputé notamment pour ses extensions et options mises à la disposition des développeurs. Il existe bien entendu des équivalents pour Chrome.

Installez d'abord l'extension *Webdevelopper* si ce n'est déjà fait. Sachez qu'il existe des équivalents pour les autres navigateurs.

Puis, commencez par désactiver les CSS. Cette première option met en évidence les problèmes de structure. Sans mise en page CSS, l'ordre et l'affichage de vos contenus doivent rester compréhensibles. Si ce qui s'affiche ne vous paraît pas logique, c'est que votre page est mal conçue dès le départ. Théoriquement, les contenus principaux doivent être en haut du document et les contenus secondaires en bas.

Figure 15–2
Regardez à quoi ressemble
votre contenu sans CSS :
la lecture est-elle logique ?

Le deuxième test consiste à afficher le plan de la page, c'est-à-dire comment est structuré votre contenu selon les balises h1 à h6.

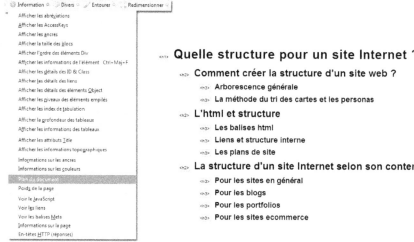

Figure 15–3
Affichez votre contenu avec le plan du document pour vérifier la structure du contenu.

Ce plan de page doit respecter quelques règles logiques :

- vous ne devez avoir qu'un seul titre h1, qui peut contenir plusieurs h2, pouvant eux-mêmes contenir plusieurs h3, et ainsi de suite ;
- ne sautez pas de niveau (par exemple, ne passez jamais du h1 au h3 sans passer par un h2) ;
- au-delà des h3, les balises h4, h5 et h6 sont souvent superflues ;
- il n'y a aucune obligation à se servir des balises h2 ou h3, mais il est préférable d'en mettre dans le contenu pour structurer toute la page ;
- les balises h1 doivent être uniques et différentes sur chaque page ;
- toute les balises doivent contenir si possible les mots-clés liés au contenu de la page et de la section concernée ;
- ces balises doivent toujours être rédigées pour le visiteur avant d'être rédigées pour le moteur de recherche. On évitera donc de vouloir y placer à tout prix des mots-clés à chaque fois.

Liens et structure interne

Même si votre site est bien pensé sur le papier, c'est parfois une tout autre chose une fois mis en ligne sur Internet. Quand on imagine une page ou un site dans son ensemble, il faut observer quelques principes simples.

Ce qui se conçoit bien s'énonce clairement

Tous vos intitulés et contenus doivent être explicites. Autrement dit, ils doivent être compris par 100 % des internautes.

Prenons pour exemple un site e-commerce : un bouton *Ajouter au panier* sera mieux qu'un bouton *Ajouter au Caddie*, lui-même meilleur qu'un bouton *J'achète* (ce dernier peut notamment impliquer pour le visiteur qu'il achètera le produit dès le clic ou sans panier alors que ce n'est pas forcément le cas).

Évitez donc les liens trop peu clairs, comme *cliquez ici*, *là*, et autres *ce lien* pour vos différents boutons, liens et actions possibles.

Limiter le nombre de contenus affichés

« The Magical Number Seven, Plus or Minus Two » est un concept de psychologie qui explique que l'être humain retient sans difficulté sept informations en même temps. Au-delà, nous aurions tous du mal à retenir des éléments supplémentaires.

Ne vous focalisez cependant pas sur le chiffre 7. Il faut juste retenir le concept de base : « trop d'informations tuent l'information ». Chaque page doit donc afficher l'essentiel, toujours dans l'optique d'atteindre vos objectifs (ventes, prises de contact, inscriptions, clics publicitaires...).

C'est le cas également pour vos liens : moins ils seront nombreux sur chaque page, plus chacun aura de poids sur le trafic de vos visiteurs et sur votre positionnement. Avec cette idée en tête, vous allez donc parfois devoir réduire le nombre de liens par page pour supprimer ceux qui ne servent à rien.

Certains moteurs de recherche, dont Google, indiquaient auparavant une limite de 100 liens par page pour un référencement naturel de qualité. En réalité, il est possible d'en avoir beaucoup plus, mais cela ne présente aucun intérêt pour vos visiteurs. Ne placez donc que des liens pertinents pour les internautes. Cette remarque est aussi valable pour votre contenu. Ne surchargez pas d'éléments secondaires vos pages, afin de ne pas perdre l'internaute.

Et dernier conseil théorique lors de la conception du thème : ne faites que des liens qui ont du sens, et qui se font au sein d'un même silo et non vers un autre. La question maintenant est donc de savoir comment optimiser votre thème.

Les templates de WordPress

Nous allons ici expliquer comment fonctionnent les thèmes de WordPress. L'idée est d'une part de supprimer les problèmes SEO qu'ils posent, et d'autre part d'être capable d'ajouter ou de personnaliser le contenu pour chaque URL de votre site.

Que fait WordPress ?

Pour pouvoir faire varier l'affichage de chaque type de contenu, WordPress utilise ce que l'on appelle le Template Hierarchy. Quand vous vous rendez sur une URL, le

CMS vérifie dans la base de données à quel type de contenu cela correspond, puis il fait appel au fichier du thème correspondant.

De base, un thème WordPress est placé dans un répertoire situé à cet endroit : mon-site.com/wp-content/themes/. Il nécessite deux fichiers pour fonctionner :

- `style.css`, qui contient les règles d'affichage en CSS et les informations essentielles du thème ;
- `index.php`, le fichier par défaut pour afficher n'importe quel type de contenu (il ne s'agit **pas** du fichier qui gère l'affichage de l'accueil).

Vous pourriez donc ne vous servir que du fichier `index.php` pour afficher toutes vos publications, mais cela vous compliquerait énormément la tâche.

WordPress utilise également souvent un fichier `functions.php` contenant des fonctions propres à votre thème, et qui peuvent être employées par tous les autres fichiers (fonction d'affichage des derniers commentaires publiés sur le site, sommaire pour vos articles, par exemple).

Le Template Hierarchy

Puisque WordPress sait quel est le contenu qu'il doit montrer pour chaque adresse web, il va se servir du fichier le plus pertinent dans votre thème. La figure 15-4 illustre l'arborescence complète (et indigeste) du Template Hierachy.

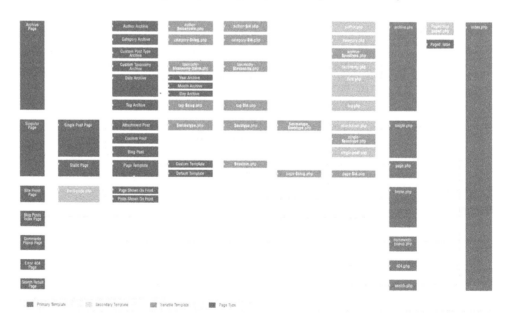

Figure 15–4 Le schéma officiel de fonctionnement d'un thème WordPress

Le concept est simple : pour chaque type de contenu, WordPress va chercher le fichier le plus précis qui pourrait le concerner. S'il ne le trouve pas, il va alors en chercher un autre moins ciblé, pour enfin utiliser `index.php` si jamais il n'a pas trouvé de fichier plus pertinent.

Nous allons voir tout cela en détail. Pour chaque type de contenu, l'ordre des fichiers que je vais indiquer est celui qui sera utilisé par WordPress. Dès que le CMS trouve un fichier de thème qui correspond, il s'arrête et l'utilise pour afficher votre contenu. Par exemple, il prendra en premier `home.php` s'il le trouve dans votre thème pour afficher l'accueil de votre site. Mais s'il ne le trouve pas, il cherchera dans le fichier `index.php`.

Il est possible que votre thème utilise tous les fichiers du Template Hierarchy ou qu'il n'en utilise que certains. Si vous êtes dans le second cas, il existe deux possibilités :

- le développeur affiche tous les contenus de la même façon, et je vous souhaite alors bon courage pour l'optimisation ;
- il utilise les « tags conditionnels » à l'intérieur de certains fichiers, par exemple à l'intérieur du fichier `index.php`.

Les tags conditionnels

Les tags conditionnels permettent de demander à WordPress si l'on se trouve ou non sur un contenu précis. Je les détaillerai plus loin, mais voici un exemple simple pour comprendre de quoi il s'agit :

- `is_home()` vérifie que l'on est sur l'accueil du site ;
- `is_page()` vérifie que l'on est sur une page ;
- `is_single()` vérifie que l'on est sur un article ;
- etc.

On peut ainsi faire varier l'affichage de différents contenus avec un même fichier. Si votre thème n'utilise que le fichier `index.php`, voici comment vous serez en mesure d'afficher à l'intérieur un contenu différent ou présenté différemment.

Exemple d'utilisation de tags conditionnels

```php
// Si je suis l'accueil
if ( is_home() ) {
    echo 'Superbe page d'accueil';
// Si je suis une page
} elseif ( is_page() ) {
    echo 'Sans doute la meilleure page du monde';
```

```
// Si je suis un article
} elseif ( is_single() ) {
    echo 'Rien ne vaut un bon article';
}
```

Les thèmes qui utilisent la totalité du Template Hierachy sont en général les mieux conçus et les plus aisés à modifier. Ils sont facilement repérables parce qu'ils ne font jamais appel au fichier par défaut `index.php`, et ce pour la simple et bonne raison que WordPress fera toujours appel à un fichier spécifique avant d'en avoir besoin. **Attention,** cela ne veut pas dire que ceux qui ne l'utilisent pas sont mauvais,… mais c'est un gage de qualité.

Reprenons tout cela plus en détail maintenant.

REMARQUE **Les noms de fichiers avec le caractère $ dans le Template Hierarchy**

Dans les pages qui suivent, vous verrez parfois le signe $ dans le nom du fichier. Cela signifie que c'est à cet endroit-là que vous devez remplacer le terme qui suit par le slug ou l'ID que vous ciblez. Nous vous l'expliquerons davantage lors du premier exemple.

Comprendre chaque template

L'accueil du site

Détecter la page d'accueil

Les fichiers suivants peuvent intervenir dans l'affichage de la page d'accueil :

- `front-page.php` : si vous avez défini dans l'administration de votre site l'affichage d'une page statique pour votre accueil ;
- `home.php` : pour l'accueil des sites qui affichent directement les derniers articles (c'est le comportement par défaut de WordPress) ;
- `index.php` : le fichier par défaut ;
- tags conditionnels : `is_home()` ou `is_front_page()`.

Avec ces fichiers, vous pouvez facilement appliquer un style différent pour la page d'accueil du site, ou pour ajouter et supprimer des contenus spécifiques. Par exemple, ajouter un texte de présentation de l'entreprise, une description de vos services ou encore des statistiques sur votre communauté.

Attention aux tags conditionnels de l'accueil

Sans les fichiers `front-page.php` et `home.php`, vous pouvez recourir à `index.php` avec des tags conditionnels à l'intérieur. Attention toutefois, ceux de l'accueil ont un vilain défaut : il **faut** les utiliser dans le bon ordre pour qu'ils fonctionnent dans n'importe quel cas de figure, et surtout ils ne fonctionnent pas exactement comme les noms de fichiers du Template Hierarchy.

Je vous avais conseillé plus haut de paramétrer WordPress pour afficher par défaut les derniers articles publiés. Si vous l'avez fait, le tag conditionnel à utiliser est `is_home()`.

Dans le cas contraire, il faudra se servir d'`is_front_page()` pour l'affichage d'une page statique pour l'accueil du site. Mais, dans ce cas, WordPress donne aussi la possibilité de définir une page pour afficher les derniers articles publiés, par exemple une page *Nos articles* ou encore *Nos actualités*. Or, celle-ci va malheureusement utiliser le tag conditionnel `is_home()`, alors qu'il s'agit d'une page interne et non plus de l'accueil de votre site.

Figure 15–5
WordPress peut paramétrer son accueil de deux façons différentes.

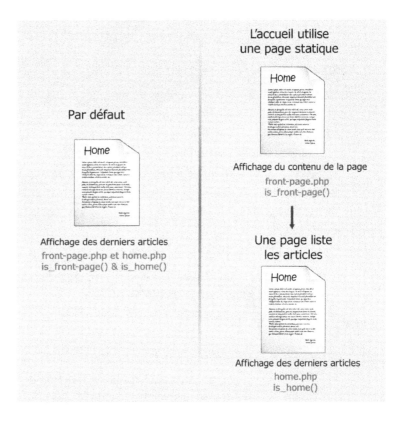

Pour fonctionner à coup sûr, il faut donc impérativement utiliser systématiquement tous ces tags conditionnels de l'accueil, et dans cet ordre précis.

Bien utiliser is_front_page et is_home

```
if ( is_front_page() && is_home() ) {
    // Affichage de l'accueil du site avec les articles par défaut
} elseif ( is_front_page()) {
    // Affichage de l'accueil si une page statique a été définie
} elseif ( is_home()) {
    // Affichage de la page de blog (si vous avez défini une page qui
    // liste les articles dans l'administration de WordPress)
}
```

Retenez bien que ce conseil s'applique non seulement à l'accueil du site, mais aussi à n'importe quelle fonction créée dans le fichier `functions.php` de votre thème ou dans une extension. **Si vous devez à un moment donné tester l'accueil du site, utilisez toujours le code précédent.**

Pour chacun des contenus qui vont suivre (un article, une catégorie, une page…), je vais maintenant lister les templates correspondants. Cela vous permettra à la fois de choisir le plus approprié et de pouvoir personnaliser certains contenus si besoin.

Un article

Pour les articles, voici les fichiers de template utilisables :

- `single-post.php` : uniquement pour les post types articles ;
- `single.php` : pour tous les post types autres que les pages (vos articles, attachments, custom post types…) ;
- `singular.php` : pour afficher tout type de post type ;
- `index.php` : le fichier par défaut ;
- tags conditionnels : `is_single()` ou `is_singular()`.

> À RETENIR **Le fichier single est le plus important de votre thème**
>
> C'est le cœur de votre site (avec les pages). Si vous devez optimiser les contenus, l'ergonomie ou la vitesse, c'est ici que cela se passe en priorité.

Une page

Vous pourrez utiliser les fichiers de template suivants pour les pages :

- `page-$slug.php` : une page spécifique en fonction de son slug. Ici, remplacez `$slug` par l'URL de la page ciblée. Par exemple, pour la page *Contact* (site.fr/contact/), le fichier sera `page-contact.php` ;
- `page-$id.php` : une page spécifique en fonction de son ID. Ici, remplacez `$id` par l'identifiant unique de la page concernée ;

- `page.php` : le fichier par défaut pour les pages ;
- `singular.php` : pour afficher tout type de post type ;
- `index.php` : le fichier par défaut ;
- tags conditionnels : `is_page()` ou `is_singular()`.

À RETENIR **Après les articles, les pages sont également très importantes**

Même conseil que pour les articles : ils sont au cœur de vos contenus, et vous devez donc vous focaliser dessus en priorité.

Un custom post type

Si vous avez créé un nouveau post type, vous pouvez le cibler avec :
- `single-$posttype.php` : pour cibler un post type. Remplacez `$posttype` par le nom du post type que vous avez créé ;
- `single.php` : pour cibler tous les post types ;
- `singular.php` : pour afficher tout type de post type ;
- `index.php` : le fichier par défaut ;
- tags conditionnels : `is_single()` ou `is_singular()`.

Une catégorie

Pour les catégories, voici les fichiers de template utilisables :
- `category-$slug.php` : une catégorie spécifique en fonction de son SLUG ;
- `category-$id.php` : une catégorie spécifique en fonction de son ID ;
- `category.php` : une catégorie ;
- `archive.php` : le fichier par défaut pour les taxonomies ;
- `index.php` : le fichier par défaut ;
- tags conditionnels : `is_category()` ou `is_archive()`.

CONSEIL **Comment concevoir une bonne catégorie ?**

Les catégories sont le meilleur moyen de structurer et d'indexer vos contenus. Elles doivent donc être uniques et permettre d'atteindre rapidement tous les articles qu'elles contiennent.

Une étiquette

Pour les étiquettes, voici les fichiers de template utilisables :
- `tag-$slug.php` : une étiquette spécifique en fonction de son slug ;
- `tag-$id.php` : une étiquette spécifique en fonction de son ID ;

- `tag.php` : une étiquette ;
- `archive.php` : le fichier par défaut pour les taxonomies ;
- `index.php` : le fichier par défaut ;
- tags conditionnels : `is_tag()` ou `is_archive()`.

ATTENTION **Le problème des étiquettes**

Les étiquettes sont souvent un fléau dans WordPress, car elles dupliquent fréquemment (pas toujours) les contenus avec les catégories ou entre eux. Si le site utilise les étiquettes, vous devez donc **impérativement** distinguer ces pages de vos catégories.

Un auteur

Pour les pages auteurs (administrateurs, contributeurs, auteurs, éditeurs…), voici les fichiers de template utilisables :

- `author-$nicename.php` : un auteur spécifique en fonction de son *nicename* (le slug) ;
- `author-$id.php` : un auteur spécifique en fonction de son ID ;
- `author.php` : un auteur ;
- `archive.php` : le fichier par défaut pour les taxonomies ;
- `index.php` : le fichier par défaut ;
- tags conditionnels : `is_author()` ou `is_archive()`.

REMARQUE **Les pages auteurs ne sont pas toujours utiles**

Si le site n'a qu'un seul auteur, ce template ne vous servira à rien : il est donc conseillé de désactiver les pages auteurs, comme indiqué dans les chapitres précédents. À l'inverse, cette partie du thème est pratique pour créer des pages dédiées à chaque auteur.

Attention cependant : ce type de template fonctionne comme une archive (c'est-à-dire comme une catégorie ou une étiquette), sauf que les articles d'un même auteur ne sont pas forcément tous sur la même thématique. Pensez donc bien à installer l'extension SX No Author Pagination.

Une archive par date

Pour les archives par date (que je vous déconseille d'utiliser), voici les fichiers de template utilisables :

- `date.php` : pour les archives par date ;
- `archive.php` : le fichier par défaut pour les taxonomies ;
- `index.php` : le fichier par défaut ;
- tags conditionnels : `is_date()`, `is_year()`, `is_month()`, `is_day()` et `is_time()`.

> ATTENTION **Bannissez les archives par date**
>
> Ne vous en servez jamais. Il faut bannir les archives par date, car elles ne pourront jamais avoir de sémantique réelle pour pouvoir se positionner correctement.
> Ne pas utiliser ces archives est déjà un premier pas dans l'optimisation de votre référencement.

Une custom taxonomy

Si vous avez créé votre propre taxonomie, voici les fichiers de templates utilisables :

* `taxonomy-$taxonomy-$term.php` : pour un terme spécifique dans une taxonomie ;
* `taxonomy-$taxonomy.php` : pour une taxonomie spécifique ;
* `taxonomy.php` : pour toutes les taxonomies (autres que date, auteur, étiquettes et catégories) ;
* `archive.php` : le fichier par défaut pour les taxonomies ;
* `index.php` : le fichier par défaut ;
* tags conditionnels : `is_tax()` ou `is_archive()`.

La recherche

Pour la page de recherche, voici les fichiers de templates utilisables :

* `search.php` ;
* `index.php` : le fichier par défaut ;
* tag conditionnel : `is_search()`.

Une page d'erreur

Pour la page d'erreur 404, voici les fichiers de templates utilisables :

* `404.php` ;
* `index.php` : le fichier par défaut ;
* tag conditionnel : `is_404()`.

> CONSEIL **La page 404 ne doit pas être oubliée**
>
> Cela peut paraître bête, mais tout thème doit impérativement personnaliser sa page d'erreur. Si le vôtre n'en a pas, il est temps de corriger cette erreur pour ne pas perdre de visiteurs.

Une page attachment

Pour les pages attachments, voici les fichiers de templates utilisables :

* `$mimetype.php` : le type de fichier attachment (par exemple `image.php`, `video.php`, `text.php`...) ;

- `$subtype.php` : le format de fichier (`jpg.php`...) ;
- `$mimetype_subtype.php` : les deux paramètres ensemble ;
- `attachment.php` : le fichier dédié aux attachments (c'est généralement celui que l'on utilise) ;
- `index.php` : le fichier par défaut.

Comme expliqué précédemment, elles peuvent très facilement vous nuire. Si vous décidez quand même de les afficher aux visiteurs et aux moteurs de recherche, il existe heureusement quelques astuces à mettre en place. Nous en reparlerons dans les lignes qui suivent.

Une page de commentaires

Malheureusement, il n'existe pas de template pour les pages de commentaires, et il n'existe pas non plus de tag conditionnel.

Je vous ai conseillé jusqu'ici de bannir les pages de commentaires, dans la mesure où elles pouvaient nuire à votre référencement naturel. Si toutefois votre client ou le site en question est contraint de faire appel à des pages de commentaires, il faudra utiliser le fichier de template des articles ou du post type concerné (`single.php,` par exemple).

Pour détecter au sein de ce fichier que l'on se trouve sur une page de commentaires, voici l'astuce qui consiste à récupérer une variable globale liée aux sous-pages de commentaires.

Détecter une page de commentaires

```
$cpage = get_query_var( 'cpage' );
if ( is_singular() && $cpage > 0 ){
    // Le code spécifique aux pages de commentaires
}
```

En général, on utilise la fonction `the_content()` pour afficher le contenu dans le fichier `single.php`. Sans optimisation, vous allez donc dupliquer l'intégralité de votre article entre votre publication réelle et toutes les sous-pages de commentaires. Pour l'éviter, remplacez le code qui affiche le contenu (`the_content()`) par celui-ci, toujours dans le fichier `single.php` et dans tous les fichiers liés à l'affichage de vos post types.

Pas de duplication de contenus sur les pages de commentaires

```
// © SeoMix
$cpage = get_query_var( 'cpage' );
if ( is_singular() && $cpage > 0 ) {
  // Si je suis sur une page de commentaires
  the_excerpt();
```

```
} else {
  // Si je suis sur la page réelle du contenu
  the_content();
}
```

Ainsi, pas de duplication de contenus liée aux pages de commentaires. Mais rappelez-vous, ce n'est parce que vous appliquez ce code que cela vous dispense de vous débarrasser définitivement des pages de commentaires dans les réglages de base de WordPress.

Un exemple concret

Toute la partie précédente vous a expliqué quels fichiers ou quels tags conditionnels utiliser pour modifier le contenu et le personnaliser entre chaque type de publication. Comme je vous l'ai dit, vous seul pouvez adapter parfaitement votre thème pour répondre aux besoins spécifiques de votre secteur d'activité.

Je vais cependant vous donner un exemple concret pour que vous puissiez comprendre comment procéder, et surtout pour illustrer l'utilité de ce que je viens de détailler.

Imaginons que notre site parle du bonheur, et qu'un rédacteur ait décidé d'utiliser quand même les étiquettes. Il va créer l'étiquette « Bonheur ». Dans mon exemple, ce terme possède l'ID 1248 et le slug « bonheur ». WordPress va donc tester dans l'ordre la présence des fichiers suivants ; il s'arrêtera dès qu'il en trouvera un :

- `tag-bonheur.php` : affichage spécifique pour cette étiquette ;
- `tag-1248.php` : affichage spécifique pour cette étiquette ;
- `tag.php` : affichage pour toutes les étiquettes ;
- `archive.php` : affichage pour toutes les taxonomies ;
- `index.php` : affichage pour tout le site.

Imaginons maintenant que les articles associés à cette étiquette soient très proches de ceux associés à la catégorie « Joie ». La question qu'il faut vous poser est simple : que cherche l'internaute sur cette page d'étiquettes par rapport à la page de la catégorie ? Et en fonction de la réponse, soit vous supprimerez et redirigerez cette étiquette, soit vous pourrez appliquer les conseils suivants :

- afficher des descriptions plus courtes pour les publications sur l'URL de l'étiquette, avec une image en plus ;
- proposer au début de la page d'étiquettes une description unique de ce terme, qui permettra de la différencier de la catégorie ;
- afficher les autres étiquettes également associées aux articles présents sur cette page ;
- etc.

Bref, à vous de faire travailler votre imagination (ou de ne pas utiliser les étiquettes).

Les problématiques globales

Maintenant, il est grand temps d'entrer dans le vif du sujet. À ce stade, vous devriez déjà avoir réfléchi aux optimisations applicables à votre thème en vue d'apporter **un contenu différent et pertinent** à vos visiteurs sur chaque type de contenu.

Mais il reste certains pièges à éviter à tout prix… et heureusement, il existe des méthodologies pour les contourner de manière presque automatisée.

DUST et duplication de contenus

Parmi les deux plus gros freins que l'on rencontre avec les thèmes, on trouve d'un côté la duplication de contenus, de l'autre une forme plus vicieuse de duplication, le DUST.

La duplication de contenus est le fait de trouver un contenu strictement identique sur deux pages différentes d'un site. Cela freine votre indexation et dilue inutilement votre popularité, sans parler du manque d'optimisation que cela provoque pour cibler un mot-clé sur une URL précise. L'exemple le plus probant, c'est quand vous pouvez lire l'intégralité du contenu d'un article directement dans la page de catégorie.

De l'autre côté, le DUST permet d'accéder de plusieurs façons possibles à un même contenu, alors que ces différentes URL ne devraient pas coexister. Là encore, un autre exemple très simple me vient en tête : les thèmes qui vous permettent de trier la catégorie actuelle par date ou par prix. Cela ajoute à tort un paramètre dans l'URL, et vous avez donc le même contenu accessible avec deux URL différentes :

- site.fr/categorie/ ;
- site.fr/categorie/?tri=plusrecent.

En d'autres termes, le DUST est le fait de pouvoir accéder strictement au même contenu avec une URL différente, souvent grâce à l'ajout de paramètres dans l'URL. Voici un autre exemple fréquent :

- site.fr ;
- site.fr/index.html.

Le contenu de mon article est partout

Comme nous l'avons vu, WordPress pose problème s'agissant de duplication de contenus. Sur les thèmes les plus mal conçus, on peut retrouver le même texte dupliqué au moins six fois sur un même site :

- l'accueil ;
- l'article en lui-même : c'est ici que se situe la version originale de votre texte ;
- les archives par date ;
- la page auteur ;

- la ou les catégorie(s) ;
- la ou les étiquette(s).

La première étape consiste donc à corriger tous les fichiers de votre thème pour qu'ils fassent appel à un extrait de vos articles sur toutes les URL (sauf celle du contenu principal), donc sur :

- l'accueil ;
- les étiquettes ;
- les catégories ;
- les auteurs ;
- les archives par date ;
- etc.

Cet extrait se nomme l'« excerpt ». Dans votre thème, vous devriez voir la fonction `the_content()` qui affiche l'intégralité de votre article. On l'utilise soit via les tags conditionnels `is_single()`, soit dans les fichiers de thèmes `single.php`, `page.php` et les autres fichiers liés à l'affichage de vos post types. C'est tout à fait normal.

Sur tout le reste de vos templates (donc dans la liste précédente), vous devez impérativement utiliser `the_excerpt()` ! Grâce à cette astuce, seul l'article contiendra l'intégralité du contenu, et vos autres pages afficheront un extrait de ce dernier. Le seul contenu dupliqué qu'il nous restera à traiter est celui présent entre les différentes taxonomies : catégories, tags, auteurs, dates et custom taxonomies.

À SAVOIR **L'excerpt par défaut**

L'*excerpt* est un résumé de votre article. Il est soit rédigé manuellement par vos soins, soit généré de manière automatique par WordPress avec les 55 premiers mots de votre contenu.

À ce stade, voilà où nous en sommes :

- la page d'article affiche tout le contenu ;
- les autres pages affichent l'extrait.

REMARQUE **Afficher le contenu avant la balise more**

On peut également utiliser une variante et se servir de `the_content()` partout.
Mais cela n'est vrai que si vous utilisez dans tous vos articles le bouton *Lire la suite*, aussi appelé balise *more* (voir chapitre 11, section « La balise more (le bouton *Lire la suite*) ».
Au lieu d'utiliser `the_content()` sur toutes vos autres pages, remplacez-le par ce code qui affichera le bouton *Lire la suite* : `the_content('Lire la suite');`.
Cela implique donc que chaque utilisateur se serve systématiquement de la balise *more* lorsqu'il rédige un contenu. Par sécurité, je déconseille donc cette seconde méthode, car on ne peut jamais faire confiance à 100 % à un utilisateur (il y aura toujours des oublis).

La duplication des ancres

Le concept

En référencement naturel, un même lien présent plusieurs fois dans une page peut être nuisible, puisque Google ne prendra en compte que le premier qu'il rencontre en occultant complètement les suivants. Nous avons déjà observé ce comportement grâce à plusieurs tests réalisés par différents référenceurs sur Axenet, SeoMoz ou encore sur SeoMix :

- http://www.seomoz.org/ugc/3-ways-to-avoid-the-first-link-counts-rule
- http://blog.axe-net.fr/ancres-multiples-referencement-test-seo/
- http://labo.seomix.fr/test-duplication-lien.php

Même si l'on optimise les ancres de chaque lien, seul le premier lien aura de l'importance. Mais surtout, pensez à vos utilisateurs : quel est l'intérêt d'insérer cinq fois le même lien dans une page, ou encore d'ajouter des liens qui ramènent sur la page sur laquelle ils se trouvent déjà ? Une fois que vous aurez compris cela, vous verrez qu'il est logique de se débarrasser de cette duplication (quand c'est possible).

Comme dans n'importe quel autre CMS, WordPress duplique également les liens présents dans une même page, et ce à plusieurs niveaux :

- dans le contenu même de la page ;
- dans le thème ;
- avec les extensions.

Sachez qu'il y aura toujours des liens dupliqués sur votre site. Ce n'est pas grave d'en avoir, mais le fait de diminuer leur nombre va rendre plus performante la structure de votre site, et, là encore, c'est vrai pour le moteur de recherche mais aussi pour les internautes.

Au niveau du thème, cela dépend fortement de celui qui est utilisé à la base. En général, on duplique obligatoirement certains liens, comme ceux situés dans le menu de navigation et le chemin de navigation. Là, on ne pourra pas y faire grand-chose sans nuire à l'ergonomie.

Pour chaque type de contenu, posez-vous les questions suivantes :

- Ce contenu fait-il un lien vers lui-même ?
- Ce contenu fait-il plusieurs fois un lien vers la même page ?

Comme tout dépend beaucoup de votre thème, il n'existe pas de règles obligatoires à suivre. Pour détecter ce problème de duplication d'ancres et de liens au sein d'une même page, la solution manuelle est souvent la meilleure. Voici quelques exemples concrets d'optimisation en matière de liens dupliqués.

Les informations de l'article

Pour les ancres présentes dans les informations de vos articles, posez-vous la question suivante : « Sont-elles toujours pertinentes ? »

Voici des exemples concrets :

- Le texte « Publié dans NOM DE LA CATEGORIE » est-il pertinent dans les pages de catégorie ? Théoriquement, le visiteur sait déjà où il est…
- Le texte « Publié par Daniel Roch » est-il pertinent sur la page de l'auteur ?
- Le texte « Thématiques associées : XXX » est-il utile dans les pages d'étiquettes ?

La réponse étant non à chaque fois, je vous conseille vivement de supprimer ces informations dans les pages concernées.

Les sélections d'articles

Sur de nombreux sites, on retrouve des blocs du type :

- articles les plus commentés ;
- articles les plus populaires ;
- notre sélection d'articles ;
- etc.

Ces listes sont utiles pour mettre en avant vos magnifiques contenus, produits et services. Mais il y a une chance sur deux que votre thème duplique des contenus à cause d'elles. Bien souvent, ces blocs se situent dans une colonne (une sidebar) ou juste avant la liste des articles. Pour savoir si vous dupliquez vos contenus, il suffit de regarder si les articles présents dans ces sections sont aussi dans le reste de la page où vous vous trouvez déjà. Et cela donne des situations cocasses, comme :

- une page article, qui affiche en sidebar une sélection de contenus comprenant celui sur lequel on se trouve déjà ;
- l'accueil du site, qui liste les cinq articles les plus commentés, et ces cinq articles se trouvent être aussi vos cinq derniers articles publiés (qui sont affichés une seconde fois juste en dessous) ;
- etc.

Tout cela est inutile, peu ergonomique pour l'utilisateur et desservira votre site auprès du moteur de recherche. Vous devez donc demander à WordPress de ne pas dupliquer votre contenu. À chaque fois que votre thème provoque cette situation, procédez comme suit.

1 Définissez l'emplacement prioritaire et les emplacements secondaires. Par exemple, dans un article, c'est le contenu qui est prioritaire par rapport à une sidebar.
2 Définissez à l'emplacement prioritaire les articles à ne pas dupliquer.

3 Filtrez dans les emplacements secondaires les articles à ne pas afficher.

WordPress peut vous y aider. Dans l'emplacement prioritaire, ajoutez le code suivant dans la boucle (à l'intérieur du `While`).

Définir les articles à ne pas dupliquer

```php
$do_not_duplicate[] = $post->ID;
```

Ensuite, dans la ou les boucle(s) de contenus secondaires, il faut forcer WordPress à ne pas afficher les contenus concernés. Dans ce but, placez le code juste après le début de la boucle des contenus secondaires, donc juste après le `While`.

Passer au suivant si le contenu est non désiré

```php
if (in_array($post->ID, $do_not_duplicate)) continue;
```

Voici un exemple dans lequel j'ai créé une boucle supplémentaire pour mes articles à mettre en avant, suivie de l'affichage habituel des articles (si vous ne vous souvenez plus de ce qu'est une boucle, relisez le chapitre 2, « Comprendre WordPress »).

Ne pas afficher deux fois un même contenu

```php
<?php
// Ma boucle pour afficher des articles mis en avant
while ($query->have_posts()) : $query->the_post();
    // On stocke dans $do_not_duplicate les articles à ne pas afficher
    // plus tard
    $do_not_duplicate[] = $post->ID;
    // Le contenu de ma première boucle est placé ici
endwhile;
?>

<?php
// Ma boucle pour afficher les articles habituels
if ( have_posts() ) : while ( have_posts() ) : the_post();
        // On n'affiche pas les articles déjà affichés
        if (in_array($post->ID, $do_not_duplicate)) continue;
        // Le contenu de ma seconde boucles est placé ici
        …
```

Et le tour est joué ! Vos listes d'articles supplémentaires ne dupliquent plus inutilement vos contenus.

Les sélections de commentaires

Les commentaires récents ne provoquent que rarement une duplication de contenus. Toutefois, le fait d'y ajouter le lien renseigné par l'auteur est une magnifique incitation au spam, sans compter que cela vous fait perdre des visiteurs qui cliqueraient sur ces liens externes au lieu de naviguer sur le reste de votre site.

Je vous recommande donc de faire appel au code suivant, qui mentionnera toujours l'auteur du commentaire, sans afficher pour autant son lien sur l'ensemble des pages de votre site.

Les quatre derniers commentaires

```php
<?php
  $comment_array = $wpdb->get_results(SELECT comment_date_gmt, comment_type,
comment_author, comment_ID, comment_post_ID FROM $wpdb->comments WHERE
comment_approved = '1' AND comment_type != 'trackback' ORDER BY comment_date_gmt
DESC LIMIT 4);
  $comment_total = count($comment_array);
  echo '<ul>';
  for ($x = 0; $x < $comment_total; $x++) {
      echo '<li>'.esc_html($comment_array[$x]->comment_author).' dans ';
      echo '<a href="'. get_permalink($comment_array[$x]->comment_post_ID) .
'#comment-' . $comment_array[$x]->comment_ID . '">';
      echo get_the_title($comment_array[$x]->comment_post_ID);
      echo '</a></li>';}
  echo '</ul>';
?>
```

Et voici le rendu.

Figure 15–6
Les commentaires récents
s'affichent sans lien sur le nom
de l'auteur.

Cette remarque est valable pour tous les blocs qui affichent des sélections de commentaires, y compris les derniers commentaires, les meilleurs commentaires ou encore les plus grands commentateurs de votre site.

Optimiser des templates précis

Nous avons vu les problématiques transversales des thèmes. Il est donc temps de passer à l'optimisation spécifique de certains de nos templates.

L'accueil

Si vous avez une page statique, vous devrez modifier la template correspondant afin d'y afficher une liste de contenus récents (Google aime les sites qui publient fréquemment), avec le fichier `front-page.php`. À l'inverse, si votre site affiche sur l'accueil la liste des derniers articles, vous DEVREZ afficher du contenu unique. Et vous pourrez faire cela de plusieurs façons :

- utiliser le slogan du site (en revanche, le contenu sera trop court) ;
- créer une page d'option dans votre thème avec un champ *Contenu de la page d'accueil* ;
- créer une page d'option à l'aide de l'extension ACF *(Advanced Custom Fields)* ;
- coder en dur ce contenu unique (mais ce sera plus contraignant pour mettre à jour votre texte).

Les catégories

Les catégories sont souvent la base de votre structure (avec les articles et les pages, bien entendu). Elles permettent de créer des sections ayant des contenus homogènes. Elles sont donc utiles pour l'internaute et Google à la fois. En référencement, elles vont nous permettre de créer des silos. Chaque section (chaque catégorie) cible une expression clé, et chaque sous-catégorie et article va ainsi venir renforcer l'ensemble du silo.

Le problème, c'est que l'on se retrouve souvent avec des contenus presque identiques au sein de plusieurs catégories et/ou étiquettes.

La première étape consiste à ajouter du contenu unique dans chaque catégorie. Et WordPress a une fonction toute prête pour cela :

```php
<?php echo category_description();?>
```

Si vous voulez allez encore plus loin pour rédiger une description de catégorie pertinante, sachez qu'il existe des extensions qui vous permettront d'ajouter du code HTML, ou tout simplement d'utiliser un éditeur enrichi pour ajouter des images ou une mise en forme bien spécifique, par exemple. Voici deux exemples d'extensions utiles :

- CategoryTinymce, version 3.6.4 : https://wordpress.org/plugins/categorytinymce/ ;
- Allow HTML in Category Descriptions, version 1.2.1.1 : https://fr.wordpress.org/plugins/allow-html-in-category-descriptions/.

Pensez ensuite à vérifier au passage que vous affichez proprement le titre de la caté-gorie dans une balise `h1`, par exemple avec le code suivant :

```
<h1><?php single_cat_title(''); ?></h1>
```

Pour placer du contenu pertinent et optimiser nos silos, il faut également ajouter dans les catégories parentes la liste des catégories enfants, de manière à faciliter la navigation de l'internaute autrement que par votre menu principal, et surtout pour montrer de manière plus explicite à Google les catégories qui dépendent les unes des autres.

Pour ce faire, ajoutez le code suivant dans vos templates de catégorie.

Afficher les catégories enfants

```php
<?php if ( is_category() ) {
  $params = array('parent' => get_queried_object_id() );
  if ( count( get_categories( $params ) ) ) {
    echo '<ul>';
    wp_list_categories( $params );
    echo '</ul>';
  }
} ?>
```

Les étiquettes

Les utilisateurs raffolent des étiquettes quand ils utilisent WordPress. Pourtant, ces pages sont souvent dupliquées entre elles : elles n'apportent donc aucune information supplémentaire à l'internaute. Si vous décidez de les garder, il faut d'abord ajouter du contenu unique dans ces pages.

Cela se déroule de la même façon que dans les catégories, avec un nom d'étiquette placé dans une balise `h1` et une description affichée automatiquement si elle existe :

```php
<h1><?php single_tag_title(''); ?></h1>
<?php echo tag_description(); ?>
```

On peut également perfectionner les pages d'étiquettes en améliorant le maillage interne entre toutes les pages de tags. Prenons un exemple fréquent : dans de nom-breux thèmes, on utilise à tort la fonction `the_tags()` dans les pages d'étiquettes. Cela signifie que sur ces pages, on liste pour chaque article toutes les étiquettes asso-ciées, y compris pour celui actuellement consulté. On va ainsi créer dans cette page plusieurs liens qui redirigent l'internaute et le moteur de recherche sur la page sur laquelle il se trouve déjà.

L'idée est ici de supprimer cette fonction, et d'afficher à un autre endroit les autres étiquettes associées aux articles visibles dans cette page de tags. Par exemple, pour le terme « Nutella », on pourrait proposer aux internautes de consulter les autres pages d'étiquettes comme « Miel », « Dessert » ou « Gourmandise », et ce de manière automatique et sans duplication inutile de liens.

Le code est un peu plus complexe. Avant le début de la boucle, il faut définir la variable $tags comme ceci :

```php
<?php
// On déclare la variable $tags qui va contenir les étiquettes
$tags = array();
```

Vous devriez avoir ensuite le début habituel du Loop de WordPress :

```php
// Déclaration et début de la boucle
if ( have_posts() ) : while ( have_posts() ) : the_post();
```

Juste après, collez le code suivant :

```php
// Étape 1, on récupère les infos des étiquettes de chaque article
$posttags = get_the_tags($post->ID);
if ($posttags){
  foreach ($posttags as $posttag){
    $tags[$posttag->term_id] = $posttag->name;
  }
}?>
```

Après ce code, affichez ensuite les articles comme bon vous semble dans votre boucle traditionnelle.

Après cette dernière (donc après le endwhile), ajoutez le code suivant pour afficher proprement et sans aucune duplication la liste des autres étiquettes qui pourraient intéresser les internautes. On aura au passage supprimé l'étiquette sur laquelle nous nous trouvons déjà grâce à la fonction PHP array_diff.

```php
<?php // Fin de la boucle
endwhile;

// Étape 2, on filtre et on affiche
// On supprime l'étiquette sur laquelle on se trouve déjà
$currenttag = array(single_tag_title('', false));
$tags=array_diff($tags,$currenttag);

// On affiche les étiquettes associées aux autres articles déjà présents
if ($tags){
  echo '<h2>Retrouvez les autres thèmes associés à ces articles</h2><ul>';
  foreach ( $tags as $k ) {
    $tag = get_term_by('name',$k, 'post_tag');
    $permalink = get_permalink( $tag->term_id );
```

```
        echo '<li><a href="'.$permalink.'" title="Les articles sur '.$k.'">'.$k.'
                </a></li>';}
    echo '</ul>';}
endif;
?>
```

Figure 15–7
Dans ma page d'étiquettes,
j'affiche les autres termes qui
peuvent intéresser le moteur
de recherche et l'internaute.

Retrouvez les autres thèmes associés à ces articles

- Administration Wordpress
- Flux RSS
- Sécurité de WordPress
- Htaccess
- Mise à jour de WordPress
- Version de WordPress
- Référencement WordPress
- SEO Wordpress

Et voici le code complet. Le texte « LE LOOP DE VOTRE THÈME » sera bien évidemment différent chez chacun d'entre vous.

Afficher les autres étiquettes associées aux articles visibles

```
<?php
// On déclare l'array qui va contenir les étiquettes
$tags = array();

  // Déclaration et début de la boucle
  if ( have_posts() ) : while ( have_posts() ) : the_post();

    // Étape 1, on récupère les infos
    $posttags = get_the_tags($post->ID);
    if ($posttags){
      foreach ($posttags as $posttag){
        $tags[$posttag->term_id] = $posttag->name;
      }
    }?>

  // PLACEZ ICI LE LOOP DE VOTRE THÈME

<?php
// Fin de la boucle
endwhile;

// Étape 2, on filtre et on affiche
// On supprime l'étiquette sur laquelle on se trouve déjà
$currenttag = array(single_tag_title('', false));
$tags=array_diff($tags,$currenttag);
```

```
// On affiche les étiquettes associées aux autres articles déjà présents
if ($tags){
  echo '<h2>Retrouvez les autres thèmes associés à ces articles</h2><ul>';
  foreach ( $tags as $k ) {
    $tag = get_term_by('name',$k, 'post_tag');
    $permalink = get_permalink( $tag->term_id );
    echo '<li><a href="'.$permalink.'" title="Les articles sur '.$k.'">'.$k
        .'</a></li>';}
  echo '</ul>';}
endif;
?>
```

Les archives par auteur

Pour les pages auteurs, on cherche en général à mettre l'accent sur l'individu, et non sur la liste intégrale de ses publications, comme c'est le cas par défaut sur 99 % des pages auteurs des thèmes WordPress. Il est donc conseillé de remanier en profondeur le fichier qui gère les pages auteurs pour éviter qu'elles ne soient de simples listes d'articles, surtout que ces derniers n'ont pas forcément de liens entre eux.

Voici quelques exemples de ce que vous pouvez faire pour ajouter de la pertinence et du contenu unique sur ce type de page.

Ajouter une grande image de l'auteur

Copiez le code suivant dans le fichier de template de l'auteur, normalement author.php (150 correspond à la taille en pixels de l'image) :

```
<?php echo get_avatar(get_the_author_meta('ID'), '150'); ?>
```

Ajouter une description plus détaillée de l'auteur

Pour ce faire, copiez le code suivant dans le fichier functions.php de votre thème. Cela permettra d'ajouter un nouveau champ *Description détaillée* pour chaque profil utilisateur dans l'administration de WordPress.

Informations supplémentaires sur les auteurs

```
add_action( 'show_user_profile', 'extra_user_profile_fields' );
add_action( 'edit_user_profile', 'extra_user_profile_fields' );
function extra_user_profile_fields($user) { ?>
<h3>Informations complémentaires sur le profil</h3>
<table class="form-table">
  <tr><th><label for="address">Description détaillée de l'utilisateur</label>
</th><td>
  <textarea name="shortdesc" id="shortdesc" cols="8" rows="3"><?php echo
esc_textarea(get_the_author_meta('shortdesc', $user->ID) ); ?></textarea><br />
```

```
  </td></tr>
</table>
<?php }
add_action( 'personal_options_update', 'save_extra_user_profile_fields' );
add_action( 'edit_user_profile_update', 'save_extra_user_profile_fields' );
function save_extra_user_profile_fields( $user_id ) {
  if ( !current_user_can( 'edit_user', $user_id ) ) {
    return false;}
  update_usermeta( $user_id, 'shortdesc', $_POST['shortdesc'] );
}
```

Ensuite, pour afficher le contenu de cette description, copiez le code suivant directement dans le fichier de template de l'auteur à l'endroit souhaité, normalement author.php :

```
<?php the_author_meta('shortdesc');?>
```

Dans l'administration de l'utilisateur, il ne vous reste plus qu'à remplir le nouveau champ *Description détaillée* dont je vous ai parlé, et ce pour chaque membre.

Ajouter les cinq derniers commentaires

On peut innover également en ajoutant les cinq derniers commentaires de cet auteur sur sa page. Pour ce faire, ajoutez tout en haut du fichier author.php les lignes de code qui suivent.

Récupérer les informations sur l'auteur

```
<?php $curauth = (isset($_GET['author_name'])) ? get_user_by('slug',
$author_name) : get_userdata(intval($author));
$myid = $curauth->ID;query_posts(author=$myid&posts_per_page=-1);?>
```

Puis ajoutez le code suivant à l'endroit où vous voulez afficher les commentaires de l'auteur.

Cinq derniers commentaires de l'auteur

```
<h2>Ses 5 derniers commentaires</h2>
<?php
  $comments = get_comments(author_email=$curauth->user_email&number=5);
  foreach($comments as $comment) :
    $theid = $comment->comment_post_ID;
    echo '<blockquote><p>'.$comment->comment_content.'</p></blockquote>
      <p>Le '.get_comment_date( 'd F Y', $comment->comment_ID ).' dans
<strong><a href="'.get_permalink($theid).'" title="'.get_the_title($theid).'">'
.get_the_title($theid).'</a></strong></p><br />';
  endforeach;
?>
```

Peut-on faire plus ?

Bien entendu. On pourrait ajouter une vidéo, une galerie d'images ou encore la liste des profils sociaux. Adaptez ce type de contenu en fonction de votre besoin !

Les archives par date

Rappelez-vous que les archives par date n'ont aucun intérêt, et que l'extension Yoast SEO permet de ne pas indexer ces pages et de ne pas les inclure dans le fichier `sitemap.xml`.

Mais votre thème peut cependant afficher des liens vers ces pages d'archives par date, ce qui dilue inutilement la popularité et l'indexation sur des pages non pertinentes.

Les fonctions `the_date()` et `get_the_date()` récupèrent proprement la date, mais certains thèmes comme ceux par défaut peuvent utiliser des fonctions qui leur sont propres : c'est le cas de `twentytwelve_entry_meta()`, qui ajoute un lien pour aller sur la page d'archives par date. Il faut donc supprimer toute référence dans votre thème à ces archives, et vous éliminerez par ce biais un grand nombre de liens inutiles. Pensez à faire ce travail dans votre thème, mais également dans vos widgets.

En résumé, à chaque fois qu'une page fait un lien vers une page de date, vous devez trouver puis supprimer la fonction qui l'affiche, et ceci même si vous avez coché l'option *Désactiver les archives par date* dans l'extension Yoast SEO.

Les pages attachments

Comme expliqué précédemment, les pages attachments permettent de mettre en avant une image. Dans les thèmes de base de WordPress (par exemple, Twenty-Twelve), leur contenu est très pauvre.

Ces pages affichent l'image, avec éventuellement une description, ainsi qu'un lien *Suivant/Précédent* pour voir les autres images mises en ligne dans le même article – et non pas celles affichées dans le même article, ce qui pose plusieurs problèmes :

- la description doit être remplie par l'utilisateur : lors de la mise en ligne, cela est presque systématiquement oublié ;
- l'image doit avoir été chargée dans le bon article : la page ne fonctionnera pas logiquement pour l'utilisateur si vous utilisez des images d'anciens articles (car vos fonctions vont retourner les valeurs de l'autre article). Et si, pour corriger ce défaut, vous téléchargez de nouveau la même image dans votre nouvel article, vous dupliquerez vos visuels… ;
- le visiteur ne peut retourner dans l'article associé, car aucun lien ne le permet dans les thèmes par défaut.

Comme nous l'avions vu lors du paramétrage de l'extension Yoast SEO, les pages attachments sont donc rarement conseillées. Si toutefois vous jugez qu'elles sont réellement pertinentes dans votre cas de figure (par exemple, un site de photographe), voici quelques exemples de ce que vous pouvez faire pour améliorer le contenu de ces pages.

Tout d'abord, il faut s'assurer de bien afficher les informations que l'utilisateur renseigne pour chaque image, à savoir sa légende et sa description (la balise alt et le titre sont déjà utilisés automatiquement lors de l'affichage des images).

WordPress se sert des mêmes fonctions que d'habitude, sauf qu'elles s'adaptent au *post type attachment* :

- the_excerpt() correspond à la légende de l'image ;
- the_content() correspond à la description de l'image.

À vous de vous assurer que ces deux fonctions sont bien présentes dans le template attachment.php.

On peut ensuite aller plus loin, par exemple en ajoutant sous l'image un lien vers l'article associé, ainsi que le début de l'article concerné et un lien vers l'auteur ayant mis en ligne l'image. Pour récupérer les bonnes informations et les afficher, on utilisera le code suivant.

Ajout d'informations pertinentes dans une page attachment

```php
<?php
// On récupère l'attachment
$currentimage = get_post($post->ID);
// On récupère toutes les informations de l'article
$parentid = $currentimage->post_parent;
$parenttitle = get_the_title( $parentid );
$parentpermalink = get_permalink( $parentid );
$content_post = get_post($parentid);
// On génère notre propre extrait
$parentcontent = $content_post->post_content;
$parentcontent = strip_shortcodes( $parentcontent );
$parentcontent = apply_filters('the_content', $parentcontent);
$parentcontent = str_replace(']]>', ']]&gt;', $parentcontent);
$parentcontent = strip_tags($parentcontent);
$parentcontent = 'Début de l'article : '.wp_trim_words( $parentcontent, 55);
// On affiche ensuite ces informations
?>
<h2>Article associé</h2>
<?php
```

```
        echo '<p>Cette image a été publiée dans <a
href="'.$parentpermalink.'" title="Article associé
'.$parenttitle.'">'.$parenttitle.'</a></p>';
        echo $parentcontent;?>
<p>Auteur de l'article : <?php the_author_posts_link();?>
?>
```

On peut aller encore plus loin en affichant par exemple les données EXIF et IPTC contenues dans les images, comme le type d'appareil photo utilisé, la vitesse d'ouverture, le copyright, la date de la prise de vue... Et là aussi WordPress nous fournit une fonction toute faite : `wp_get_attachment_metadata()`.

Données EXIF de l'image

```
// On récupère les données des images
$meta = wp_get_attachment_metadata($post->id);
if ( is_array ($meta) ) {
  $newarray = $meta['image_meta'];

  // On nettoie les données vides
  foreach ( $newarray as $array_key=>$array_item ) {
    if ( $newarray[$array_key] == 0 ) {
      unset($newarray[$array_key]);
    }
  }

  // On affiche
  if ( !empty ($newarray) ) {
    foreach ( $newarray as $array_key=>$array_item ) {

      // Correction du timestamp pour la date
      if ( $array_key == 'created_timestamp') {
        $array_item = date('d/m/Y H:i', $array_item) ;
      }
      echo '<strong>'.$array_key.'</strong>: '.$array_item.'<br>';
    }
  }
}
```

Vous devriez obtenir le rendu suivant.

Figure 15–8
Dans cet exemple, on ajoute du contenu unique et pertinent pour les moteurs de recherche pour chacune de nos pages d'images.

Informations sur l'image

Crédit : Reno Baldelli

Copyright : @ Reno Baldelli Photographer

Caméra ou appareil photo : Canon EOS 7D

Focale : 50

Ouverture : 11

ISO : 200

Vitesse d'ouverture : 0.00625

Date de la prise de vue : Le 10/02/2013 à 18:26

L'importance des hooks (actions et filtres)

Pourquoi les utiliser en SEO ?

Nous allons maintenant attaquer la partie que je préfère dans l'optimisation des thèmes de WordPress : l'automatisation grâce aux hooks.

Vous avez déjà passé beaucoup de temps à améliorer votre thème avec nos conseils et en fonction de vos spécificités, template par template. Mais ce n'est pas forcément suffisant, car vous avez peut-être publié bien trop de contenus peu pertinents, ou vous voulez peut-être modifier automatiquement des contenus sans rentrer dans chaque fichier.

Il est possible de les améliorer manuellement, mais ce serait dommage de perdre des heures de travail quand quelques lignes de code peuvent faire ce travail pour vous : c'est là qu'interviennent les hooks qui permettent d'intercepter et modifier les données générées par de nombreuses fonctions de WordPress.

Pour rappel, un hook, c'est un peu comme une porte de service laissée par les développeurs de WordPress : ces derniers nous donnent la possibilité de modifier proprement les fonctions du cœur du CMS. En d'autres termes, le CMS permet d'une part d'activer certaines fonctions supplémentaires à des moments précis, de modifier et filtrer des données à d'autres endroits d'autre part. Ces hooks se présentent pour rappel sous deux formes :

- les *actions* : pour déclencher une action lors d'un événement précis. On peut ainsi lancer une action à l'initialisation de WordPress, lors de l'activation d'un thème ou encore lors de la sauvegarde d'un article ;
- les *filtres* : pour modifier les données avant de les utiliser ou de les afficher ailleurs. On applique nos propres fonctions à celles présentes dans WordPress, dans une extension ou dans le thème, le tout pour les modifier avant affichage ou utilisation.

Sachez que les deux vont nous permettre d'améliorer notre référencement naturel. Là encore, ce que vous pouvez en faire dependra beaucoup de votre secteur d'activité et de vos besoins.

Un exemple

Voici quelques petites fonctions assez sympathiques. Commençons avec un exemple basique : imaginons que vous vouliez faire varier la longueur des extraits en fonction du type de page où l'utilisateur se trouve, il suffirait alors d'appliquer une fonction sur le filtre `excerpt_length`, en indiquant le nombre de mots désirés (et ce dans le fichier `functions.php` de votre thème).

Modifier la taille des extraits

```
function seomix_seo_excerpt_length( $length ) {
    if (is_feed())
        return 180; // 180 mots pour les flux RSS
    elseif (is_tag())
        return 200; // 200 mots pour les pages d'étiquettes
    else
        return 90; // 90 mots pour le reste du site
}
add_filter( 'excerpt_length', 'seomix_seo_excerpt_length', 100 );
```

Et le tour est joué !

Comme vous pouvez le voir, on déclare notre fonction `seomix_seo_excerpt_length`, qui prend la donnée que l'on veut modifier `$length`. Notre fonction la modifie comme on le souhaite en fonction du type de contenu avec des tags conditionnels et en faisant systématiquement un `return` de la valeur souhaitée. Il suffit ensuite de l'appliquer sur le bon filtre avec la fonction `add_filter`.

Les étiquettes

Les fonctions qui vont suivre ne sont pas obligatoires mais pertinentes dans de nombreux cas. Prenons le problème des étiquettes. Nous l'avons déjà dit, il arrive souvent que les utilisateurs associent beaucoup d'étiquettes à un même article, et que la moitié d'entre elles ne soient associées qu'à un seul article. Dans ce cas, voici ce qui se passe quand l'internaute consulte un article.

1 Il lit un article.

2 Il clique sur l'étiquette en espérant trouver d'autres articles similaires.

3 Il arrive sur la page de l'étiquette qui ne contient que l'article sur lequel il se trouvait.

4 Il revient à la case départ.

L'intérêt est nul pour le visiteur, et dites-vous bien que le moteur de recherche se dit la même chose. Théoriquement, l'affichage de ces étiquettes fait appel à la fonction the_tags(), qui elle-même fait appel à get_the_terms(). Vous allez constater que les filtres sont magiques, puisqu'avec les codes suivants, je vais automatiquement masquer tous les mots-clés qui ne sont pas associés à au moins trois articles.

1re étape, ne pas afficher ces mots-clés dans les articles (fichier functions.php)

```php
/**
Supprimer de la fonction get_the_terms toute étiquette ayant moins de 3 articles
* © Daniel Roch
*/
function seomix_seo_the_tag_limit($terms) {
  if ( !is_admin() ){
    foreach($terms as $k => $tag){
    // s'il s'agit d'un tag
    if ( $tag->taxonomy == 'post_tag' ){
      // On élimine les tags de moins de 3 articles
      if ( $tag->count<3 )
        unset($terms[$k]);
      }
    }
  }
  return $terms;}
add_filter( "get_the_terms", 'seomix_seo_the_tag_limit', 10, 1 );
```

Une fois cette étape réalisée, il faut aussi s'assurer que votre fichier sitemap et votre page *Plan du site* fassent la même chose. Si votre site est conforme aux standards de WordPress, ces pages doivent faire appel à la fonction get_terms(), que l'on va également filtrer.

Filtrer les mots-clés dans les autres endroits du site (fichier functions.php)

```php
/**
Supprimer de la fonction get_terms toute étiquette ayant moins de 3 articles
* Notamment utile pour la génération du sitemap de Yoast SEO
* © Daniel Roch
*/
function seomix_seo_tag_get_terms($terms){
  if ( !is_admin() ){
    foreach( $terms as $k => $tag ){
      if( $tag->taxonomy == "post_tag" ) {
        if( $tag->count<3 )
          unset( $terms[$k] );
      }
    }
  }
```

```
    return $terms;
}
add_filter( 'get_terms', 'seomix_seo_tag_get_terms');
```

Le souci, c'est que vous avez peut-être mis en place ces fonctions des mois ou des années après le lancement du site, et Google a sans doute déjà indexé ces pages pauvres en contenus. Ce n'est pas grave : on va mettre en place une redirection 301, en utilisant justement l'action correspondante : `template_redirect`.

Rediriger l'utilisateur vers l'accueil pour ces pages d'étiquettes (fichier functions.php)

```
/**
Rediriger automatiquement les étiquettes de moins de 3 articles vers l'accueil
* © Daniel Roch
*/
function seomix_seo_tag_redirect () {
  if ( is_tag () ) {
    $term_id = get_query_var( 'tag_id' );
    $term = get_term_by ('id', $term_id, 'post_tag');
    $termcount = $term->count;
    $homeurl = home_url();
    if ($termcount < 3 ) {
      wp_redirect( $homeurl , '301' );
      die;
    }
  }
}
add_action( 'template_redirect', 'seomix_seo_tag_redirect' );
```

Voilà ! Vous n'affichez plus que les étiquettes associées à au moins trois articles. Mais vous avez la possibilité d'aller plus loin en faisant de même avec les étiquettes qui n'ont pas de description associée, par exemple, ou en faisant une requête pour rediriger l'étiquette vers un autre terme proche sémantiquement.

Les auteurs et la page d'accueil statique

Je viens de prendre l'exemple des étiquettes, mais voyons aussi ce que l'on peut faire avec notre page d'accueil statique ou encore avec les pages auteurs.

Rediriger la pagination

Ici, j'ai fusionné deux astuces dans une seule fonction, et le concept est simple :

• si l'accueil du site utilise une page statique, je redirige la pagination qui est devenue inutile et qui est peut-être encore indexée par Google (et qui doit donc générer des erreurs 404) ;

• si je suis sur une page auteur, je redirige toute la pagination vers la page principale de l'auteur pour n'avoir qu'une page unique qui parle de chaque utilisateur.

Mettre en place des redirections automatiques (fichier functions.php)

```
/**
SEO automatic redirections
* Redirect homepage pagination (if is_front_page is true)
* Redirect author pagination
* © Daniel Roch
*/
function seomix_seo_redirect_paginate () {
  global $paged, $page;
  // Si je suis une sous-page de l'accueil
  if ( is_front_page () && ( $paged >= 2 || $page >= 2 ) ) {
    // La page d'accueil statique a-t-elle été définie ?
    if( get_option('show_on_front') == 'page') {
      // Si oui, on redirige
      wp_redirect( home_url() , '301' );}
  }
  // Si je suis une sous-page d'une page auteur
  elseif ( is_author () && ( $paged >= 2 || $page >= 2 ) ) {
    // On redirige vers la page de l'auteur
    global $wp_rewrite;
    $url = home_url().'/'.$wp_rewrite->author_base.'/
'.$GLOBALS['author_name'].'/';
    wp_redirect( $url , '301' );
    die();
}}
add_action( 'template_redirect', 'seomix_seo_redirect_paginate' );
```

> **Remarque**
>
> Il sera inutile de mettre en place le code précédent, si vous avez installé l'extension SX No Author Pagination.

Limiter le nombre de contenus

Nous venons tout juste de nettoyer les pages auteurs pour qu'elles soient uniques et sans pagination. Mais pour le moment, WordPress et les fonctions associées, y compris celles des extensions, vont vouloir afficher quand même les pages suivantes, alors qu'elles feront une redirection 301 vers la page principale de l'auteur.

Là encore, un filtre va tout d'abord forcer (dans l'exemple suivant) à n'afficher que quatre articles par page sur les pages auteurs, mettant ainsi mieux en avant votre contenu unique (suite à l'optimisation dont nous avons déjà parlé dans ce chapitre).

Afficher uniquement quatre articles sur les pages auteurs (fichier functions.php)

```
/**
  Fixer le nombre d'articles par page sur les pages d'auteurs
  */
function seomix_filter_press_tax( $query ){
  if( $query->is_author() && $query->is_main_query()):
    $query->set('posts_per_page', 4);
    return;
  endif;
}
add_action('pre_get_posts', 'seomix_filter_press_tax');
```

Supprimer définitivement la pagination

Mais, là encore, les numéros de pages peuvent encore s'afficher dans certains cas. Pour s'en débarrasser définitivement, il suffit de demander proprement à WordPress de ne pas générer de pagination sur les pages auteurs (ce qui est le meilleur moyen, puisque les extensions comme Yoast SEO n'ajouteront pas de données inutiles liées à la pagination dans l'en-tête).

Ne pas générer de pagination sur certains contenus (fichier functions.php)

```
/**
  Ne pas générer de pagination sur les pages auteurs
  * © Daniel Roch
  */
function seomix_content_mainquery_pagination($query) {
  if ($query->is_main_query() && is_author())
    $query->set('no_found_rows', true);}
add_action('pre_get_posts', 'seomix_content_mainquery_pagination');
```

Là encore, pas besoin du code précédent si vous avez installé les extensions SX No HomePage Pagination et SX No Author Pagination.

Le nofollow

Autre code utile à placer dans le fichier `functions.php` : la suppression du `nofollow` partout dans votre site.

Le `nofollow` est un attribut que l'on ajoute à un lien pour indiquer aux moteurs de recherche de ne pas le prendre en compte et donc de ne pas le suivre. En d'autres termes, les liens codés ainsi ne servent à rien en référencement naturel. Et c'est le cas automatiquement pour tous les liens situés dans les commentaires de WordPress, que ce soit le lien situé sur le nom de l'auteur ou dans le commentaire en lui-même.

ATTENTION **La suppression du nofollow augmentera le temps de modération des commentaires**

Cela incitera en effet les autres référenceurs à venir spammer chez vous, mais permettra aussi d'ajouter plus facilement du contenu unique et pertinent dans vos articles.
À vous de voir, par conséquent, si vous avez le temps de modérer ou non vos sites Internet.

Mais le nofollow peut nuire au référencement. Depuis 2011, Google a changé la donne car non seulement il ne suit plus les liens nofollow, mais il va quand même les compter dans la répartition de la popularité. Un lien nofollow bloque donc la transmission de cette popularité aux autres liens.

Prenons un exemple vraiment simplifié. Nous avons cinq liens, dont un en nofollow. La page doit transmettre une popularité de 1 aux cinq liens :

- auparavant, les 4 liens sans nofollow auraient reçu chacun 0,25 ;
- désormais, ils ne reçoivent plus que 0,20 chacun, et nous avons donc 0,20 de popularité qui reste « bloquée » et non transmise.

Pour empêcher WordPress d'agir ainsi et supprimer tous les attributs nofollow, il suffit de copier le code suivant dans le fichier functions.php de votre thème.

Supprimer le nofollow

```
/**
Enlever le nofollow du site
*/
// Étape 1, on enlève le nofollow codé en dur dans les commentaires
function seomix_comment_remove_nofollow1($text) {
  return str_replace('" rel="nofollow">', '">', $text);}
add_filter('comment_text', 'seomix_comment_remove_nofollow1');
// Étape 2, on désactive l'ajout en dur du nofollow lors de l'enregistrement
// des commentaires (cette fois-ci en désactivant un filtre)
remove_filter('pre_comment_content', 'wp_rel_nofollow', 15);
// Étape 3, on enlève l'attribut nofollow de la fonction qui ajoute le nom
// (et l'URL) de l'auteur
function seomix_comment_remove_nofollow2($string){
  return str_replace(' nofollow', '', $string);}
add_filter('get_comment_author_link', 'seomix_comment_remove_nofollow2');
```

REMARQUE **Le dofollow n'existe pas**

L'attribut dofollow n'existe pas. On voit régulièrement cette appellation sur certains sites, mais soit un lien est en nofollow, soit il ne l'est pas.

Les 404 de la pagination

Dernier code que je trouve intéressant : le fait de pouvoir éviter les erreurs 404 liées à votre pagination. De base, vous définissez dans WordPress un nombre d'articles par page, par exemple 20. Si vous avez 21 articles dans la catégorie, vous aurez donc une page de pagination.

Maintenant, imaginons que vous supprimiez un ancien article : la pagination disparaît, mais Google en a toujours connaissance. Cela provoque pour lui une erreur 404. De même, sans supprimer d'article, si vous changez vos paramètres pour avoir 30 articles par page, la pagination va là encore disparaître et générer une erreur 404.

Pour y remédier, on va encore faire appel aux hooks, avec cette excellente fonction créée à la base par Julio Potier, améliorée par mes soins, puis corrigée par Willy Bahuaud (quand je vous disais que le référencement était un travail d'équipe). Là encore, copiez ce code dans le fichier `functions.php` de votre thème, dans une extension ou dans un mu-plugin.

Pas de 404 pour la pagination

```
/**
Pas de 404 pour la pagination qui n'existe pas ou plus
© Julio Potier BoiteAweb - Modifié par Daniel Roch et correction par Willy
Bahuaud
*/
function seomix_template_redirect_no_404_pagination() {
  // Récupération de la variable "paged"
  $paged = get_query_var( 'paged' );
  $page = get_query_var('page');
  // Si nous sommes sur une page 404 avec une page supérieure à 0
  if( is_404() && ( $paged || $page ) > 0 ):
    global $wp_rewrite;
    $url = preg_replace( "#$wp_rewrite->pagination_base/$paged(/+)?$#", '',
$_SERVER['REQUEST_URI'] );
    wp_redirect( $url, 301 );
    die;
  endif;}
add_action('template_redirect', 'seomix_template_redirect_no_404_pagination' );
```

Et l'accessibilité ?

L'impact en référencement

On entend parfois parler de l'accessibilité et de son impact sur le référencement (tout comme on parle aussi parfois du respect des normes du W3C). Sachez qu'en soi, ce n'est pas parce qu'un site est accessible qu'il sera bien référencé, l'inverse étant également vrai.

Cependant, les règles d'accessibilité vous permettent de simplifier l'utilisation de votre site, augmentant ainsi votre taux de conversion. De plus, certaines règles peuvent avoir un impact en référencement, comme les textes alternatifs pour les images.

Pour vous parler brièvement de ce sujet, j'ai le plaisir d'accueillir Gaël Poupard, un excellent développeur et intégrateur pour WordPress, qui maîtrise parfaitement ce sujet.

L'accessibilité, par Gaël Poupard

Grâce à Daniel, vous approfondirez vos connaissances en matière de référencement dans un écosystème WordPress. Mais savez-vous qu'en travaillant sur l'accessibilité de votre site, vous améliorez également son référencement ?

Par exemple, sur les 132 critères que compte le RGAA 3.0, pas moins de 31 ciblent uniquement la pertinence des contenus [1] ! Ainsi, si vous avez bien suivi les conseils de Daniel en proposant des contenus pertinents à vos utilisateurs, vous couvrez probablement déjà un quart des critères du RGAA.

L'accessibilité, quatre principes de base

D'après les WCAG [2], quatre principes représentent la base nécessaire pour quiconque voulant accéder et utiliser les contenus web [3].

- Le site doit être facilement utilisable : la navigation doit être claire et homogène à travers le site, et les boutons d'interaction activables par tout un chacun.
- Les contenus doivent être compréhensibles : structurés grâce à une bonne hiérarchie de titres, des intitulés explicites pour les liens et boutons, et les éléments sémantiques utilisés à bon escient.
- Afin de les rendre perceptibles, on veillera particulièrement à ne pas véhiculer d'informations que par la couleur ou le son, à fournir des alternatives pertinentes aux images et médias, etc.
- Plus concrètement, il faut garantir la robustesse technique : le code doit être valide, performant et pérenne.

Vous voyez ? Nous parlons ici de la structure des contenus, des intitulés de liens explicites, des alternatives textuelles aux images et médias, ou encore de la qualité du code. Autant de points déjà cités par Daniel pour optimiser votre référencement. Cette corrélation forte n'est pas nouvelle, puisqu'en 2004 déjà Sébastien Billard écrivait :

> *« En fait, le véritable bénéfice de l'accessibilité en termes de référencement est de lever tous les obstacles à l'indexation et de proposer un contenu textuel sémantiquement correct, et donc naturellement optimisé. »*

Sébastien Billard, webmaster-hub.com [3]

Et si jamais vous n'êtes pas encore convaincu, voici ce que Google vous recommande [4] :

- « concevoir des pages pour les internautes et non pour les moteurs de recherche » ;
- « éviter les astuces destinées à améliorer le classement d'un site dans les moteurs de recherche ».

Les objectifs de l'accessibilité

Améliorer votre référencement naturel n'est qu'un bénéfice collatéral parmi d'autres de l'accessibilité de votre site web. L'objectif premier est de permettre à tous les utilisateurs d'accéder à vos contenus, quels que soient leur situation de handicap, leur matériel ou leur technologie d'assistance.

Et contrairement aux idées reçues, il ne s'agit pas uniquement des aveugles ou malvoyants utilisant des lecteurs d'écran : si vous êtes myope, si vous avez un débit Internet réduit ou si vous vous êtes cassé le bras droit en skiant alors que vous êtes droitier, vous êtes en situation de handicap. Il ne s'agit pas non plus d'un travail forcément fastidieux et coûteux, a fortiori s'il est pris en compte dès la naissance du projet et tout au long de sa vie. De plus, vous pouvez vous contenter du niveau A du RGAA (ou Bronze chez Accessiweb) qui couvre les principaux besoins des internautes. Acquérir et maintenir des bases de connaissances solides, développer et capitaliser sur des solutions techniques éprouvées, et vérifier régulièrement certains points de contrôle peut suffire !

Selon votre profil, vous trouverez de nombreuses ressources pour vous aider à comprendre et mettre en œuvre une véritable démarche d'accessibilité, à commencer par le RGAA et les ressources Accessiweb proposées par l'association BrailleNet. Voici quelques ressources supplémentaires que je vous recommande chaleureusement :

- les check-lists Opquast [5] (disponibles également sous la forme d'une extension pour Firefox) [6] éditées par la société Temesis ;
- les notices AcceDe Web [7] conçues par la société Atalan ;
- l'outil de tests automatisés Tanaguru [8], projet open source existant aussi en version SaaS (payant).

Accessibilité et SEO : des objectifs complémentaires

Attirer des visiteurs sur votre site grâce à un excellent référencement ne sert à rien si vos contenus ne sont pas intéressants, ou s'ils sont difficilement consultables. Les visiteurs qui ne pourraient pas accéder à vos contenus ne feraient qu'augmenter votre taux de rebond et pourraient même dégrader votre popularité.

Référencement et accessibilité ont donc des objectifs complémentaires :

- le référencement permet de montrer à vos visiteurs que vos contenus sont pertinents et répondent bien à leur recherche ;
- et l'accessibilité leur permet de consulter vos contenus à leur aise en profitant d'un site de bonne facture.

Pour terminer, n'oubliez pas que le succès de votre site dépend en grande partie des internautes : leur proposer des contenus de qualité dans un site de qualité est indispensable à votre réussite, et la prise en compte des bases de l'accessibilité peut vous y aider !

Sources de ce chapitre :

- [1] http://references.modernisation.gouv.fr/sites/default/files/RGAA3/referentiel_technique.htm
- [2] Web Content Accessibility Guidelines : en français, les règles pour l'accessibilité des contenus web (http://www.w3.org/Translations/NOTE-UNDERSTANDING-WCAG20-fr/intro.html#introduction-fourprincs-head)
- [3] http://www.webmaster-hub.com/publication/Accessibilite-et-referencement.html
- [4] https://support.google.com/webmasters/answer/6001170?hl=fr&ref_topic=4631146
- [5] https://checklists.opquast.com/fr/
- [6] https://addons.mozilla.org/fr/firefox/addon/opquast-desktop/
- [7] http://accede-web.com/fr/
- [8] http://www.tanaguru.com/fr/

Encore merci à Gaël d'avoir participé à ce chapitre. Si vous voulez approfondir le sujet, je vous conseille fortement ces livres :

- *Ergonomie web*, Amélie Boucher, éditions Eyrolles, 2011
- *Design d'expérience utilisateur*, 2e édition, Sylvie Daumal, éditions Eyrolles, 2015

Custom taxonomies et custom post types 16

Que se passe-t-il quand on veut créer des sites avec des structures plus complexes et qui vont bien plus loin que les catégories et mots-clés de base de WordPress ?

C'est là qu'interviennent les custom taxonomies et les custom post types. Ils vont permettre de créer de nouveaux types de contenus et de classification. Pour quoi faire ? Tout simplement pour créer des sites plus riches et complexes, où chaque type de contenu pourra être facilement lié aux autres. En d'autres termes, c'est un excellent outil pour améliorer votre structure et vos publications.

De quoi s'agit-il ?

Petit rappel : les custom taxonomies et les custom post types sont de nouveaux contenus et de nouvelles classifications que vous décidez de créer ou que votre thème ou vos extensions vont mettre en place.

Ces éléments peuvent non seulement nous aider en référencement, mais ils peuvent aussi contribuer à la gestion d'un site ou encore à y apporter de nouvelles fonctionnalités. Par exemple, les sites d'agences immobilières vont souvent créer un custom post type « Bien immobilier » afin de pouvoir créer des champs supplémentaires pour ajouter des informations comme le prix, la surface en m², le nombre de chambres, etc.

Quel est l'intérêt pour le référencement ?

On l'a vu, une taxonomie est un moyen de classer un type de contenu (un post type). L'avantage SEO est surtout de pouvoir afficher sur un même site des contenus très différents ou de les catégoriser par d'autres moyens plus complexes et plus ciblés.

Prenons un exemple : imaginez que vous souhaitiez créer un site Internet dédié au cinéma et à la télévision. La décomposition en catégories et étiquettes va être limitée, car vous allez sans doute avoir besoin de classer chaque film, série et émission par genre, mais aussi par année, par réalisateur, par chaîne ou encore par langue. Si on ne fait appel qu'aux catégories et étiquettes, on risque de mélanger différents types de classifications.

Il faudrait donc avoir :

- des taxonomies par acteur, par réalisateur, par année de réalisation, par genre, par note, etc. ;
- des custom post types différents pour divers types de contenus, comme les bandes-annonces, les critiques, les horaires des séances de cinéma, etc.

Et cela permettra en plus de pouvoir développer, dans votre thème ou dans des extensions, des systèmes sur mesure d'articles relatifs, de sommaires, de maillage interne ou encore de catégorisation qui prendront en compte toutes les spécificités de vos contenus.

Comment créer ces éléments ?

Je ne vais pas vous apprendre de A à Z à créer des post types et taxonomies, car le but de ce livre n'est pas que vous deveniez un développeur WordPress. Le mieux est que vous suiviez le bon vieux codex de WordPress qui détaille tous les codes et paramètres à utiliser ou non :

- pour les taxonomies : https://codex.wordpress.org/Taxonomies ;
- pour les post types : https://codex.wordpress.org/Post_Types.

Une fois créés, ces nouveaux formats de contenus seront utilisables dans l'administration de WordPress.

Pour pouvoir les afficher ensuite, vous aurez besoin de modifier votre thème pour faire des liens vers ces nouveaux contenus. Vous pourrez aussi le faire directement dans vos contenus, en ajoutant manuellement des liens, mais aussi via les menus ou les widgets de WordPress.

> **Remarque importante**
>
> Le fait de créer une taxonomie ou un post type les rend immédiatement utilisables dans l'administration du site. Mais par défaut, rien ne s'affichera sur votre site. Pour y remédier, vous devrez appliquer impérativement ce qui a été dit précédemment.

En attendant, ce qui vous intéresse, c'est surtout de savoir pourquoi et comment les employer en référencement naturel.

Pour aller plus loin

Vous trouverez sur Internet des dizaines d'articles traitant de la création de custom post types et de custom taxonomies. Il existe par exemple un outil en ligne assez pratique pour les générer : GenerateWP.
▸ http://generatewp.com/

Les taxonomies

Pour quoi faire ?

Une taxonomie sert à classer un contenu. Pour rappel, il en existe 4 types différents pour chaque article publié :

- catégorie ;
- étiquette ;
- auteur ;
- date.

Théoriquement, vous avez suffisamment bien travaillé sur la structure et les thèmes de votre site pour avoir une arborescence pertinente. Toutefois, elle comporte uniquement des catégories. Pourquoi créer une taxonomie alors ?

La réponse est simple : pour développer des fonctionnalités de maillage interne plus élaborées, ou pour avoir un affichage différent.

Un exemple concret

Certaines thématiques sont complexes. Pour reprendre l'exemple du cinéma, la structure du site est réalisée à l'aide de catégories qui classent chaque film (et donc chaque article) par genre (Science-fiction, Comédie, Aventure…).

Pour améliorer le maillage interne et la navigation, il faudrait que, pour chaque film, soit affiché le réalisateur, afin notamment de retrouver facilement toute la filmographie de ce dernier. C'est bien évidemment utile pour l'internaute, mais aussi pour le moteur de recherche, afin d'améliorer la pertinence de vos contenus. Pour ce faire, vous devrez créer une taxonomie spécifique pour les réalisateurs, puis modifier votre thème en vue d'afficher un lien vers cette dernière.

Il sera possible également de créer une taxonomie de plus pour chaque information transversale (année de publication, producteur…).

Je vous entends déjà dire que les étiquettes peuvent très bien faire ce travail pour vous. C'est vrai, mais à condition qu'elles ne vous servent qu'à classer vos contenus selon un seul et même critère, ici les réalisateurs. Imaginons que vous vouliez ajouter une seconde navigation par année de sortie ou encore une troisième par acteur principal, vous ne pourrez alors plus utiliser les étiquettes : tout serait mélangé pour l'utilisateur et on ne pourrait plus avoir de vrais silos.

C'est donc à vous de créer une taxonomie supplémentaire pour chaque méthode de classement et de mettre en place des textes uniques et des liaisons logiques pertinentes entre vos contenus.

Comment faire ?

Pour créer une taxonomie, suivez le guide officiel de la fonction `register_taxonomy`.

> ▸ http://codex.wordpress.org/Function_Reference/register_taxonomy

Certains paramètres sont importants pour le SEO :

- `public` : la taxonomie est-elle présente dans l'administration du site ? Peut-on s'en servir ? Valeur à utiliser : `true`.
- `rewrite` : pour définir la manière de réécrire l'URL des pages de taxonomies. Valeur à utiliser : `array( 'slug' => 'genre' )`. Remplacez `'genre'` par le texte le plus pertinent pour caractériser votre taxonomie.
- Dans le `register_taxonomy`, associez bien la taxonomie au bon post type. Ce sera `post` par défaut. Mais si vous créez cette taxonomie pour un autre post type, vous devrez modifier cette valeur.

Ensuite, ce sera à vous de développer les éventuels modules que vous désirez mettre en place, par exemple sous la forme d'un autre type de système d'articles relatifs. Là encore, reportez-vous au codex pour savoir comment procéder.

Puis, vous pourrez personnaliser l'affichage des contenus de chaque taxonomie pour les rendre uniques et pertinentes (extraits, description de la taxonomie, images…).

Une fois la taxonomie créée, suivez **impérativement** ces étapes.

1 Affichez-la dans vos contenus, sinon cela ne sert à rien. Faites-le à l'intérieur de vos contenus, ou via le menu ou d'éventuels widgets.

2 Rendez-vous dans le menu *Réglages > Permaliens* et cliquez sur *Sauvegarder*. Cela permet de bien prendre en compte le paramètre `rewrite` après avoir créé la taxonomie.

3 Allez enfin dans le menu *SEO > Sitemaps XML* pour ajouter la nouvelle taxonomie dans votre sitemap.

4 Vérifiez dans votre extension de plan de site qu'elle y est présente et vérifiez aussi que vous ne la bloquez pas avec le fichier `robots.txt`.

ATTENTION **Vos taxonomies dupliquent vos contenus**

Comme expliqué, créer une nouvelle taxonomie ajoute un nouveau système de catégorisation, ce qui aura potentiellement le même effet négatif sur le contenu dupliqué que les mots-clés.
Vous ne devez donc ajouter des taxonomies que si cela a un réel intérêt pour l'internaute et pour votre maillage interne, et uniquement si vous pouvez les rendre uniques.

Les post types

Pour quoi faire ?

Les custom post types permettent de créer de nouveaux types de contenus, différents des articles et des pages. Ils vous seront utiles dès lors que vous publierez un type de contenu réellement différent, et que vous voudrez facilement pouvoir en gérer les données et/ou l'affichage.

Reprenons notre exemple précédent. Vu que notre site parle surtout de cinéma :

- les articles serviront à présenter chaque film ;
- les pages seront utilisées pour tous les contenus génériques (mentions légales, contact, plan du site, page *À propos*…) ;
- ensuite, il sera possible de créer des post types supplémentaires pour d'autres types de contenus, par exemple pour créer (et différencier) des fiches « Acteur ».

Par exemple, voici les informations que l'on pourrait vouloir montrer pour chaque type de contenu :

- pour les films : l'année de sortie, le réalisateur, le genre, etc. ;
- pour les acteurs : la date de naissance, l'âge, le nom du ou de la conjoint(e), etc.

Comment faire ?

Là encore, le mieux est de consulter le codex de la fonction `register_post_type`.

▸ http://codex.wordpress.org/Function_Reference/register_post_type

---

Comme pour les taxonomies, certains paramètres sont essentiels.

- `public` : le post type est-il destiné à être employé sur votre site (sinon, cela ne sert à rien d'en créer un) ? Valeur à utiliser : `true`.

- supports : il doit contenir toutes les modules que vous voulez activer pour votre post type, par exemple les miniatures d'images, les commentaires, les extraits… Valeur conseillée : array('title', 'editor', 'author', 'trackbacks', 'thumbnail', 'custom-fields', 'excerpt', 'comments', 'revisions','post-formats').
- rewrite : pour faciliter la génération des URL. Valeur conseillée : array('slug' => 'youpi', 'pages' => true). Remplacez youpi par le nom de votre post type – le champ sera utilisé comme base dans l'URL de chaque post type. pages permet d'activer la fonctionnalité de pagination pour ce post type.
- has_archive : pour activer les archives pour votre post type en créant une sorte de catégorie pour contenir tous les post types. Il active également les flux RSS.

À vous de décider si cela est pertinent ou non dans votre structure.

Une fois les post types spécifiques activés, ils n'apparaissent nulle part. Pour y remédier, vous devez :

- soit créer des boucles *(loops)* supplémentaires ou des fonctions particulières pour afficher ces post types à des endroits spécifiques ;
- soit faire des liens vers eux via vos contenus actuels, votre menu ou des widgets ;
- soit les afficher exactement comme vos articles.

Quelle que soit la solution choisie, voici différents codes à utiliser.

1 Utilisez le fichier functions.php de votre thème et ajoutez la fonction suivante pour rajouter votre nouveau type de contenu dans le flux d'actualités RSS.

Ajouter des post types dans le flux RSS

```
function seomix_rss_request($qv) {
  if (isset($qv['feed']) && !isset($qv['post_type']))
      $qv['post_type'] = array('post', 'saucisson');
  return $qv;}
add_filter('request', 'seomix_rss_request');
```

2 Remplacez juste « saucisson » par le nom exact de votre post type. Vous pouvez d'ailleurs en ajouter autant que vous le souhaitez en les séparant par une virgule.

3 Utilisez ensuite la fonction suivante.

Ajout d'un post type dans la boucle principale

```
function seomix_init_posttype_inmainloop( $query ) {
  if ( is_home() && $query->is_main_query() )
    $query->set( 'post_type', array( 'post', 'saucisson') );
  return $query;
}
add_filter( 'pre_get_posts', 'seomix_init_posttype_inmainloop' );
```

4 Là encore, pensez à remplacer notre bon vieux « saucisson », et le tour est joué ! Vos nouveaux post types vont s'afficher exactement comme des articles tradition- nels dès que lors que vous êtes dans des listings de contenus (ici dans l'exemple, sur la page d'accueil).

5 Pensez enfin à effectuer ces dernières actions :

– rendez-vous dans le menu *Réglages>Permaliens* et cliquez sur *Sauvegarder*, ce qui permettra une fois de plus de bien prendre en compte le paramètre `rewrite` ;

– allez dans le menu *SEO>Sitemaps XML* pour ajouter le nouveau post type dans votre `sitemap`. Faites de même pour l'extension *Plan du site*.

Des cas d'utilisation concrets

Tout ceci n'est que de la théorie. Votre site étant unique, vous devrez décider de ce que vous souhaitez faire ou non. Voici cependant quelques exemples utiles.

Mélanger pages et articles

Prenons un exemple très simple de customisation structurelle. Imaginons que l'on ait besoin dans notre maillage interne de mélanger nos pages à nos articles dans les caté- gories et les pages. Pour ce faire, rien de plus simple. Utilisons deux hooks :

* le premier à l'initialisation de WordPress pour lui indiquer que les pages peuvent avoir accès à ces taxonomies ;

* le second pour lui dire ensuite de modifier les requêtes pour afficher les pages au sein de ces taxonomies.

Ajouter les catégories et étiquettes aux pages

```
function sx_tags_categories_support() {
    register_taxonomy_for_object_type( 'post_tag', 'page' );
    register_taxonomy_for_object_type( 'category', 'page' );
}
add_action( 'init', 'sx_tags_categories_support' );
```

Afficher les pages dans les catégories et étiquettes

```
function sx_tags_categories_support_query( $wp_query ) {
  if ( $wp_query->get( 'tag' ) ) {
    $wp_query->set( 'post_type', array( 'post', 'page' ) );
  }
  if ( $wp_query->get( 'category_name' ) ) {
    $wp_query->set( 'post_type', array( 'post', 'page' ) );
```

```
   }
}
add_action( 'pre_get_posts', 'sx_tags_categories_support_query' );
```

Taxonomies et post types privés

N'oubliez jamais que vous pouvez aussi utiliser les taxonomies et post types de manière privée, comme indiqué précédemment avec les paramètres de base à votre disposition. Le concept est simple : vous créez une taxonomie ou un post type, mais vous ne rendez pas accessibles leurs URL dédiées.

Pourquoi procéder ainsi ? Tout simplement pour pouvoir ajouter ou modifier certaines données ou pour changer l'affichage de vos autres contenus avec ces éléments privés. Et là encore, un exemple concret va vous faire comprendre le concept.

Sur SeoMix, j'affiche dans la page *Clients* (et dans le pied de page) certaines références de l'agence. Cependant, je voulais gérer cela de manière automatique : c'est-à-dire pouvoir facilement cliquer sur *Ajouter un client*, *Modifier un client* ou *Supprimer un client*, sans jamais avoir à modifier le code du pied de page ou la page *Clients* en elle-même. J'ai donc créé un post type privé appelé « Clients », puis j'ai créé ma fonction pour pouvoir les lister là où je le souhaitais dans le site.

Figure 16–1
Mon post type « Clients » me permet d'afficher mes clients, sans jamais afficher une page dédiée à chacun d'entre eux.

Comme indiqué, à aucun moment je ne vais afficher en détail une page dédiée à chaque client : mon post type est bel et bien privé.

Sticky post et custom post type

Sachez que l'on peut également ajouter la fonctionnalité des sticky posts à n'importe quel post type : il s'agit pour rappel de mettre un article « en avant » pour le faire remonter automatiquement en tête de liste ou encore pour lui appliquer un style différent.

De base, WordPress ne vous permet pas d'utiliser cette fonctionnalité pour d'autres types de contenus que les articles. On ajoutera donc celle-ci grâce à une astuce détournée. Dans le code suivant, pensez bien à remplacer notre cher « saucisson » par le nom de votre post type.

Ajouter les sticky posts aux custom post types

```
/**
 * Source : GeekPress http://www.geekpress.fr/wordpress/astuce/sticky-posts-
custom-post-types-1967/
 */
function seomix_add_sticky_post_support() {
  global $post, $typenow;
  if ( $typenow == 'saucisson' && current_user_can( 'edit_others_posts' ) ) : ?>
    <script>
      jQuery(function($) {
        var sticky = "<br/><span id='sticky-span'><input id='sticky'
name='sticky' type='checkbox' value='sticky' <?php checked( is_sticky( $post-
>ID ) ); ?> /> <label for='sticky' class='selectit'><?php _e( "Stick this post
to the front page" ); ?></label><br /></span>";
        $('[for=visibility-radio-public]').append(sticky);
      });
    </script>
  <?php endif; }
add_action( 'admin_footer-post.php', 'seomix_add_sticky_post_support' );
add_action( 'admin_footer-post-new.php', 'seomix_add_sticky_post_support' );
```

Un exemple concret

Voici un exemple actuellement en ligne concernant l'Institut français d'hypnose.

Ce site possède des pages, des catégories, des articles traditionnels. Mais l'organisme a le besoin spécifique d'afficher différemment certains contenus (et ce pour pouvoir les lier entre eux). Nous avons donc créé :

- un post type « Formateur » ;
- un post type « Praticien » ;
- un post type « Formation » (qui peut être lié à un formateur) ;
- une taxonomie « Pratique » qui indique pour chaque post type « Praticien » sa ou ses spécialité(s) : « ce praticien utilise telle ou telle pratique ou tel ou tel savoir-faire » ;
- des fonctions développées sur mesure pour lier les différents post types les uns aux autres et afficher cette information pour le visiteur. Par exemple : la formation X est réalisée par le formateur Y, qui pratique la spécialité W.

Figure 16–2
Un exemple visuel
de l'utilisation des taxonomies
et post types

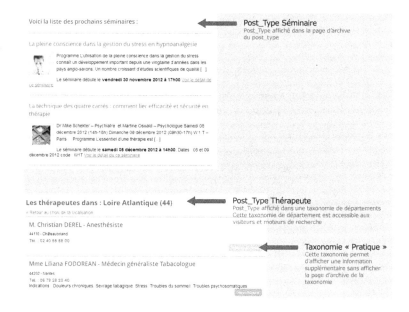

## PARTIE 5

Les cas particuliers

Si vous avez suivi les chapitres précédents, vous avez pu optimiser en profondeur votre site WordPress. Il existe toutefois des cas particuliers à traiter en référencement naturel, notamment pour l'e-commerce, les multisites, les sites multilingues ou encore l'Ajax.

WordPress et l'e-commerce

17

Avoir un site et de beaux contenus est une bonne chose, mais réussir à vendre ses produits est encore mieux. Mais comment créer facilement une boutique et la rendre visible avec WordPress ? Dans ce chapitre, nous parlerons de l'incontournable WooCommerce et des pièges à éviter avec cette extension, non sans rappeler les conseils à appliquer pour toute boutique e-commerce.

WordPress et e-commerce ?

Il est facile de se poser la question : « Peut-on et doit-on faire de l'e-commerce avec la solution WordPress ? ». La réponse est ambiguë, car ce n'est ni oui ni non.

En soi, certains CMS entièrement dédiés au e-commerce seront plus puissants, comme Prestashop ou Magento qui existent depuis bien plus longtemps que toute solution e-commerce dans WordPress. Elles pourront souvent aller plus loin et gérer de manière plus native les différentes problématiques des boutiques en ligne pouvant exister.

Cependant, WordPress excelle dans la gestion de contenu, là où des CMS dédiés au e-commerce sont mauvais. Une boutique en ligne efficace est un site qui présente non seulement des gammes de produits, mais aussi du contenu destiné à informer l'internaute (articles, guides, FAQ, tutoriels, etc.). Et c'est justement là la force de WordPress.

On peut donc faire sans problème de l'e-commerce avec WordPress. La seule chose qui va compter au final, ce ne sera pas le choix de votre CMS, mais plutôt les compétences de la personne qui le mettra en œuvre.

La solution WooCommerce

Il existe différentes solutions techniques pour vendre sur un site WordPress. Personnellement, je préconise WooCommerce, mais sachez que d'autres solutions tout à fait viables existent. WooCommerce est cependant en vogue, puisque c'est désormais la solution e-commerce la plus utilisée dans le monde, quel que soit le CMS utilisé.

Figure 17–1
WooCommerce est devenu
le leader des sites e-commerce.
(Source : Wappalyzer – avril 2015)

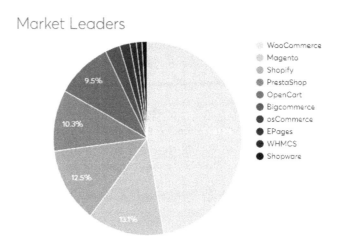

Market Leaders

- WooCommerce
- Magento
- Shopify
- PrestaShop
- OpenCart
- Bigcommerce
- osCommerce
- EPages
- WHMCS
- Shopware

De plus, WooCommerce a été racheté par Automattic en mai 2015, la société placée directement derrière WordPress. Le cycle de développement et d'évolution de cette extension va donc s'accroître encore plus.

Pour son installation, je vous conseille de suivre les guides fournis avec l'application, si vous voulez la paramétrer correctement : https://docs.woocommerce.com/.

Les bases de l'e-commerce

Les règles de base

Au-delà de l'aspect purement technique de l'extension choisie, voyons comment optimiser une boutique e-commerce sur WordPress.

Votre boutique doit être cohérente, structurée et donner envie aux visiteurs. Le contenu étant primordial pour bien vendre, respectez bien tout ce que je vous ai déjà dit dans ce livre :

- regroupez et structurez vos produits et services de manière logique ;
- créez des liens entre vos contenus et depuis d'autres sites ;
- réalisez des pages ergonomiques pour que l'utilisateur comprenne parfaitement où il est et ce qu'il peut faire ;
- créez des contenus uniques et intéressants (photos, descriptions et vidéos de vos produits) qui doivent donner envie à l'internaute.

N'oubliez pas non plus les autres problématiques. Ce sont elles qui permettront à votre boutique de se distinguer de celle de vos concurrents :

- avoir une vraie stratégie marketing ;
- se différencier ;
- toujours se focaliser sur l'ergonomie et la conversion ;
- avoir de vrais budgets de communication dédiés (AdWords, affiliations, places de marché, etc.) ;
- etc.

Optimisez l'e-commerce comme le reste de WordPress

Vous devez considérer l'ensemble de l'interface de votre système e-commerce exactement comme le reste de votre WordPress. Toutes les préconisations précédentes s'y appliquent donc.

Ensuite, adaptez-vous à la solution technique que vous utilisez. Par exemple :

- si vous avez des catégories, réfléchissez bien à votre structure pour une navigation logique et fluide ;
- si vous avez des étiquettes spécifiques pour la boutique, pensez à les utiliser avec parcimonie et à bon escient pour éviter les contenus dupliqués avec les catégories ;
- quand vous mettez en ligne des images, n'oubliez pas les champs `alt` et les légendes de celles-ci ;
- rédigez des contenus uniques et qui répondent à un besoin ;
- faites des liens depuis d'autres sites vers le vôtre ;
- vos URL doivent, si possible, être paramétrées pour être à la racine, c'est-à-dire avec un seul niveau. C'est déjà le cas pour vos contenus si vous avez suivi mes conseils, et il est conseillé de faire de même pour toute votre boutique. Votre structure pourra ainsi facilement évoluer sans avoir besoin de modifier les URL des produits (changement, suppression ou encore fusion de catégories) ;
- etc.

N'oubliez pas que vous devez là encore tout optimiser : pour chaque produit ou service, renseignez correctement tous les blocs de Yoast SEO, en pensant toujours à vos utilisateurs et aux moteurs de recherche.

Les problématiques techniques

Différents éléments techniques peuvent nuire au référencement de votre boutique e-commerce. Je le redis encore : toutes les problématiques des chapitres précédents s'y appliquent. Ce qui ne suffira pas, cependant : des éléments supplémentaires doivent être vérifiés et optimisés. Passons-les en revue.

Les contenus dupliqués

En e-commerce, comme pour des sites traditionnels, nous allons avoir des contenus dupliqués entre certaines URL de votre site. Ici, c'est donc votre thème que vous devrez corriger, et éventuellement vos extensions.

Mais comme indiqué dans le premier chapitre sur les bases du référencement naturel, on peut retrouver du contenu dupliqué sur d'autres sites. Cela peut se produire dans différents cas de figure, et vous devez y faire attention.

- Vous copiez/collez la description d'un produit. C'est le cas si vous revendez des produits ou services d'autres sociétés. Dans ce cas de figure, vous devez **absolument** rédiger des contenus uniques. Vous avez donc le droit de reprendre les informations de ces sites, mais vous devez les reformuler.
- D'autre site font la même chose avec vos contenus. Vous ne pourrez pas l'empêcher, mais voici plusieurs solutions :
  - leur demander de faire un lien dans le contenu concerné vers le vôtre ;
  - leur demander de retirer ce contenu pour atteinte aux droits d'auteur ;
  - leur demander, si ce sont des revendeurs de vos produits et services, de reformuler tout leur contenu.
- Vous diffusez votre catalogue produits sur d'autres sites Internet. Cela peut notamment arriver si vous recourez aux places de marché ou encore à l'affiliation. Si vous êtes dans ce cas de figure, vous devez **impérativement** rédiger des contenus alternatifs pour chaque produit ou service que vous diffusez.

Ne pas avoir peur d'étoffer ses contenus

Un bon contenu est un contenu jugé suffisamment long par un moteur de recherche, et qui va ainsi traiter tous les aspects de la thématique concernée.

Pour une fiche produit, c'est pareil : il faut qu'elle soit la plus complète possible, c'est-à-dire qu'elle doit traiter tous les aspects imaginables, des plus importants aux plus futiles.

Le danger, c'est de rendre indigeste votre fiche produit. La solution consiste donc à rédiger son contenu en partant des informations qui intéressent le plus grand nombre possible d'internautes, pour se retrouver, en fin de page, avec les informations les plus spécifiques. Et vous devrez aérer visuellement ce contenu pour le rendre agréable à lire. Ainsi, vous ne nuirez pas à la conversion, tout en améliorant votre référencement naturel.

N'ayez donc jamais peur des contenus « à rallonge ».

Les pages « privées »

Si votre solution technique crée automatiquement certaines pages privées, comme la page « Suivi de commande » ou « Paiement », n'oubliez pas de les modifier pour justement configurer correctement Yoast SEO et votre extension de *Plan du site*.

Comme expliqué plus tôt dans ce livre, ces pages sont privées, elles doivent le rester. Pensez donc bien à :

- configurer ces extensions ;
- vérifier aussi avec un logiciel de crawl qu'aucun lien n'est fait ailleurs vers ces pages ;
- mettre en *noindex* ces pages privées.

D'ailleurs, c'est aussi le cas des pages de remerciements. Au-delà des boutiques e-commerce, on a souvent des formulaires de contact sur nos sites. Ceux-ci redirigent souvent vers une page de remerciements de type « Merci pour cette prise de contact », ce qui est notamment pratique pour pouvoir analyser le nombre de formulaires envoyés. Dans ce cas de figure, pensez donc à vérifier aussi que ces pages de remerciements sont bien privées.

Les boutons Ajouter au panier

Dans un site e-commerce, un bouton *Ajouter au panier* est associé à chaque fiche produit, ainsi qu'à chaque page de listing (vos catégories de produits). Là encore, vous avez un élément à vérifier : chacun de ces boutons doit justement être développé sous la forme d'un `button`, et non d'un lien (`a href`).

Je m'explique : si chaque bouton est développé sous la forme d'un lien, vous allez créer un nouveau lien pour chaque produit de votre boutique, et également à chaque fois que ce produit est présent dans une catégorie. On retrouve très souvent ces liens sous la forme `site.fr/?add-to-cart=70981`. Pour savoir si c'est le cas, survolez juste votre bouton *Ajouter au panier* : si une URL de ce type apparaît, c'est que vos boutons sont mal conçus.

Pour rappel, Google considère une URL avec un paramètre comme une URL à part entière : vous avez créé énormément de duplication de contenus sur votre propre site.

Pour comprendre le problème, prenons un exemple : si ma fiche produit X est présente dans la sous-catégorie Y de la catégorie W, je vais voir apparaître trois fois le lien *Ajouter au panier*, créant ainsi trois URL inutiles qui vont diluer ma popularité.

Il faut donc transformer chacun de ces boutons via la balise `<button>` : et c'est du code JavaScript qui va gérer l'ajout du produit au panier, puis (éventuellement afficher un pop-up ou rediriger l'utilisateur vers la bonne page).

La navigation à facettes

Qu'est-ce que c'est ?

La navigation à facettes est un concept très simple à comprendre : il s'agit d'ajouter des systèmes de filtres et de tri dans la navigation. Sur un site e-commerce, on en trouve très souvent. On aura par exemple :

- un tri par prix ;
- un tri par popularité ;
- un tri par date ;
- un tri par fonctionnalité ;
- etc.

Figure 17–2
Un exemple de navigation
à facettes

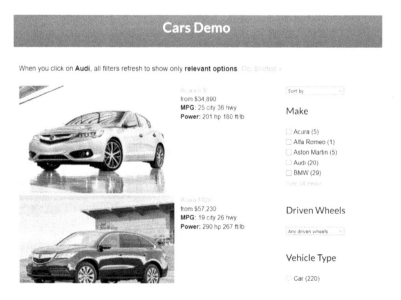

Très utiles pour le visiteur et l'acheteur, ces filtres peuvent être désastreux pour le référencement naturel. Pour corriger cela, suivez les conseils suivants.

Optimiser sa navigation à facettes

Dans un premier temps, assurez-vous que votre structure est bien optimisée, sans prendre en compte ces filtres : vérifiez donc que votre catégorisation de produits est bien conçue.

Observons ensuite ces filtres : pour être parfaits, ceux-ci ne doivent jamais ajouter de paramètres dans vos URL. Tout comme pour les boutons d'ajout au panier, vos filtres et systèmes de tri doivent être gérés en JavaScript. Si ce n'est pas le cas, vous risquez de provoquer de gros problèmes de duplication, et ce d'autant plus que les filtres peuvent se combiner, et qu'en plus ils se combinent dans l'ordre des clics de l'utilisateur.

Là encore, voici un exemple concret. Imaginons une catégorie munie d'un système de tri par prix, par date et par fonctionnalité (j'imagine ici qu'il y en a 2). Cette catégorie aurait alors plus de 15 variantes différentes.

- L'URL normale
- L'URL avec paramètres simples
  - `?prix=ASC`
  - `?prix=DESC`
  - `?date=ASC`
  - `?prix=DESC`
  - `?fonctionnalité=A`
  - `?fonctionnalité=B`
- L'URL avec paramètres complexes et combinés
  - `?prix=ASC&date=ASC`
  - `?prix=DESC&fonctionnalité=A`
  - `?prix=DESC&fonctionnalité=A&date=ASC`
  - `?fonctionnalité=A&prix=DESC`
  - ...

Le moyen le plus simple pour détecter ce problème consiste à scanner son site avec Screaming Frog Spider SEO ou Xenu Link Sleuth (nous reparlerons de ces logiciels au chapitre 22 sur les audits).

Là encore, tout dépendra de votre extension et du thème utilisé, mais il y a de fortes chances que vous deviez modifier manuellement le code si ce problème est présent.

Les identifiants de session

Il arrive parfois que certains systèmes e-commerce ajoutent aussi dans les URL des identifiants de session pour suivre les visiteurs, par exemple `?sessid=22`. Cela peut d'ailleurs arriver également sur des sites qui ne sont pas orientés e-commerce, mais dans lesquels le développeur a eu besoin de mettre en place des sessions.

Il ne faut JAMAIS que votre extension et votre thème affichent ce type d'URL, sous peine de provoquer immédiatement de graves problèmes de duplication de contenus.

Là encore, un simple logiciel de scan va vous permettre de détecter le problème. Mais c'est d'un développeur que vous aurez ensuite besoin pour corriger et éliminer ce problème technique.

Le balisage schema.org

Nous en avons déjà parlé : le balisage schema.org est du code invisible pour l'internaute, mais qui est utile pour les moteurs de recherche pour mieux comprendre vos contenus.

Sur des sites e-commerce, vous devez donc mettre en place un balisage pour vos produits : `<product>`. Cela vous permettra de mieux faire comprendre à Google vos contenus, tout en ayant un affichage amélioré (il n'apparaîtra pas de manière systématique cependant).

Figure 17–3
Un affichage amélioré grâce
au balisage schema.org

Théoriquement, cela peut être ajouté ainsi : soit par une extension qui l'inclura proprement au format JSON dans le code source, soit par l'intermédiaire de votre thème. Il vous faudra donc tester si l'ajout s'est bien opéré, avec l'outil dédié de Google : https://search.google.com/structured-data/testing-tool.

Pour davantage de détails formels, suivez le guide de Google : https://developers.google.com/search/docs/data-types/products.

Et le marketing dans tout ça ?

La base

L'autre élément à prendre en compte lorsque vous ouvrez une boutique e-commerce, c'est la stratégie marketing. Sans elle, vous ne réussirez jamais à faire décoller votre site Internet.

Vos produits et vos services doivent être différents de ceux de la concurrence. La clé, c'est de vous différencier auprès de vos clients, et que vos produits et services puissent répondre à des besoins différents. Si tel est le cas, vous avez déjà fait la moitié du travail ; sinon, penchez-vous sérieusement sur votre métier et sur ce que vous pouvez apporter à vos clients.

> POUR ALLER PLUS LOIN **La stratégie Océan Bleu**
>
> Il existe de nombreux concepts marketing simples mais efficaces pour améliorer votre offre, votre communication et vos ventes. N'hésitez donc pas à vous documenter sur le sujet.
> Pour ma part, je vous conseille la lecture de l'ouvrage sur la stratégie Océan Bleu, qui offre une excellente vision de la stratégie marketing.
> Chan Kim W. et Mauborgne R., *Stratégie Océan Bleu*, Pearson, 2013, 288 pages.

Un peu de diversification

Le dernier point que vous ne devez surtout pas oublier, c'est de répartir vos risques. Même si le sujet de ce livre est le référencement naturel, ce n'est pas pour autant le seul générateur de trafic possible pour un site, et encore moins pour une boutique en ligne.

Si vous diversifiez vos sources de visiteurs, vous risquez beaucoup moins de mettre en péril votre entreprise. Par exemple, si votre trafic vient essentiellement du référencement naturel, il est possible que vous soyez confronté à une pénalité susceptible de vous faire perdre toutes vos ventes. Si vous dépendez beaucoup d'un gros comparateur de prix et que celui-ci disparaît, le risque est identique.

Votre boutique doit donc être visible par le biais :

- du référencement naturel ;
- du référencement payant (via AdWords notamment) ;
- des comparateurs de prix ;
- de l'affiliation ;
- des réseaux sociaux ;
- de votre réseau de sites ;
- de l'e-mailing ;
- des opérations physiques (dans votre boutique, avec vos commerciaux…) ;
- des opérations en lien avec d'autres sites Internet ou d'autres entreprises ;
- etc.

Si vous respectez les deux points marketing que je viens de citer, vous ferez donc sans doute mieux que la plupart des sites e-commerce qui existent dans le monde.

Les budgets marketing

C'est un point crucial. Une boutique e-commerce, qu'elle soit sur WordPress ou sur une autre solution, ne peut se reposer uniquement sur le SEO.

Il est toujours possible d'être pénalisé par Google, ou bien le moteur de recherche peut décider de changer son algorithme en profondeur. Vous ne devez donc **jamais** dépendre d'une seule source de trafic. Comme on dit, on ne met jamais tous ses œufs dans le même panier.

Sur WordPress, il faudra donc non seulement améliorer votre SEO, mais aussi mettre en place d'autres leviers d'acquisition de trafic. Les meilleurs sites e-commerce combinent par exemple le SEO avec de l'e-mailing, du référencement payant, des places de marché ou encore des réseaux sociaux.

Et tout cela a un coût. Ne vous lancez jamais dans une boutique e-commerce si vous n'avez pas un budget publicitaire minimal à y consacrer.

WordPress multilingue et WordPress multisite

18

Certaines entreprises vendent leurs produits à l'international. Pour elles, le mieux est de pouvoir proposer un site Internet en plusieurs langues. D'autres vont gérer plusieurs sites, au sein d'une seule et même interface multisite dans WordPress. Mais pour ce faire, comment procéder de manière optimisée en SEO ? Voici un début de réponse.

Le multilingue

Comment se référencer à l'international ?

Il existe plusieurs moyens de référencer son site dans plusieurs langues. De base, il suffit de traduire tous vos contenus, puis d'expliquer clairement aux moteurs de recherche et aux visiteurs sur quelle version (c'est-à-dire quelle langue) ils se trouvent. Tout cela n'est malheureusement que de la théorie…

> ATTENTION **Ne vous contentez surtout pas de simplement traduire !**
>
> Même si la traduction reste la base, vous devez **impérativement** vous adapter au marché que vous ciblez.
> En effet, selon les pays, les besoins, les types de produits et services et les modes de consommation peuvent être très différents, et il sera peut-être nécessaire de modifier ou d'adapter votre offre au marché cible – pensez donc toujours à adapter votre stratégie marketing.

Pour distinguer les différentes langues de votre site, il existe plusieurs solutions techniques.

1   La meilleure des solutions : un nom de domaine et un site différents par langue, monsite.es, monsite.de et monsite.fr, par exemple.

2   Une très bonne solution : des sous-domaines pour chaque langue supplémentaire, monsite.com, fr.monsite.com et es.monsite.com, par exemple.

3   Une solution un peu moins bonne : des répertoires, monsite.com/en/, monsite.com/fr/ et monsite.com/es/, par exemple.

En 2014, je vous aurais systématiquement suggéré d'utiliser l'extension premium WPML. Même si celle-ci est toujours pertinente, elle n'est pas parfaite non plus : bogues assez fréquents, nombreuses incompatibilités, et certaines fonctionnalités manquantes dans quelques cas de figure. Malheureusement, aucune extension ne sera parfaite pour cela.

Je vous conseille maintenant PolyLang : plus stable, elle permettra de bien gérer ses différentes langues. Là encore, cependant, l'extension n'est pas parfaite et peut présenter quelques bogues ou quelques lacunes en matière de fonctionnalités.

REMARQUE   **Pensez-y au début**

Si vous envisagez à terme de mettre en place du multilingue, faites-le dès l'installation. Il est plus simple de paramétrer votre site en multilingue dès le départ, même s'il n'y a qu'une seule langue, plutôt que d'y revenir plus tard. Cela vous permettra notamment de placer votre première langue au bon endroit sur le bon domaine ou dans /fr/ par exemple, si vous utilisez quand même la solution des répertoires.

Conseils de base pour faire du multilingue

Sans entrer dans les détails, sachez qu'une partie des paramètres dépendront de votre hébergement ou de votre développeur.

Je vous conseille de suivre les guides du site officiel de votre extension, d'autant plus que cette dernière peut évoluer rapidement. Néanmoins, voici quelques éléments à prendre en compte pour ne pas nuire à votre référencement naturel, et ce quelle que soit l'extension que vous aurez choisie.

* N'optez **jamais** pour un format d'URL avec un paramètre (par exemple site.fr/ ?lang=fr). Choisissez toujours des URL en répertoire, avec des domaines ou des sous-domaines différents.

* Ne redirigez jamais automatiquement les visiteurs selon la langue de leur navigateur. En effet, un internaute français qui vit en Angleterre désire peut-être la version française de votre site.

* Ne pensez pas que l'utilisation d'une extension Google Traduction rende votre site multilingue : au contraire, cette extension risque d'augmenter la duplication de contenus, avec l'ajout des traductions sous la forme de paramètres ? dans les URL.

- Pensez à tout traduire sans rien oublier. Sur ce point-là, seule une navigation manuelle vous permettra de détecter correctement les contenus non traduits !

> REMARQUE **Optimisez chaque langue comme un site à part entière**
>
> Bien entendu, vous devez appliquer tous les concepts de ce livre à chaque langue, que ce soit dans l'affichage, dans la structure, dans l'optimisation de chaque contenu avec Yoast SEO… Bref, chaque contenu traduit doit être optimisé à son tour en suivant les mêmes principes.

Les extensions disponibles

Je vais vous présenter brièvement trois des extensions les plus connues actuellement.

PolyLang

Ma favorite est actuellement PolyLang. Relativement simple et sans trop de bogues, elle vous permet de mettre en place vos différentes langues de manière relativement simple, sur n'importe quelle installation de WordPress.

> ▸ https://polylang.wordpress.com/

WPML

Avant PolyLang, c'est WPML que je préférais. Souvent citée comme la référence, il s'agit d'une extension premium qui va vous permettre de gérer de A à Z toute la partie multilingue.

> ▸ http://wpml.org/fr/

Figure 18–1
WPML, une extension
qui vous veut du bien !

Deux versions sont disponibles, mais préférez la plus complète à 79 $ pour être sûr d'avoir un site digne de ce nom (ou la licence à vie de 195 $).

MultiLingualPress

La troisième est Multilingual Press. Je connais beaucoup moins cette dernière, mais de nombreux confrères l'utilisent régulièrement. À vous, par conséquent, de la tester pour voir si elle vous convient mieux que les deux autres.

Il existe là aussi une version gratuite et une version payante.

> ▸ https://marketpress.com/product/multilingual-press-pro/

Comment paramétrer une extension multilingue ?

Vous l'aurez compris, l'important n'est pas le choix de l'extension, mais plutôt ce que vous allez en faire. Je vais donc détailler les différentes étapes de votre travail de traduction.

Première étape : paramétrage des emplacements

Quand vous installerez une extension multilingue, la première étape consistera à déterminer où seront vos langues. Comme indiqué au début de ce chapitre, choisissez de les placer sur un nom de domaine différent. Si cela n'est pas possible, faites-le avec des sous-domaines, ou à l'aide de répertoires.

S'il s'agit d'un nouveau site, vous n'aurez aucun souci.

S'il s'agit d'un site déjà en ligne, cela se complique. L'ajout du multilingue peut en effet vous poser problème, car il est possible que vous ayez à modifier l'emplacement de la langue actuellement en place. Si c'est le cas, pensez bien à rediriger toutes les URL de cette langue vers les nouvelles (de site.com/ancienne-url/ vers site.com/fr/nouvelle-url/, par exemple), en utilisant notamment l'extension Redirection dont nous avons parlé précédemment.

Deuxième étape : traduction des contenus

Cette étape est la plus simple et la plus logique : traduisez tous vos contenus.

Pensez bien cependant, toujours comme précisé un peu plus tôt, à vous adapter au marché cible. Vous devrez peut-être étoffer, modifier ou adapter votre offre, vos contenus ou encore vos prix en fonction du pays ou de la langue ciblée.

Chaque extension peut vous fournir un menu dédié. Par exemple, vous aurez souvent un nouveau bloc quand vous rédigerez un article et, en un simple clic, vous pourrez ajouter des traductions.

Troisième étape : traduction du thème et de tous les détails

Étape souvent oubliée : votre thème ou les extensions que vous utilisez ne sont pas forcément traduits ou conçus pour être traduits. Ainsi, il est fréquent de trouver des textes anglais sur des sites d'autres langues. On trouve souvent, par exemple, des textes étiquetés *Published on* ou bien encore des *Related Posts*.

Vérifiez bien chacune des langues de votre site, pour être certain qu'aucun texte ne vous aura échappé. Pour rappel, ce travail est forcément manuel : naviguez de page en page pour trouver les expressions non traduites.

Si vous en rencontrez, déterminez si c'est le thème ou une extension qui pose problème, puis procédez aux corrections (soit dans les réglages, soit dans le code directement). Théoriquement, les développeurs doivent utiliser les fonctions de traduction pour nous permettre de faire notre travail correctement, notamment avec les deux plus courantes `__()` et `_e()` (traduire un texte pour la première, et traduire puis afficher un texte pour la seconde).

Si ce dernier point vous intéresse, je vous conseille la lecture des articles suivants :

- la page officielle du Codex : https://codex.wordpress.org/I18n_for_WordPress_Developers ;
- « Traduction, vous faites fausse route » : http://boiteaweb.fr/traduction-wordpress-vous-faites-fausse-route-8518.html.

Si votre thème ou vos extensions n'utilisent pas les fonctions de traduction, vous n'aurez pas le choix. Vous devrez faire appel à un développeur pour rendre votre site WordPress compatible pour le multilingue.

Quatrième étape : l'attribut rel alternate

Cet élément est crucial : vérifiez qu'un lien `rel=alternate` a été ajouté dans le header de vos pages (entre les balises `<head>` et `</head>`).

Le code de l'attribut rel=alternate que vous devez chercher

```
<link rel="alternate" hreflang="fr_FR" href="URL" />
```

Cette balise indique au moteur de recherche la présence d'une traduction du contenu actuel, son URL et la référence de la langue concernée. C'est sans doute la meilleure façon de trouver vos traductions pour Google. Normalement, la procédure est gérée nativement par les extensions de traduction de WordPress.

Cinquième étape : donner du poids à vos langues

Une fois les quatre premières étapes réalisées, il vous reste la plus importante. Quelle que soit votre configuration, considérez chaque langue comme un site à part entière.

Pour chacun, il faut donc informer Google de sa présence et créer de la popularité. Pour chaque langue, vous devez donc :

- inscrire le site dans les centres Webmaster de Google et de Bing ;
- y soumettre vos fichiers sitemaps ;
- créer des liens depuis d'autres sites ayant la même langue (et si possible la même thématique) ;
- publier régulièrement du contenu pour chaque langue.

Ce qui m'amène donc à une préconisation cruciale : chaque langue étant un site Internet à part entière, des efforts humains et financiers supplémentaires devront être mis en place pour réussir. Si vous ne pouvez pas fournir ces efforts, vos sites traduits en différentes langues risquent de ne pas bien être référencés.

WordPress multisite

Qu'est-ce qu'un multisite ?

Le CMS WordPress permet de gérer nativement le multisite, c'est-à-dire le fait de pouvoir gérer, au sein d'une seule installation, plusieurs sites WordPress en même temps. L'avantage est simple à comprendre : un gain de temps pour gérer vos sites et en assurer la maintenance (mises à jour, suivi...).

Le plus gros réseau multisite WordPress existant aujourd'hui est tout simplement celui de WordPress.com qui, avec un seul WordPress, gère des dizaines de millions de sites dans le monde entier (« ça tient pas la charge », qu'ils disaient…).

Le but premier, c'est souvent de centraliser la gestion de son site, de ses contenus et des utilisateurs. On n'a alors qu'un seul site à mettre à jour, à sécuriser et à héberger. On gère tous les administrateurs, rédacteurs et éditeurs au même endroit, et on peut activer la même extension et le même paramétrage en un clic sur tous les sites : le gain de temps est énorme.

Pour créer un réseau, je vous invite là encore à lire la page officielle du Codex de WordPress : https://codex.wordpress.org/fr:Créer_un_réseau. Vous aurez tous les détails de la création d'un multisite, qu'il s'agisse de le paramétrer ou de le gérer.

La question importante ici, c'est de savoir si vous devez ou non utiliser cette fonctionnalité pour votre référencement naturel.

Pourquoi faire un multisite en SEO ?

Le multisite a un intérêt très simple en référencement : pouvoir décomposer votre activité ou votre offre en sites dédiés.

Il arrive parfois d'avoir des secteurs d'activités où l'on a une très large gamme de thématiques ou de gammes différentes. Dans ces cas de figure, créer une structure optimisée peut devenir un casse-tête. On peut donc parfois imaginer la création d'un réseau de sites avec :

- un site principal présentant brièvement toute l'activité et les contenus principaux ;
- des sites dédiés à chaque grand domaine d'activité, qui permettront la création de noms de domaines thématiques bénéficiant de silos optimisés.

Attention cependant, cela n'aura un intérêt que si vous avez un nombre réellement important de thématiques principales.

Il existe également un autre atout : vous allez gérer votre propre réseau de sites. Vous pourrez ainsi optimiser le maillage et les liens entre chacun d'eux pour transmettre de la popularité, sans qu'aucun concurrent ne puisse rien faire. En revanche, faites attention à ne pas être trop « bourrin », en prenant soin de créer des liens qui restent naturels entre vos différents sites.

Le souci est en effet que si vous utilisez la même installation, on détectera facilement votre réseau de sites. Google pourrait alors le considérer comme une technique frauduleuse de référencement naturel. Les réseaux de sites que l'on créera avec WordPress en multisite doivent donc avant tout avoir du sens : chaque site doit donc disposer d'une vraie stratégie de marque, de vrais contenus, ainsi que d'une vraie notoriété.

Référencer un multisite, qu'est-ce qui change ?

Rien.

C'est justement ce qui est bien : vous devez uniquement appliquer tous les conseils de cet ouvrage pour chaque aspect de chacun des sites gérés par le multisite.

Attention, dès lors que vous serez en multisite et en multidomaine ou en sous-domaine, chaque site devra être considéré comme un domaine différent : vous aurez donc d'autant plus de travail pour publier régulièrement des contenus sur chaque site et pour créer des liens de qualité vers chacun d'eux.

Ce sera exactement comme le multilingue : vous devrez y allouer des efforts humains et financiers supplémentaires.

L'intérêt principal : le maillage entre les sites

Vous vous souvenez que, dans les chapitres dédiés aux silos, aux thèmes, aux custom taxonomies et aux custom post types, l'important était de bien concevoir son maillage interne et sa structure.

Dans un multisite, c'est pareil. Il faut réussir à concevoir la structure de son réseau de sites, et se poser la question de la création de liens entre chacun d'entre eux si cela est pertinent. On pourra alors transmettre de la popularité et une valeur sémantique d'un site A vers un site B.

Prenons l'exemple d'un site principal qui présente toutes les gammes de produits. Dans la page de la gamme XY, on fera des liens vers le site dédié à celle-ci. Et inversement : sur ce dernier, on fera des liens vers notre site principal. On peut procéder de deux façons :

* manuellement dans les contenus ;
* avec des fonctions WordPress dédiées.

Et cela tombe bien, il existe de nombreuses fonctions qui peuvent vous être utiles au cas par cas : https://codex.wordpress.org/Category:WPMU_Functions.

Parmi elles, on peut notamment citer :

* get_sites(), qui permet de récupérer une liste des sites selon certains critères prédéfinis (https://developer.wordpress.org/reference/functions/get_sites/) ;
* switch_to_blog(), qui permet dans un site A de se connecter au site B pour y effectuer les requêtes dont on a besoin (https://codex.wordpress.org/WPMU_Functions/switch_to_blog). La fonction peut par exemple permettre d'afficher sur le site A la liste des derniers produits du site B. Il ne faudra pas oublier à la fin d'utiliser restore_current_blog() une fois nos requêtes terminées.

Reprenez donc l'analyse de mots-clés réalisée au début de cet ouvrage et celle de la structure de chaque site pour savoir quelles fonctions vous aurez besoin de mettre en place pour établir un maillage automatique et optimisé entre chaque site de votre WordPress multisite.

Ajax et WordPress 19

L'Ajax (Asynchronous JavaScript and XML) permet de concevoir des pages web de manière plus dynamique et interactive pour les utilisateurs. C'est souvent un vrai progrès en matière d'ergonomie et de temps de chargement, mais cela peut malheureusement provoquer de nombreux problèmes de référencement si cette architecture est mal implantée.

WordPress fournit bien sûr des fonctions pour gérer les requêtes en Ajax. Voyons comment les implanter pour ne nuire ni au visiteur ni au moteur de recherche.

L'Ajax, c'est quoi ?

L'Ajax n'est pas une technologie, mais une manière de concevoir un contenu. Quand vous cliquez sur un lien interne traditionnel, toute la page est remplacée par celle vers laquelle vous vous dirigez. En Ajax, seule une partie spécifique du contenu de la page est rechargée. Par exemple, le contenu d'un article pourrait être remplacé, mais pas le reste de la page (logo, menu, pied de page, colonnes de gauche ou droite…).

L'intérêt est simple à comprendre : pouvoir changer de page beaucoup plus rapidement, et rendre votre site plus interactif et dynamique. Rendez-vous par exemple sur le site Internet Wabeo.fr pour trouver un exemple de ce concept, avec d'ailleurs de très belles transitions.

Figure 19–1
L'Ajax permet de ne recharger qu'une partie de la page et non le document en entier.

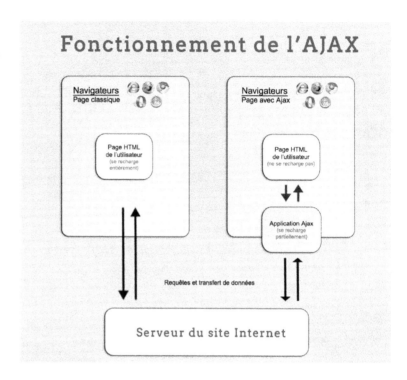

L'impact de l'Ajax sur le SEO

Le problème principal de l'Ajax, c'est qu'il est mal implanté une fois sur deux. Google et les autres moteurs de recherche vont lire et interpréter le JavaScript, technologie nécessaire pour mettre en place de l'Ajax. Le souci, c'est qu'ils l'interprètent de manière plus ou moins efficace. Il existe donc plusieurs règles à respecter pour réaliser un site en Ajax correctement référencé.

Et la règle d'or est de ne travailler l'Ajax que dans un second temps : commencez donc par créer votre site normalement, sans animation particulière et sans Ajax. Vous aurez ainsi à coup sûr une URL unique et dédiée à chacun de vos contenus. Il faut en effet éviter d'avoir un seul lien où l'on retrouverait tous vos contenus, comme sur certains sites one-page mal conçus.

Une fois votre site « statique » terminé, vous pourrez ajouter votre surcouche Ajax, sans pour autant nuire à votre référencement naturel.

La problématique des moteurs de recherche

Google indexe des contenus, toujours grâce au principe suivante : une URL = un contenu.

Le gros problème des pages réalisées en Ajax est que, sur de nombreux sites, l'URL ne change pas, ou qu'elle utilise alors un format complètement différent des réglages de base de WordPress. C'est ce qui se produit par exemple lorsque l'on clique sur un lien pour lire la publication suivante et que l'adresse web ne change pas, ou qu'un caractère comme # est ajouté à la fin de l'URL. Et c'est là que commencent les problèmes pour vous, vos visiteurs et Google :

- les boutons de réseaux sociaux risquent de ne pas partager le bon contenu, l'URL étant soit bizarre, soit identique à la précédente ;
- Google risque de croire que, sur cette URL, le contenu est constamment modifié : il ne comprendra donc jamais quels sont vos contenus ni comment vous les avez structurés ;
- si l'internaute souhaite partager le contenu, ce ne sera pas le bon, car l'URL n'aura pas été modifiée ou n'existera pas.

Vous l'aurez compris, tous ces désagréments peuvent vite devenir catastrophiques pour votre référencement naturel.

WordPress a théoriquement tout prévu

Heureusement, notre bon vieux CMS a tout prévu pour utiliser correctement l'Ajax, ou presque… Il existe une API pour vos requêtes, qu'il vous faut absolument utiliser. Ne codez jamais votre propre Ajax « à l'arrache ».

Vous trouverez tous les paramètres, conseils et fonctions dont vous aurez besoin sur le codex WordPress :

> http://codex.wordpress.org/AJAX
> http://codex.wordpress.org/AJAX_in_Plugins
> http://codex.wordpress.org/Function_Reference/WP_Ajax_Response

Grâce à ces premières ressources, vous réussirez à faire de l'Ajax avec WordPress : vous apprendrez à récupérer proprement et de manière sécurisée les données, à intercepter le comportement par défaut des liens pour ne pas recharger une nouvelle page, puis à insérer proprement vos données dans la page courante.

Pour résumer, voici comment WordPress fonctionne :

- un JavaScript va traiter votre demande d'Ajax (XMLHttpRequest). Par exemple, lors d'un clic sur un lien interne, seul le contenu nécessaire doit être rechargé et non la page entière ;

- une fonction PHP dans le fichier `functions.php` de votre thème va prendre en charge cette requête et renvoyer au script JavaScript les bonnes données.

J'ai invité pour ce chapitre un expert dans le domaine, qui va vous expliquer au point suivant comment faire de l'Ajax proprement. Un grand merci, donc, à Willy Bahuaud pour sa participation ! Cette partie du livre est notamment tirée de son excellent tutoriel publié sur SeoMix.

Faire de l'Ajax avec WordPress, par Willy Bahuaud

L'Ajax est une technique qui permet aux développeurs de concevoir des sites dynamiques.

Comment mettre en place une requête ?

Il existe plusieurs spécifications pour l'objet `XMLHttpRequest`, et plusieurs façons de l'utiliser en Vanilla JavaScript (le JavaScript natif).

Pour plus de simplicité, je vais vous en parler dans cet article, à travers la méthode `$.ajax()` de jQuery uniquement. Cette méthode a l'avantage d'être simple et générique (c'est le *wrapper* de `$.get()`, `$.post()`, `$.load()`, `$.getScript()`…), et la bibliothèque jQuery est largement utilisée dans les thèmes et extensions WordPress.

Voici comment se présente une requête Ajax dans WordPress.

Exemple de requête Ajax

```
jQuery( document ).ready( function($) {
  // J'ajoute un évènement sur le clic des liens…
  // … ayant la class "ajax"
  $( document ).on( 'click', 'a.ajax', function() {
    $.ajax({
      url : $(this).attr('href'), // à adapter selon la ressource
      method : 'POST', // GET par défaut
      data : {
        var1 : 'valeur1',
        var2 : 'valeur2'
      }, // mes variables
      headers : {}, // si je souhaite modifier les entêtes
      success : function( data ) { // en cas de requête réussie
        // Je procède à l'insertion
        var content = $( data ).find( '#content' ).html();
        $( '#content' ).html( content );
      },
```

```
      error : function( data ) { // en cas d'échec
         // Sinon je traite l'erreur
        console.log( 'Erreur…' );
      }
    });
  });
});
```

Ce code JavaScript peut être utilisé dans un fichier `*.js` du thème ou bien dans celui d'une extension :

- `url` désigne la ressource que l'on va interroger pour charger du contenu (nous en parlerons dans la partie suivante) ;
- `method` indique la méthode que l'on va employer pour notre requête : `post` pour soumettre des données ou `get` pour collecter des informations ;
- `data` sert à passer un tableau de variables à la ressource que nous allons interroger ;
- `headers` est utile pour modifier l'en-tête de la requête (pour s'authentifier, par exemple, bien qu'*username* et *password* puissent aussi faire le job…) ;
- `success` est la fonction qui va traiter l'objet renvoyé si la requête a fonctionné ;
- `error` est la fonction qui sera exécutée le cas échéant.

De nombreux autres paramètres sont disponibles : il ne faut donc pas hésiter à lire la documentation pour réaliser de belles choses.

Les événements à l'origine de la requête peuvent être variés. Ce peut être le clic sur un lien ou un bouton, un formulaire soumis, un intervalle de temps écoulé, le *scroll* de la page qui atteint une certaine zone… Vous n'avez de limite que votre imagination.

Quelles ressources appeler ?

Jusqu'ici nous avons vu comment envoyer une requête Ajax en JavaScript, découvrons maintenant quelles sont les ressources disponibles dans WordPress pour renvoyer du contenu à notre page.

Le script admin-ajax.php

C'est l'URL à connaître, la méthode mise en avant dans la documentation de WordPress pour utiliser l'Ajax dans les thèmes et les extensions !

`Admin-ajax.php` est un fichier qui réceptionne les requêtes Ajax et qui, en fonction de la variable `action` qu'elle contient, déclenche les hooks `wp_ajax_{action}` si l'utilisateur est connecté ou `wp_ajax_nopriv_{action}` s'il ne l'est pas.

Pour rappel, un hook est un mécanisme présent à de nombreux endroits du code de WordPress et qui permet de se greffer sur le code pour modifier – en réalisant des actions, ou en modifiant des variables – le comportement de WordPress.

Si la variable `action` n'est pas présente, ou qu'aucun hook n'est exécuté, la requête renverra la valeur `-1`.

Voici la requête que nous allons effectuer.

Exemple de requête via admin-ajax

```
$.ajax({
  url : adminAjax,
  method : 'POST',
  data : {
    action : 'get_my_post',
    id : 89 // en vrai, récupérer l'id du contenu en variable ;-)
  },
  success : function( data ) {
    if ( data.success ) {
      var article = $( data.data.article );
      $( '#content' ).html( article );
    } else {
      console.log( data.data );
    }
  },
  error : function( data ) {
    console.log( 'Erreur…' );
  }
});
```

Pour générer le contenu à retourner, il faut donc écrire un peu de PHP dans le fichier `functions.php` du thème ou dans celui d'une extension.

Comment traiter une requête avec admin-ajax

```
// Pour utiliser cette ce fichier JS sur mon site,
// … mon script a besoin de connaître l'URL d'adminAjax…
// … pour le pousser dans la variable url !
add_action( 'wp_enqueue_scripts', 'myenqueue' );
function myenqueue() {
  wp_enqueue_script( 'mon-script-ajax', get_template_directory_uri() . '/js/
script.js', array('jquery') );
  wp_localize_script( 'mon-script-ajax', 'adminAjax', admin_url( 'admin-
ajax.php' ) );
}

// J'utilise les hooks
add_action( 'wp_ajax_get_my_post', 'myfunction' );
add_action( 'wp_ajax_nopriv_get_my_post', 'myfunction' );
```

```
function myfunction() {
    // Je teste si je peux renvoyer l'article
   if ( isset( $_POST['id'] )
     && 'post' == get_post_type( $_POST['id'] )
     && 'publish' == get_post_status( $_POST['id'] ) ) {
      $id = (int)$_POST['id'];
      // Je récupère l'article…
      // … et je construis le HTML
      $post = get_post( $id );
      $data = array();
      $data['article'] = '<h1>' . apply_filters( 'the_title', $post->post_title )
. '</h1>';
      $data['article'] .= apply_filters( 'the_content', $post->post_content );
      // Je le renvoie
      wp_send_json_success( $data );
   } else {
      // Sinon j'envoie une erreur
      wp_send_json_error( 'article indisponible' );
   }
}
```

À l'intérieur de nos fonctions, il est possible de récupérer les variables passées en paramètres de l'appel. Elles se trouvent dans $_POST ou $_GET selon la méthode employée.

Il est important, pour des raisons de sécurité, d'arrêter l'exécution du script à la fin de la fonction. Cela peut s'effectuer via un die() ou un exit(), mais j'ai ici préféré employer les fonctions wp_send_json_success() et wp_send_json_error(), qui arrêtent l'exécution après avoir renvoyé un tableau de données converti au format JSON – format simple à parser en JavaScript.

À noter : le script sera exécuté côté administration – puisqu'il se trouve dans le répertoire wp-admin – et la condition is_admin() renverra true même si l'utilisateur n'est pas connecté au site.

Une page du site

Parfois, il n'est pas nécessaire de passer par admin-ajax.php et il est préférable d'appeler directement une page de notre site. C'est ce que font la plupart des scripts d'*infinite scroll*. Ils ciblent le contenu de la page suivante, parcourent le DOM (le contenu HTML chargée par le navigateur), récupèrent les éléments qu'ils souhaitent et incrémentent le bouton *Page suivante*.

Le problème avec ce type d'appel Ajax, c'est qu'il retourne une page complète incluant le header, le footer, la sidebar… autant d'éléments dont nous n'avons pas besoin. La requête demande au serveur de procéder à beaucoup d'opérations inutiles.

Lorsque l'objet sera retourné à JavaScript, il faudra le filtrer via jQuery pour récupérer la portion de contenu qui nous intéresse.

La WP REST API

Actuellement intégrée au cœur de WordPress, cette API permet de récupérer des informations au format JSON, simplement en adressant des requêtes à une URL particulière. Cette URL prend la forme http://example.com/wp-json/{ma-requête}. Vous n'aurez donc aucun code PHP à écrire pour récupérer les contenus de votre site.

En revanche, il faudra écrire un peu de JavaScript pour construire l'URL et lui assigner les paramètres voulus. Pour en savoir plus sur les possibilités offertes, il faut, là encore, lire la documentation.

Voici, par exemple, comment réaliser une recherche dynamique en Ajax.

Le formulaire

```
<form action="" id="search" method="post">
   <input type="search" name="s" id="s">
   <button type="submit">Chercher</button>
</form>
```

Le code JavaScript

```
$( document ).on( 'submit', '#search', function(e) {
   e.preventDefault();
   $.ajax({
     url : 'http://example.com/wp-json/posts',
     method : 'GET',
     data : {
       filter : {
         search : $( '#s' ).val(),
         posts_per_page : 10,
         post_type :'post'
       }
     },
     success : function( data ) {
       var out = '';
       $.each( data, function( i, el ) {
         out += '<a href="' + el.link + '">' + el.title + '</a>';
       });
       $( '#content' ).html( out );
     },
     error : function( data ) {
       console.log( 'Erreur…' );
     }
   });
});
```

Avec cette méthode, récupérer les contenus à charger est relativement simple. En revanche, il faut composer une partie du code HTML côté JavaScript avant de procéder à l'insertion du contenu. Ce n'est pas très intuitif, et également moins performant que de le faire en PHP.

Un template dédié à l'Ajax

C'est la méthode que je préfère utiliser sur les sites à navigation *full-Ajax*. Je ne vais pas entrer dans les rouages de son fonctionnement, car je l'ai déjà fait chez BoiteAWeb, mais je vais vous la présenter sommairement.

En fait, cette technique me plaît particulièrement, parce qu'elle est totalement transparente au niveau du référencement. Il suffit d'ajouter des événements JavaScript sur les liens internes d'un site. Au clic, on envoie une requête Ajax vers l'attribut `href` de ces liens, en poussant un en-tête HTTP indiquant que nous souhaitons un contenu JSON prêt à insérer.

Ensuite, on vérifie au moment du `template_include` la présence de cet en-tête pour utiliser un template spécifique à l'Ajax et à la page souhaitée.

On va donc récupérer le contenu auquel cette URL donne normalement accès, mais sous une forme alternative adaptée à son utilisation en Ajax.

L'avantage par rapport à `admin-ajax`, c'est que l'on n'a pas à analyser un chemin critique pour deviner quel contenu servir en fonction de l'URL du lien ; l'avantage par rapport à l'appel d'une page du site c'est que seules les informations requises sont calculées puis retournées.

C'est donc une méthode performante et simple à mettre en place :-).

La navigation

Je pense qu'il faut distinguer deux usages de l'Ajax :

- une utilisation anecdotique, de l'ordre de l'*user experience* – par exemple soumettre un commentaire en Ajax ou valider un formulaire ;
- une utilisation de l'Ajax dans le cadre de la navigation sur l'ensemble du site, ce que je nomme *full-Ajax*.

Dans le second cas, il faut respecter quelques règles si vous ne voulez pas plomber l'expérience de vos visiteurs, ou votre référencement…

L'API History d'HTML 5

Ce qui va suivre est un élément essentiel à prendre en compte lorsque vous concevez un site dont la navigation est entièrement construite en Ajax.

À chaque contenu chargé doit correspondre une URL. L'internaute doit savoir en permanence où il se trouve sur votre site, et pouvoir revenir en arrière s'il le souhaite. C'est ce que permet l'API History.

Avant son implémentation dans les navigateurs, la seule méthode disponible était de passer par les ancres (souvenez-vous, c'est ainsi que fonctionnait Twitter), étant donné qu'à l'époque, il était impossible de changer l'URL sans provoquer le rechargement de la page. Heureusement, ce temps est révolu !

Une fois la requête Ajax effectuée et le contenu chargé dans le DOM (dans votre page), procédez ainsi pour changer l'URL du navigateur.

History.pushState

```
success : function( data ) {
    // Faire votre insertion puis,
    // … en supposant que…
    // … la nouvelle url soit data.link…
    // … et le titre data.title :
    history.pushState(data, data.title, data.link);
}
```

Pour détecter un changement d'URL via les boutons *Précédent* ou *Suivant* du navigateur et lancer une nouvelle requête Ajax afin de rétablir un contenu, procédez de la façon suivante.

L'événement popstate

```
window.addEventListener( 'popstate', function(e) {
    // e.state = le state précédent, si ce n'est pas la page originale
    e.preventDefault();
    var url = window.location.href;
    $.ajax({
      // Mettez ici les arguments nécessaires…
      // … pour récupérer le contenu de la précédente page
      //
      // Vous pouvez utiliser l'URL de la page,
      // … ou directement l'objet e.state, s'il existe :-)
    })
} );
```

Si l'API History et ses méthodes ne sont pas prises en charge par le navigateur du client, je vous conseille vivement de ne pas activer votre navigation Ajax. Voici comment tester son support.

Tester le support de l'API History

```
if ( window.history && window.history.pushState ) {
  // Do stuff…
}
```

L'Ajax sert à faire des transitions

Voici une idée clé pour garantir une indexation correcte de votre site : il faut que chaque page chargée via Ajax soit identique à sa version « normale ».

L'utilisateur doit pouvoir « bookmarker » une URL et retrouver le contenu à l'identique s'il revient sur le site. De même s'il partage un lien : celui-ci doit pointer vers un contenu présenté exactement de la même façon. L'Ajax sert à établir des transitions entre deux états de votre site, et non à servir un contenu différent.

Cela paraît être une idée logique, et pourtant de nombreux sites ne respectent pas cette consigne, comme ceux qui font de l'infinite scroll : qu'est-ce qui vous fait penser que ce qui intéresse vos visiteurs se trouve en début de page ? Pour bien faire, il faudrait supprimer/masquer le contenu de la page 1 au moment où on injecte celui de la page 2, tout en changeant l'URL.

De même, après chaque insertion de contenu, il ne faut pas oublier de mettre à jour certains éléments tels que le titre de la fenêtre ou bien le fil d'Ariane. Il est important d'aller au bout des transitions pour garantir la meilleure expérience possible.

Une fois le contenu chargé…

Après chaque insertion de contenu, lorsque la page est complètement mise à jour, il ne faut pas oublier de relancer certaines fonctions JavaScript. Les traqueurs des outils de statistiques (Google Analytics, Piwik…) doivent être réexécutés via les fonctions correspondantes comme ici avec le code Universal Analytics de Google.

Traqueurs analytics et Ajax

```
success : function( data ) {
   // Faire votre insertion
   // Pour Google Analytics :
  ga('send', 'pageview', window.location.pathname);
}
```

Si vous utilisez des extensions, telles que Pastacode ou Mention comment's Authors, qui modifient le DOM, il faut aussi appliquer leurs scripts au contenu fraîchement inséré.

Réappliquer les filtres JS de vos extensions

```
success : function( data ) {
  // Faire votre insertion puis…
  // Pour Pastacode :
  Prism.highlightAll();

  // Pour Mention Comment's authors :
  mcaAjaxChange();
}
```

La plupart des autres événements JavaScript, s'ils sont ajoutés via les fonctions `$(document).on()` ou `$.live()`, seront automatiquement attachés à votre nouvelle page.

Insertion de contenu « en douceur »

L'Ajax existe dans le but d'améliorer l'expérience utilisateur. On met à jour le contenu sans provoquer le rafraîchissement de la page. Si votre insertion de contenu s'effectue de façon brutale ou brouillonne, vous risquez de passer à côté des bénéfices de cette technique. Pensez à travailler vos « transitions » grâce à des effets CSS. Essayez de trouver une manière élégante de faire disparaître le contenu obsolète et de faire apparaître le nouveau.

Ma méthode consiste à ajouter des classes CSS en JavaScript sur les éléments à masquer dès que la requête est réussie. Les styles associés à ces classes déplacent ces éléments hors du champ de vision, avant de les supprimer. La propriété `transition` est votre amie !

Entre-temps, je calcule la place nécessaire à l'insertion du nouvel article et j'adapte la hauteur de la page en CSS. Pour ce faire, j'injecte le contenu dans une zone hors champ en position *absolute*, d'une largeur identique au conteneur, et je récupère les dimensions en JavaScript.

Pour finir, j'applique des classes CSS au contenu à insérer pour le faire apparaître de façon gracieuse, tout en remontant le scroll doucement en haut de page… Voici le code détaillé.

Mon balisage HTML

```
<body>
  <div id="temp" class="temp"></div>
  <div id="content-wrapper" class="content-wrapper">
    <div class="content">Mon contenu</div>
  </div>
</body>
```

Le CSS qui va avec

```css
.temp,
  .content-wrapper{
    width:100%;
  }
  .temp{
    position:absolute;
    left:-200%;
    top:0;
    display:none;
  }
  .content{
    transition:all 1s;
  }
  .to-appear{
    margin-left:100%;
  }
  .to-disappear{
    margin-left:-100%;
  }
```

L'insertion de contenu en JavaScript

```javascript
success : function( data ) {
  // Avant d'insérer, j'ajoute une classe…
  // … pour mettre le nouveau contenu hors-champ
  var $newContent = $( data.data.content );
  $newContent.addClass('to-appear');

  // Je mets l'ancien contenu hors-champ
  $('.content').addClass('to-disappear');

  // Je mesure
  $temp.append( $newContent );
  var size = $temp.innerHeight();

  // Je redimensionne et j'insère
  $('#content-wrapper').animate({'height': size},
      1000, 'linear', function() {
    $temp.children().detach().prependTo('#content-wrapper');
    $('.to-disappear').remove();
    $('#content-wrapper').css('height','auto');
    $('.to-appear').removeClass('to-appear');

    // Et le scroll
    $('body,html').animate({
        scrollTop:0
      }, 500);
```

```
    });
}
```

Mise en cache des requêtes

Je ne pourrais pas conclure cet article sans évoquer la mise en cache des requêtes Ajax.

Avant de lire la suite, il faut être prudent par rapport aux requêtes que WordPress ou ses extensions sont susceptibles de mettre en cache. Si l'utilisateur est connecté, les contenus qui seront retournés sont susceptibles d'être personnalisés, voire de contenir des informations sensibles… Ne mettez **jamais** en cache les requêtes d'un utilisateur connecté ; elles risqueraient d'être resservies à un utilisateur lambda !

À l'heure actuelle, je ne connais pas d'extension capable de cacher automatiquement des requêtes Ajax – et si je me trompe, merci de nous le dire –, il faudra donc le faire à la main. Ma méthode utilise l'API des *transients*. Comme expliqué avant, les transients sont des données transitoires stockées en bases de données ou dans le cache objet du serveur. Ces informations sont vouées à disparaître ou à être mises à jour au bout d'un certain temps. Parfait pour un système de cache donc :-) !

Voici comment utiliser cette API, dans le cadre des templates Ajax alternatifs (le 4e type de ressources, vous savez…).

Exemple de template Ajax avec cache transient

```php
// URL de la page
$url = 'http://' . $_SERVER["HTTP_HOST"] . $_SERVER["REQUEST_URI"];
// On teste si un transient existe
if( false === ( $o = get_transient( 'URLajax' . md5( $url ) ) ) ) {

    // Je récupère mon contenu
    ob_start();
    get_template_part( 'loop' );
    $content = ob_get_clean();

    // Je crée un transient pour 1 jour
    set_transient( 'URLajax' . md5( $url ), $content, DAY_IN_SECONDS );
}
// Je renvoie les données
wp_send_json_success( $content );
```

Petite précision : il ne sert à rien de mettre en cache des infos qui ne seront jamais redemandées. Pire, cela peut alourdir inutilement votre site ; un transient n'est détruit qu'au moment où il est appelé, et si sa date d'expiration est dépassée. Il faut donc exclure les requêtes de recherche.

Pas de cache pour les utilisateurs connectés

```
// Juste avant de créer un transient
if ( ! is_user_logged_in()
  && ! is_search() ) {
  set_transient( 'URLajax' . md5( $url ), $content, 84600 );
}
```

Il sera essentiel de supprimer les transients lorsque les contenus concernés auront été modifiés. Pour ce faire, vous devrez « vous hooker » sur plusieurs actions afin de faire le nettoyage. Voici par exemple comment je procède sur mon site, Wabeo.

Supprimer les transients à la mise à jour

```
// La fonction de flush
function flush_url_transient( $id ) {
   // Home
  $urls[] = 'URLajax' . md5( home_url('/') );
   // La page mise à jour
  $urls[] = 'URLajax' . md5( get_permalink( $id ) );
   // Les tags
   $tags = wp_get_post_tags( $post_id, array( 'fields' => 'ids' ) );
   foreach( $tags as $tag ) {
       $urls[] = 'URLajax' . md5( get_tag_link( $tag ) );
   }
   // Les catégories
   $tags = wp_get_post_cats( $post_id, array( 'fields' => 'ids' ) );
   foreach( $cats as $cat ) {
       $urls[] = 'URLajax' . md5( get_category_link( $cat ) );
   }

   // flush
   foreach ( $urls as $url ) {
       delete_transient( $url );
   }
}

// à la mise à jour d'article
add_action( 'save_post', 'flush_page_transient' );
function flush_page_transient( $id ) {
  if ( ! wp_is_post_revision( $id ) ) {
    $urls = array();

    flush_urls_transient( $id );
  }
}
```

```
// à la modification de commentaire
add_action( 'wp_set_comment_status',
'flush_page_transient_on_comment_update', 10, 2 );
function flush_page_transient_on_comment_update( $comment_id, $status )
{
   $comment = get_comment( $comment_id );
     if( $comment ) {
         $post_id = $comment->comment_post_ID;
         flush_urls_transient( $post_id );
     }
}

// à la modification de term
add_action( 'edited_term_taxonomy', 'flush_taxonomy_transient_page',
10, 2 );
function flush_taxonomy_transient_page( $term_id, $taxonomy ) {
     if ( in_array( $taxonomy, array( 'post_tag', 'category' ) ) {
       // Ici on flush directement la page du terme
         $url = 'URLajax' . md5( get_term_link( $term_id, $taxonomy ) );
         delete_transient( $url );
     }
}
```

Pour finir, si vous souhaitez faire automatiquement le ménage des transients arrivés à expiration, le plus simple est d'utiliser ce code, que l'on doit à Rarst :

https://gist.github.com/BoiteAWeb/1a6f91a4d243712facc8.

Voilà pour ce tour d'horizon de l'Ajax sur WordPress !

Merci à Willy Bahuaud pour ces explications détaillées : vous n'avez désormais plus d'excuses pour ne pas concevoir de l'Ajax proprement avec WordPress.

Ajax, WordPress et SEO : qu'est-ce qui est réellement important ?

Principes de base

WordPress fournit des fonctions et des méthodes pour faire de l'Ajax... mais, malheureusement, pas forcément d'outils à même de le rendre compréhensible par Google tout en conservant son ergonomie pour les visiteurs.

Willy nous a détaillé plus haut les règles de l'art. Et parmi tout ce qu'il nous a dit, certains points sont à respecter encore plus scrupuleusement que les autres pour ne pas nuire à votre référencement. Les voici :

- une **URL unique et dédiée à chaque contenu** ;
- l'Ajax doit arriver **obligatoirement** en surcouche pour vos chargements dynamiques et vos animations, tandis que le moteur de recherche verra toujours vos URL traditionnelles ;
- l'implantation de **l'history pushstate, à ne surtout pas oublier** : il permet notamment à l'utilisateur de pouvoir partager et copier/coller l'URL qu'il consulte ;

En d'autres termes, concevez **toujours** votre site comme un site traditionnel, c'est-à-dire sans Ajax et sans aucun JavaScript. Vous êtes alors sûr que Google le comprendra. Ce n'est que **dans un second temps** que vous ajouterez ces éléments. Ainsi, si Google ne parvient pas à exécuter vos scripts, il verra bien un site ayant des contenus pertinents sur des URL uniques, et avec un maillage optimisé.

Si vous respectez l'ensemble de ces éléments, votre site en Ajax se référencera donc aussi bien qu'un site traditionnel (à condition, bien entendu, d'avoir suivi également tous les chapitres précédents).

Et les sites one-page ?

Par définition, les sites one-page regroupent tous les contenus sur un seul et même site. C'est donc une très mauvaise idée d'y avoir recours d'un point de vue SEO. Dès le départ, retenez ce principe : **ne faites jamais de site one-page**.

Il n'y a qu'un seul cas de figure où cela peut être optimisé : si votre one-page est chargé en Ajax. En d'autres termes, on reprend le conseil précédent. On conçoit son site normalement, et l'Ajax arrivera en surcouche pour donner l'impression d'un site complet, conçu sur une page unique.

Cependant, cela ne peut fonctionner qu'avec un petit site. Difficile d'imaginer un site one-page alimenté par des centaines de contenus, et difficile d'imaginer aussi un one-page autrement que sur un site de niche.

Mon Ajax est-il optimisé pour le référencement ?

Pour répondre à une telle question, rien de plus simple ! Il suffit de désactiver le JavaScript de votre navigateur. Si vous utilisez l'extension « Web Developer » sur Google Chrome ou Mozilla Firefox, sachez que vous aurez une option toute faite pour cela.

Une fois l'option cochée, rechargez la page actuelle. Si tout fonctionne comme sur un site normal au niveau de la navigation et des liens entre les contenus, c'est que votre site Internet est bien conçu et que l'Ajax n'est là que pour améliorer la fluidité et l'ergonomie. Il n'y aura donc aucun problème de référencement de l'Ajax.

En effet, vous devez impérativement accéder à chaque contenu au moyen d'une URL unique. Si ce n'est pas le cas, c'est que votre système de navigation en Ajax est mal conçu pour le référencement.

Et cette remarque est valable pour le JavaScript dans son ensemble : tout doit fonctionner quand il est désactivé. Il n'est pas rare, par exemple, de trouver des thèmes qui chargent leurs menus avec du JavaScript, ce qui fait que Google ne les voit pas.

Travailler l'existant

Cette sixième partie aborde le problème de la migration d'un site existant vers WordPress. Vous y trouverez de réelles pistes pour auditer un site existant, afin d'y détecter rapidement les principaux problèmes de référencement ; ce qui vous donnera également l'occasion de tester si vos réglages et modifications ont été correctement mis en œuvre.

Migrer correctement son site Internet   20

Si vous n'utilisez pas WordPress, ce CMS doit sûrement vous mettre l'eau à la bouche : facilité d'utilisation, possibilités d'évolution multiples, potentiel d'optimisation du référencement...

En revanche, si vous avez déjà un site, et que celui-ci utilise un autre CMS ou une solution maison, vous pensez sans doute que changer d'outil risque de vous mettre des bâtons dans les roues. C'est faux, à condition de réaliser la migration dans les règles de l'art.

Migrations simples et migrations complexes

Il est important de bien différencier les deux types de migrations possibles :

- les migrations complexes, comme lors de la refonte ou la fusion de sites ;
- les migrations simples, quand il y a changement de nom de domaine ou passage à des URL en www ou en HTTPS.

Pour le second cas de figure, il n'y a pas grand-chose à faire en soi. La seule règle à appliquer impérativement est la même que pour les contenus supprimés ou modifiés : faire des redirections 301.

Par exemple, si vous basculez votre site en HTTPS, ou si vous basculez d'une version www.monsite.fr vers une version monsite.fr sans les www, vous devrez juste vous assurer que tout est correctement redirigé et que vous avez bien changé toutes les URL dans vos contenus, dans vos fichiers CSS et JS. Ce sont donc les migrations complexes qui peuvent poser problème.

Les étapes d'une migration complexe

Faire le point

Avant de faire quoi que ce soit, prenez le temps d'analyser la situation de votre site. Il y a en effet plusieurs choses à faire avant même d'installer le nouveau WordPress et d'y importer vos données.

Listez tout d'abord l'intégralité des URL de votre site actuel, tous types de contenus confondus (contenus, images, vidéos, fichiers CSS et JS, etc.). Lors du transfert, cela vous permettra d'être sûr qu'aucune de vos anciennes URL ne renvoie d'erreur et qu'elles sont toutes correctement redirigées si nécessaire.

Pour rappel, on utilisera pour ce faire Xenu Link Sleuth ou Screaming Frog Spider SEO.

L'important, ici, c'est donc de scanner votre site et de conserver précieusement votre liste d'URL pour la fin de la migration.

Attention cependant : Google a parfois dans son index des URL que l'on ne trouve pas forcément via un scan. C'est le cas des URL de certains contenus (une page, par exemple) que vous avez retirés du maillage interne. La page fonctionne toujours, Google ira toujours l'indexer. Pour ne vraiment manquer aucune redirection, la méthode est plus complexe : il faudra utiliser les logs de votre serveur pour avoir la liste complète des URL sur lesquelles les moteurs de recherche se sont rendus, dans l'idéal dans les 30 à 60 derniers jours.

Faire un audit

C'est aussi la base de toute refonte réussie : réaliser un véritable audit de référencement naturel sur la version en cours de votre site, mais surtout sur votre marché, vos concurrents et vos mots-clés.

Il faut ainsi faire ressortir les expressions que l'on veut améliorer en SEO, sans oublier d'en déduire la structure idéale que devrait avoir notre site Internet à la fin de cette refonte.

Réfléchir à la nouvelle structure

Une fois votre liste d'adresses de côté, c'est le moment ou jamais de bien réfléchir à la structure de votre site Internet. Souhaitez-vous ou non la changer ou modifier les URL de tous vos contenus ? Pour cette partie-là, je vous invite à revenir quelques pages en arrière pour relire le chapitre dédié à la structure de votre site et au SEO en général. Comme indiqué précédemment, votre audit sera la base de votre réflexion (pensez à y inclure aussi une réflexion marketing).

L'étape la plus cruciale est alors d'utiliser un tableur, par exemple Excel. D'un côté, mettez la structure actuelle avec les URL de chaque contenu en ligne, et de l'autre la nouvelle arborescence avec les éventuels changements d'adresses. Vous aurez ainsi un outil pour anticiper toutes vos redirections proprement, afin de réduire au maximum l'impact négatif que pourrait avoir une telle migration.

C'est ainsi que vous serez plus à même de comprendre comment votre site actuel est conçu et comment vous souhaitez le transformer et l'optimiser.

Qu'est-ce qui fonctionne bien ?

Dans une refonte, il est très important de ne pas casser ce qui fonctionnait bien. Pour ce faire, il faut vous rendre dans la Search Console de Google, dans le menu *Trafic de recherche>Analyse de la recherche*. Même si ce menu est bridé par Google, il dresse la liste des mots-clés sur lesquels vous apparaissez au moment où vous vous y rendez. Ce qui est intéressant, c'est de demander non pas à voir les mots-clés (les « requêtes »), mais plutôt les pages, et ce sur les 90 derniers jours.

Figure 20–1
Regardez ce qui fonctionne déjà bien en SEO.

C'est ainsi qu'on obtiendra la liste des contenus qui apportent déjà du trafic. On essaiera si possible d'en garder les URL et le contenu dans la refonte, et donc dans la structure du futur site.

Importer les données

> CONSEIL **Travailler en local**
>
> Si vous voulez vraiment bien faire les choses, je vous conseille de travailler en local sur votre ordinateur, ou éventuellement sur un serveur de test.
>
> Cela vous permettra d'importer tranquillement vos données dans une base de données WordPress pour corriger et optimiser vos contenus. Vous réduirez ainsi les risques et le temps pris par le changement de site. Et surtout, vous n'aurez à la fin plus qu'à transférer vos fichiers et la base de données pour finaliser votre migration. Nous verrons plus loin comment transférer votre site depuis le serveur local ou serveur de test vers votre nom de domaine définitif.
>
> Si vous êtes sur un serveur de développement en ligne, pensez à bien mettre votre protection htpassword.

À ce stade-là, vous savez dans quelle direction aller. Il est temps désormais d'importer vos données actuelles.

Si vous utilisez un CMS connu, cela ne devrait poser aucun problème, puisque WordPress a développé un menu et des extensions dédiés dans *Outils>Importer*. Vous pouvez ainsi rapatrier des sites utilisant Tumblr, Blogger ou encore TypePad.

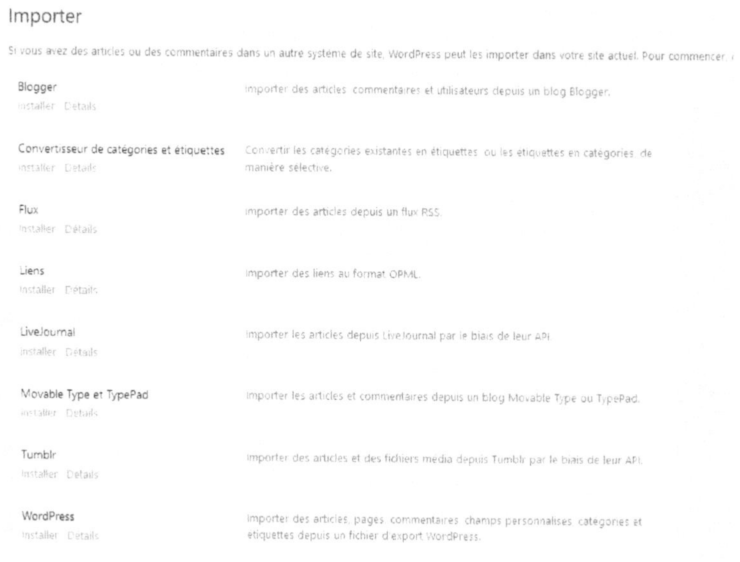

Figure 20–2
Il existe des systèmes d'import pour de nombreux CMS.

Importer

Si vous avez des articles ou des commentaires dans un autre système de site, WordPress peut les importer dans votre site actuel. Pour commencer, ...

Blogger
Installer Détails
Importer des articles, commentaires et utilisateurs depuis un blog Blogger.

Convertisseur de catégories et étiquettes
Installer Détails
Convertir les catégories existantes en étiquettes, ou les étiquettes en catégories, de manière sélective.

Flux
Installer Détails
Importer des articles depuis un flux RSS.

Liens
Installer Détails
Importer des liens au format OPML.

LiveJournal
Installer Détails
Importer les articles depuis LiveJournal par le biais de leur API.

Movable Type et TypePad
Installer Détails
Importer les articles et commentaires depuis un blog Movable Type ou TypePad.

Tumblr
Installer Détails
Importer des articles et des fichiers media depuis Tumblr par le biais de leur API.

WordPress
Installer Détails
Importer des articles, pages, commentaires, champs personnalisés, catégories et étiquettes depuis un fichier d'export WordPress.

Utilisez l'outil d'import qui correspond à votre site actuel, ou suivez le lien en dessous du tableau pour chercher une autre extension d'importation si celles qui s'affichent ne vous conviennent pas. Suivez ensuite les procédures indiquées ; tout devrait bien se passer.

En revanche, si vous avez développé votre site vous-même, avec Dreamweaver, NotePad++ ou encore SublimeText, vous risquez de devoir recopier à la main chacune de vos publications et pages. Sachez cependant que certains développeurs peuvent créer des scripts d'import, même depuis de simples contenus HTML.

À ce propos, et plus généralement s'agissant des refontes et migrations de WordPress, je vous conseille très fortement la lecture de cet article technique de Wabeo, qui traite de l'ensemble de ces aspects (hormis ceux relevant du SEO) : https://wabeo.fr/migration-donnees-wordpress/.

Paramétrer et optimiser WordPress

Maintenant que toutes les données sont intégrées dans votre CMS, il vous faut les configurer convenablement.

Pour ce faire, reprenez tous mes conseils concernant le paramétrage de WordPress pour chaque réglage du site, des extensions ou encore pour le thème qui sera utilisé.

Attention cependant : vous pouvez appliquer presque aveuglément tout ce que je vous ai recommandé, sauf pour tout ce qui concerne les URL. Vérifiez bien comment sont gérées les adresses actuelles de votre site. C'est ensuite à vous de décider si oui ou non vous gardez cette ancienne structure ou si vous la modifiez pour avoir uniquement le titre du contenu dans l'URL (pour rappel, dans les permaliens de WordPress, on utilise le paramètre `%postname%`).

Comme expliqué auparavant, cette modification vous permettra d'avoir la structure d'adresse la plus souple et la plus simple à gérer pour le référencement. Mais si celle que vous avez initialement est différente, par exemple avec `.html` à la fin ou avec le nom des catégories, vous perdrez à coup sûr l'affichage des votes sociaux, qui repartira à zéro lorsque l'URL aura été modifiée.

À l'inverse, pour le référencement, le risque est quasi inexistant, car nous mettrons en place les redirections 301 nécessaires un peu plus loin (d'où l'absolue nécessité d'avoir listé toutes les URL actuelles du site).

Corriger les contenus

Ce sera sans doute l'étape la plus longue et la plus fastidieuse : relire et vérifier les contenus et la mise en page du site. Même si les outils d'import sont bien conçus, ils ne sont pas tous parfaits.

Vous devrez donc forcément passer par l'étape de vérification des contenus pour vous assurer :

- d'avoir tout transféré ;
- que la mise en page est correcte ;
- qu'il n'y a aucun problème bloquant la lecture, la structuration ou l'ergonomie de vos publications.

Pour vous aider, je vous invite à vous référer au chapitre 22 consacré à l'audit d'un site Internet afin de ne rien oublier (croyez-moi, cela peut vite arriver).

Mettre en place impérativement les redirections

Maintenant que vos données sont bien transférées, il reste une étape avant la mise en ligne. Vous devez mettre en place vos redirections. Le plus simple est d'utiliser l'extension Redirection dont je vous ai parlé dans le chapitre 4 sur les extensions. Utilisez l'outil d'importation de redirections avec votre fichier tableur pour importer d'un seul coup toutes les redirections à mettre en place.

Pour vérifier que la redirection a été correctement mise en œuvre, vous pouvez utiliser des outils en ligne gratuits comme celui disponible ici : http://www.annuaire-info.com/outil-referencement/test-redirection/.

REMARQUE **L'impact des redirections**

Une redirection 301 indique clairement au moteur de recherche que le contenu a été déplacé. Elle permet de conserver la popularité et le référencement acquis sur les anciennes adresses.
Attention cependant, si vous faites d'un seul coup beaucoup de redirections : votre site risque de « faire le yoyo » dans les moteurs de recherche, et ce pendant quelques jours, voire quelques semaines. Il faudra en effet laisser le temps à Google de comprendre et d'intégrer toutes vos modifications.

Mettre en ligne

Les étapes

Sur votre serveur de développement, vous avez donc correctement migré votre site en intégrant d'ores et déjà toutes les corrections et redirections nécessaires.

Pour finaliser la mise en ligne, voici les différentes étapes à suivre.

1 Copiez la nouvelle base de données sur votre nouveau serveur.

2 Utilisez les requêtes SQL dont je vous parlerai un peu plus loin (ou utilisez un outil dédié - j'y reviendrai bientôt également).

3 Copiez les fichiers de WordPress sur votre nouvel hébergement.

4 Modifiez le fichier `wp-config.php` à l'aide des nouvelles informations de connexion.

Théoriquement, tout devrait s'être correctement déroulé...

Petite remarque préalable : prenez votre temps sur votre serveur de développement WordPress. Il vaut mieux prendre quelques semaines de retard et faire les choses bien, plutôt que de se presser et de bâcler votre migration.

Modifier les URL de son site

Dans le cas où vous migrez votre site d'un site WordPress vers un autre (par exemple, un changement de nom de domaine) ou depuis votre site de développement ou serveur local vers le site final), vous devrez modifier les URL dans tous les paramétrages et dans vos contenus.

Pour ce faire, il existe trois solutions différentes.

Première solution : les requêtes SQL

Un peu plus tôt, je vous parlais de requêtes SQL. Il faut en effet en utiliser certaines pour être sûr que la base de données soit correcte après l'avoir transférée. Pour ce faire, connectez-vous à PHPMyAdmin.

REMARQUE **Je n'ai pas d'accès à PHPMyAdmin**

Si vous ne pouvez accéder à PHPMyAdmin, sachez qu'il existe d'autres solutions, et notamment certaines extensions WordPress qui vous permettent de faire ce travail directement dans l'administration de Word-Press.

Chacune de ces requêtes SQL va permettre de corriger les contenus et options actuels de WordPress pour remplacer les URL du serveur de test, qu'il soit en local ou en ligne, par les URL correctes et définitives.

Modifier l'URL du site dans les options de WordPress

```
UPDATE wp_options
SET option_value = replace(option_value,
'http://www.ancien-nom-de-domaine.com',
'http://www.nouveau-nom-de-domaine.com')
WHERE option_name = 'home' OR option_name = 'siteurl';
```

Modifier les URL relatives des post types

```
UPDATE wp_posts
SET guid = replace(guid, 'http://www.ancien-nom-de-domaine.com',
'http://www.nouveau-nom-de-domaine.com');
```

Modifier les URL dans les contenus

```
UPDATE wp_posts
SET post_content = replace(post_content, 'http://www.ancien-nom-de-
domaine.com', 'http://www.nouveau-nom-de-domaine.com');
```

> ATTENTION **Vous devrez peut-être modifier le texte wp_**
>
> Toutes ces requêtes SQL font une mise à jour de la base de données en utilisant le préfixe par défaut de WordPress, à savoir : wp_.
> Si vous avez modifié ce préfixe lors de l'installation de votre site, vous devrez bien penser à modifier ces requêtes SQL pour remplacer le préfixe par celui que vous avez utilisé.

Deuxième solution : un outil dédié

Si vous ne voulez pas faire ces requêtes, il existe un outil plus simple. C'est d'ailleurs la solution que je préfère de loin : Database Search and Replace Script.

Ce script gratuit est à télécharger à l'adresse suivante : https://interconnectit.com/products/search-and-replace-for-wordpress-databases/.

Copiez les fichiers de ce dernier sur votre serveur. L'outil va détecter automatiquement pour vous les paramètres de votre base de données (via votre fichier wp-config.php). Si ce n'est pas le cas, renseignez-les manuellement. Et là, le concept est très simple :

- dans « replace », mettez l'ancienne URL ;
- dans « with », mettez la nouvelle URL.

Figure 20–3
L'interface du script

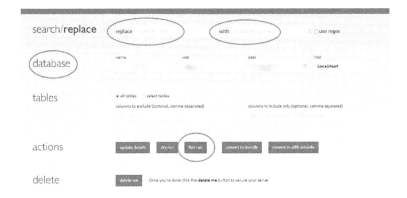

Attention, il existe une petite particularité.

- Tout fonctionne facilement :
  - dans le cas où les deux domaines utilisent www avant ;
  - dans le cas où les deux domaines n'utilisent pas www avant.
- Dans le cas où le nouveau utilise les www, et l'ancien non :
  - remplacez http://ancien-domaine.fr par http://www.nouveau-domaine.fr
- Dans le cas où l'ancien utilise les www, et le nouveau non :
  - remplacez d'abord www.ancien-domaine.fr par nouveau-domaine.fr ;
  - remplacez ensuite ancien-domaine.fr par nouveau-domaine.fr.

Pour activer la modification, cliquez enfin sur « Live Run ». Le principal intérêt, c'est que ce script est simple, performant et qu'il va aussi modifier les URL sérialisées en PHP (si vous avez perdu vos menus et vos widgets lors d'une migration de sites, par exemple, c'est à cause de données sérialisées).

Troisième solution : les extensions

Dernière solution, simple également : les extensions dédiées. Il existe ainsi des extensions WordPress créées pour faire des migrations d'un serveur à un autre, ou d'un domaine à un autre.

Parmi elles, on peut notamment citer l'excellent WP Migrate DB, qui fonctionne très bien : https://fr.wordpress.org/plugins/wp-migrate-db/ (version 0.9.2). La version pro payante est d'ailleurs encore plus performante et dotée d'un bon nombre de fonctionnalités avancées (données sérialisées, sélection des tables à migrer, etc.).

À vous de voir quelle solution vous préférez, la deuxième et la troisième étant les meilleures.

On vérifie !

Votre site est maintenant en ligne. Il reste une dernière étape **primordiale** : vérifier que le transfert s'est correctement déroulé.

Vous allez notamment devoir contrôler que le nouveau site fonctionne bien, mais aussi que toutes vos anciennes URL sont correctement redirigées ou qu'elles affichent le bon contenu.

Dans ce but, nous allons utiliser le logiciel Xenu's Link Sleuth. Rendez-vous dans les options du logiciel et modifiez les préférences comme ceci :

- *Maximum depth* : 1 ;
- *Treat redirections as errors* : cochez la case ;
- *Report* : cochez toutes les cases.

Dans un simple fichier texte, copiez toutes vos anciennes adresses (une par ligne). Allez alors dans le menu principal de Xenu, *File*, puis utilisez l'option *Check URL List*.

En ayant mis le *maximum depth* à 1, il vérifiera toutes les adresses de votre fichier (et uniquement celles-là, c'est-à-dire sans suivre les liens éventuellement trouvés).

Vous saurez immédiatement si ces différentes URL posent problème ou non.

Vous devriez donc avoir uniquement des codes 200 ou 301. Si vous voyez des codes 302, 404 ou encore 500, c'est qu'une partie de votre transfert ou de vos redirections ne s'est pas correctement déroulée.

L'intérêt des web analytics

21

Les outils d'analyse de trafic (web analytics) *peuvent vous aider à mieux cerner vos visiteurs, mais aussi à évaluer votre référencement naturel. Ils seront vos plus fidèles compagnons pour optimiser votre visibilité.*

Dans ce chapitre, nous présenterons brièvement quelques concepts liés au trafic web et nous vous donnerons surtout les informations utiles à l'optimisation de votre site WordPress. Vous serez alors capable de détecter tout contenu à modifier, supprimer ou ajouter.

> REMARQUE **Quel outil utiliser ?**
>
> Vous trouverez sur Internet des dizaines de solutions de statistiques de trafic, qu'elles soient gratuites ou payantes. Pour ma part, j'ai l'habitude d'utiliser Google Analytics, mais vous pouvez tout aussi bien choisir celle que vous désirez, Piwik par exemple.

Les concepts de base

Visiteurs et visites

La plupart des outils de web analytics distinguent correctement les visiteurs des visites : un visiteur unique peut faire plusieurs visites sur votre site. Certains outils parlent aussi d'utilisateurs et de sessions. Théoriquement, mieux vous serez référencé dans les moteurs de recherche, plus vous aurez de visites. La clé sera alors de réussir à les fidéliser et à les faire revenir.

> ATTENTION **Prenez du recul par rapport aux chiffres**
>
> Les données fournies par les outils de web analytics doivent être considérées avec le recul nécessaire, car elles ne seront jamais exactes. Plusieurs éléments peuvent expliquer ce manque de précision. En voici un exemple : un internaute qui utilise deux ordinateurs ou périphériques différents sera ainsi considéré à tort comme deux visiteurs uniques au lieu d'un.

Taux de rebond

L'autre concept qu'il faut expliquer avant d'aller plus loin, c'est le taux de rebond, une notion très utile mais souvent employée à tort et à travers.

On parle de rebond d'un visiteur lorsque celui-ci arrive sur une page de votre site pour en ressortir tout de suite. Attention, cette notion diffère de la sortie d'un visiteur qui peut se faire après avoir navigué sur des dizaines de pages. Pour résumer, un rebond est donc systématiquement une sortie, mais une sortie n'est pas systématiquement un rebond.

Le taux de rebond mesure ainsi le pourcentage de visiteurs qui quittent votre site dès la première page de leur visite, ce qui permet de connaître l'intérêt de celle-ci pour l'internaute.

> ATTENTION **Les limites du taux de rebond**
>
> Le taux de rebond a deux limites :
> - sur certaines pages, un taux élevé peut s'avérer normal. C'est le cas, par exemple, de la page *Contact*, puisque le visiteur peut être amené à ne rechercher que votre adresse ou votre numéro de téléphone ;
> - il ne mesure pas certaines interactions, comme la lecture de vidéos ou le téléchargement de fichiers. Certains internautes peuvent donc agir sur une page et être considérés comme des rebonds, alors qu'ils se sont « engagés » sur votre site.

Au passage, il est important de savoir que personne ne sait avec certitude si le taux de rebond est pris en considération par les moteurs de recherche pour positionner un contenu. Considérez tout de même que vous devez le réduire pour améliorer la qualité de votre site.

Taux de conversion

C'est un élément clé qu'une partie des référenceurs ont une fâcheuse tendance à oublier : les conversions, c'est-à-dire la réussite ou non de vos objectifs (ventes, prises de contact, inscriptions, abonnements, etc.).

C'est une donnée très importante à analyser, puisque c'est elle qui dirigera votre travail. Il y a un élément à ne jamais oublier : augmenter le trafic de son site ne sert à rien en soi. C'est uniquement un moyen d'atteindre ses objectifs. Si vous faites venir 20 000 personnes en plus chaque mois, mais que ces dernières ne font rien et repartent (pas de vente, pas de prise de contact, etc.), cela n'aura servi à rien.

Mesurer les conversions permet donc de savoir quels sont les contenus de votre site et les expressions réellement pertinents dans votre démarche. Vous pourrez ainsi affiner votre structure, et déterminer les types de contenus les plus rémunérateurs.

Nativement, sauf pour les sites e-commerce ayant une extension ou une option d'ajout de script pour Piwik ou Google Analytics, les conversions ne s'affichent pas. Il vous faudra paramétrer votre solution de web analytics pour pouvoir suivre ces dernières, afin de mesurer le nombre de fois où la page *Merci pour cette demande de contact* se sera affichée, par exemple.

Quelles informations utiliser en référencement ?

Le sujet des web analytics est vaste et des plus intéressants si l'on veut comprendre ses visiteurs. Je vais vous donner ici quelques astuces pour en tirer profit et agir en conséquence dans votre installation WordPress. N'hésitez pas, cependant, à approfondir le sujet à l'aide d'autres livres ou d'autres tutoriels en ligne.

Voici ce qu'il faut retenir :

* analysez toujours le comportement de vos visiteurs pour améliorer vos contenus et vos ventes ;
* analysez toujours les pages et les mots-clés positionnés dans Google afin de vous adapter et de les améliorer.

Les mots-clés

Dans chaque solution d'analyse des statistiques de trafic, vous pouvez accéder aux mots-clés saisis par les internautes afin de savoir sur lesquels vous vous positionnez.

> REMARQUE **Le Not provided**
>
> Vous risquez de voir apparaître le mot-clé « Not provided » en tête de vos mots-clés, mais il ne s'agit pas d'un terme réellement saisi par les internautes. En réalité, Google masque une grande partie des requêtes des internautes, qui sont regroupées sous cette appellation.

Mot clé		Visites ↓	Pages/visite	Durée moy. de la visite	Nouvelles visites (en %)	Taux de rebond
		13 702	**1,49**	**00:02:18**	**68,64 %**	**23,27 %**
		% du total: 64,43 % (21 257)	Moyenne du site: 1,55 (-3,99 %)	Moyenne du site: 00:02:29 (-7,25 %)	Moyenne du site: 67,12 % (2,27 %)	Moyenne du site: 26,36 % (-11,75 %)
☐	1 (not provided)	10 501	1,50	00:02:23	67,17 %	20,80 %

Figure 21–1 Le mot-clé « Not provided » peut représenter une très forte part de votre trafic.

Il y a plusieurs choses intéressantes à analyser ici.

- Les mots-clés à fort taux de rebond : si certains mots ont un très fort taux, cela signifie sûrement que votre contenu n'est pas forcément adapté à leurs besoins. Vous allez donc pouvoir améliorer vos contenus existants ou créer des publications complémentaires dans WordPress.
- Les mots-clés peu rémunérateurs : si vous avez mis en place un suivi de vos ventes ou objectifs dans votre outil de web analytics, vous allez pouvoir savoir quels mots-clés vous rapportent de l'argent. À vous ensuite d'améliorer les contenus dont les mots-clés sont peu rémunérateurs.
- Les mots-clés que vous ne cibliez pas : vous verrez régulièrement des mots-clés sur lesquels vous êtes positionné sans l'avoir désiré. Cela peut vous donner également de nouvelles idées de contenus ou de catégories auxquelles vous n'aviez pas pensé.

Parfois, cette analyse vous donnera des dizaines d'idées d'articles à créer ou à optimiser pour augmenter encore plus votre trafic. Cela vaut le détour à plus d'un titre !

Vous serez quelquefois très surpris des expressions sur lesquelles vous êtes positionné. Ainsi, pour mon site SeoMix, j'ai trouvé : « image de sein naturel », « rions tous ensemble »… De quoi songer à un repositionnement de thématique, ou pas.

Les contenus et leur qualité

Travailler ses contenus de mauvaise qualité

Tout comme avec les mots-clés, l'analyse du trafic page par page vous donnera de nombreuses indications pour améliorer votre référencement et vos contenus, et notamment sur :

- les pages avec un fort taux de rebond ;
- les pages avec un fort taux de sortie ;
- les pages peu rémunératrices ou qui convertissent peu.

Vous vous apercevrez ainsi que certaines de vos pages ne sont pas du tout visitées. Pour les pages qui ne vous apportent aucun trafic supplémentaire, deux possibilités s'offrent à vous :

- les mettre en avant pour les référencer ou pour améliorer le trafic vers celles-ci. Il est en effet possible qu'il n'y ait pas de trafic (en SEO ou de manière globale) parce qu'elles sont difficilement trouvables ou peu optimisées ;
- les supprimer et faire une redirection vers le contenu le plus proche sémantiquement parlant.

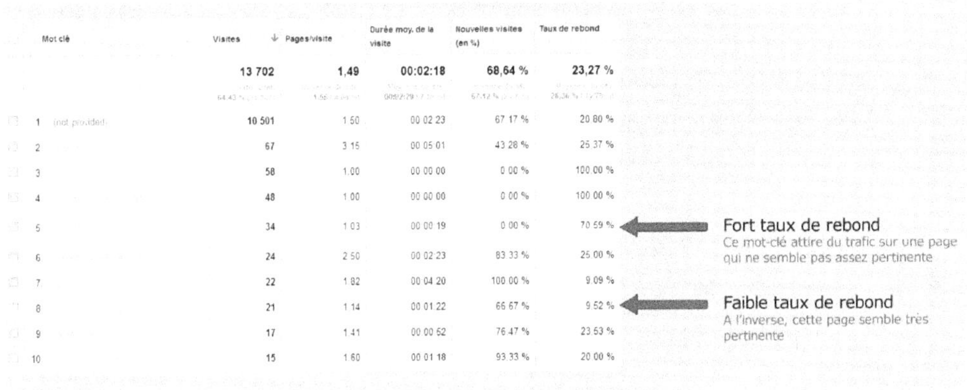

Mot clé	Visites	↓ Pages/visite	Durée moy. de la visite	Nouvelles visites (en %)	Taux de rebond	
	13 702	1,49	00:02:18	68,64 %	23,27 %	
	64,43 %	1,58	00:02:29	67,12 %	28,36 %	
1 (not provided)	10 501	1.50	00 02 23	67.17 %	20.80 %	
2	67	3.15	00 05 01	43.28 %	26.37 %	
3	58	1.00	00 00 00	0.00 %	100.00 %	
4	48	1.00	00 00 00	0.00 %	100.00 %	
5	34	1.03	00 00 19	0.00 %	70.59 %	← Fort taux de rebond. Ce mot-clé attire du trafic sur une page qui ne semble pas assez pertinente
6	24	2.50	00 02 23	83.33 %	25.00 %	
7	22	1.82	00 04 20	100.00 %	9.09 %	
8	21	1.14	00 01 22	66.67 %	9.52 %	← Faible taux de rebond. A l'inverse, cette page semble très pertinente
9	17	1.41	00 00 52	76.47 %	23.53 %	
10	15	1.80	00 01 18	93.33 %	20.00 %	

Figure 21–2 Un exemple d'analyse de mots-clés

Remarque sur le taux de rebond et le temps passé

Petite remarque concernant le taux de rebond et le temps passé : par défaut, ces deux chiffres sont faussés. Pour rappel, le taux de rebond est le pourcentage de visiteurs qui ne visitent qu'une seule page de votre site. Ils arrivent sur un contenu, puis repartent sans rien regarder d'autre.

Le problème, c'est que l'on ne peut mesurer le temps passé sur cette fameuse page, car le script de votre solution web analytics ne s'exécute qu'au chargement de la page, et non lorsque l'internaute quitte celle-ci. Il peut donc avoir passé 5 secondes dessus, tout comme 20 minutes.

Et cette remarque ne concerne pas uniquement les visites avec rebonds. Sur une visite traditionnelle, le temps passé est toujours de 0 seconde sur la dernière page consultée. Votre vrai temps passé sur le site entier est donc systématiquement sous-estimé.

Les entrées SEO

Mesurez aussi les pages qui ne font aucune entrée SEO (ou peu d'entrées), c'est-à-dire les pages qui ne permettent pas d'avoir de trafic depuis les moteurs de recherche.

L'idée est simple ici : si une page n'attire pas ou peu de visiteurs depuis Google, cela peut vouloir dire plusieurs choses :

- le contenu n'est pas assez pertinent ou pas assez populaire ;
- il y a un ou plusieurs problème(s) technique(s) pour le référencer ;
- le contenu n'a aucun intérêt en SEO et peut sans doute être supprimé.

Le suivi de la recherche

Enfin, avec un outil de web analytics, il est possible de mettre en place un suivi des recherches effectuées sur votre site afin de savoir quels sont les contenus auxquels souhaitent accéder les internautes. À vous ensuite de les créer et de vous positionner dessus.

Dans les différents outils, on vous demandera le paramètre de la recherche pour activer le suivi. Sur WordPress, c'est la lettre « s » : site.fr/?s=marecherche.

> REMARQUE **Les extensions le font aussi**
>
> Certaines extensions WordPress font la même chose, par exemple Search Meter.
> ▸ https://wordpress.org/plugins/search-meter/

Refonte de site

Si vous êtes dans le cas de la refonte d'un site, que ce soit juste pour changer le thème, la structure, ou encore pour passer d'un CMS à un autre, l'outil de web analytics vous aidera également à faire les bons choix.

N'hésitez pas à consulter tous les menus ou presque, car chacun d'entre eux vous permettra d'adapter votre cahier des charges pour la refonte du site Internet. Parmi les informations pertinentes, voici ce que vous pouvez regarder.

- Concernant les internautes :
  - la résolution de leurs écrans ;
  - le fait qu'ils utilisent un mobile, une tablette ou un ordinateur ;
  - la langue de leurs navigateurs ;
  - etc.
- S'agissant des contenus :
  - quels sont les contenus recherchés dans le moteur de recherche interne ?
  - quels sont les contenus les plus lus ?
  - lesquels ne le sont pas ?
  - quelles sont les fonctionnalités actuellement utilisées ?
  - etc.

Vous n'avez plus qu'à vous mettre au travail.

Auditer son site WordPress 22

Si votre site existe depuis plusieurs années, vous risquez d'être désorienté et de ne pas savoir par où commencer votre travail de référencement naturel. Pour savoir ce qui pose problème, le mieux est de réaliser vous-même l'audit de votre site WordPress. Et lors de vos modifications, vous devrez toujours vérifier et analyser vos actions.

Pourquoi auditer son site ?

S'il y a une règle d'or que l'on doit retenir en référencement naturel, c'est que les choses ne sont pas toujours comme on le pense. Il faut toujours tout contrôler et vérifier.

Lorsque l'on veut améliorer son référencement naturel, il ne faut pas se lancer dans l'optimisation directe. Il est toujours important de réaliser un audit complet pour bien comprendre les tenants et les aboutissants de son site et de son secteur d'activité.

Puis, à chaque modification ou optimisation, l'audit sera le seul moyen à notre disposition pour être sûr de ne rien rater, tout en étant certain que notre amélioration a bien eu l'effet escompté.

Les principes de base d'un audit WordPress

Comment conduire cet audit ? C'est la grande question. Il n'existe pas de méthode toute faite, parce qu'il y a énormément d'éléments à regarder et, surtout, parce que tous les sites diffèrent les uns des autres. Je vais essayer ici de vous donner des pistes de travail en vue de faire un audit complet : le moyen pour vous, ensuite, de savoir par quoi commencer dans votre optimisation.

> REMARQUE **L'audit SEO**
>
> L'audit SEO est (presque) un métier à part entière. Je vais vous exposer ici les bases pour auditer un site WordPress. Si vous voulez approfondir ce sujet, je vous conseille l'achat du guide que j'ai coécrit avec Olivier Andrieu :
>
> ▸ http://www.boutique-abondance.com/livres-et-etudes/81-l-audit-seo-quels-points-analyser-pour-avoir-un-site-google-friendly.php.

Quels éléments regarder ?

En réalité, il faut **TOUT** examiner dans un audit. Le problème, c'est surtout de ne pas s'éparpiller et de travailler étape par étape.

L'audit manuel

Commencez tout simplement par visiter votre site et notez sur une feuille de papier tout ce qui vous vient en tête en parcourant vos différents contenus, que ce soit des remarques sur la qualité des articles, sur l'ergonomie ou encore sur les duplications et autres problématiques liées au référencement naturel que vous verriez au premier coup d'œil.

Une fois cette première étape réalisée, vous allez devoir réaliser votre audit de mots-clés. J'en parlais dans le chapitre sur la structure du site. Cet audit doit permettre de répondre aux questions suivantes.

- Quels sont les mots-clés pertinents sur lesquels je souhaite me placer ?
- Ai-je des contenus pour répondre à ces besoins ?
- Qui sont mes concurrents ?
- Dois-je créer de nouveaux articles ?
- Dois-je modifier la structure de mon site ?
- Etc.

L'audit technique

Vous pourrez ensuite entrer dans la partie technique de l'audit. Vous pouvez ainsi reprendre tout ce livre depuis la première page et vérifier point par point les éléments suivants.

- Les réglages :
  - les réglages de base de WordPress sont-ils bien faits ?
- Les extensions :
  - pour chaque extension installée, posez-vous la question de savoir si elle a un intérêt ou non ;
  - pour les extensions citées dans ce livre, vérifiez qu'elles sont installées et vérifiez aussi qu'elles sont correctement paramétrées.

- Le thème :
  - vérifiez que vous possédez bien tous les fichiers requis pour chaque type de contenu ;
  - dans chacun, regardez si le code ne provoque pas de duplication de contenu et si les optimisations conseillées précédemment sont bien mises en place ;
  - chaque fichier de mon thème ajoute du contenu unique et pertinent ;
  - etc.

L'audit des contenus

Vous pourrez ensuite vous attaquer au contenu en lui-même, en vérifiant chaque article, page, catégorie et mot-clé, et tout autre custom post type ou custom taxonomy. Vérifiez pour chacun d'entre eux :

- le titre SEO ;
- la balise `meta description` ;
- les textes alternatifs des images ;
- la présence d'un contenu unique (notamment pour vos catégories, mots-clés et taxonomies).
- etc.

Vous devrez donc vous assurer également que les informations de Yoast SEO ont bien été remplies pour chacun d'entre eux, que vous avez bien des descriptions de catégories ou encore que chaque mot-clé est logique et non redondant par rapport aux autres.

C'est sans doute la partie la plus longue de votre audit, mais aussi celle qui a le plus d'importance.

L'audit structurel

Enfin, vérifiez que vos silos et votre maillage interne ont été bien pensés, et surtout qu'ils ont été correctement mis en place. Pour ce faire, je vous conseille de relire les chapitres consacrés aux silos et à la structure d'un site WordPress.

Quels logiciels utiliser ?

Les centres Webmaster et les outils de web analytics

Vous aurez compris qu'en fonction de la taille de votre site un audit complet peut prendre un temps considérable, surtout pour toute la partie qui concerne les contenus. Si vous le faites manuellement, cela peut vous prendre un temps fou. Heureusement pour nous, plusieurs outils peuvent nous aider dans notre tâche.

Les deux premiers sont les interfaces de suivi qui doivent être mises en place :

- les centres Webmaster de Google et de Bing ;
- les outils dédiés aux web analytics.

Si aucun des trois n'est présent, vous savez que l'optimisation de votre site commencera par leur installation. Sinon, tant mieux pour vous : vous pourrez vous connecter sur chacun d'eux dès le départ, pour analyser tout le trafic et les erreurs de la version en cours de votre site. Ils vous fourniront de précieuses informations sur ce qui fonctionne bien et sur ce qui, à l'inverse, est défaillant.

Consultez donc **impérativement** chaque menu des centres Webmaster et notez toute erreur ou recommandation qui serait affichée pour pouvoir la corriger.

Faites ensuite de même avec Google Analytics pour comprendre ce qui fonctionne ou ne fonctionne pas avec votre trafic. Là encore, il y aurait des dizaines de pages à écrire pour ne traiter que cet aspect-là. Je vous conseille donc vivement l'achat et la lecture d'un ouvrage dédié à votre outil de web analytics.

Les logiciels et outils de scan et d'audit

Lesquels utiliser ?

Ensuite, utilisez des logiciels gratuits, comme Xenu dont je vous ai déjà parlé, ou encore le très complet et plus ergonomique Screaming Frog Spider SEO.

Figure 22–1
Utilisez le logiciel Screaming Frog, c'est une mine d'informations.

REMARQUE **Mieux appréhender ces logiciels**

Pour un logiciel gratuit, Xenu est relativement puissant. Si vous voulez en savoir plus sur ce dernier, consultez le guide écrit chez SeoMix sur le sujet :

▸ https://www.seomix.fr/xenu/

Sachez aussi qu'il existe un équivalent pour Mac appelé Integrity, et bien entendu celui que je recommande, Screaming Frog Spider SEO (disponible sur Mac et PC).

La question que vous devez vous poser doit être simple : « Dois-je utiliser Screaming Frog Spider SEO ou Xenu's Link Sleuth ? ». La réponse est la suivante : « les deux, et de manière conjointe ». Chacun des deux outils présente de gros avantages et de gros inconvénients.

- Xenu :
  - il est gratuit ;
  - il scanne davantage d'URL (il voit notamment les liens raccourcis que ne voit pas Screaming Frog) ;
  - il va voir parfois trop de liens (et notamment vérifier les liens d'images contenus dans les fichiers CSS) ;
  - il n'est pas toujours ergonomique : par exemple, pour les images, la colonne « Title » correspond aux balises `title` des contenus HTML, mais aussi aux textes alternatifs des images.
- Screaming Frog :
  - il est payant (comptez environ 150 € par an) ;
  - il voit un peu moins d'URL ;
  - il voit bien plus d'informations pour chaque URL (les balises `h1` et `h2`, les balises `canonical`, etc.) néanmoins.

Comment les utiliser ?

Le mieux est ensuite d'exporter les données dans un tableur Excel et de les traiter. Vous pourrez ainsi fusionner les informations des deux logiciels, et trier aussi chaque colonne pour notamment lister et afficher :

- les contenus ayant une balise `title` ou une balise `meta description` :
  - dupliquée ;
  - trop courte ;
  - trop longue ;
  - pas assez explicite ou ciblée.
- les images ayant une balise `alt` manquante ou peu explicite ;
- les erreurs 404 ;
- les mauvaises redirections 302 ;
- les redirections 301 inutiles que l'on pourrait remplacer par des liens directs ;
- les pages trop profondes (situées à plus de 5 clics de la page d'accueil) ;
- les URL bizarres ou peu explicites ;
- les balises `h1` dupliquées ;
- la présence de balises `canonical` étranges ;
- etc.

Parmi les autres outils payants, il y en a d'excellente qualité. Je vous conseille notamment le très bon Yooda SeeUrank Falcon : http://falcon.seomix.fr/. Ce logiciel effectue une très bonne analyse de votre site, mais aussi de votre indexation, de votre positionnement ou encore de vos concurrents (attention, comme tout logiciel, il ne verra pas tout : complétez-le au moyen des quelques outils présentés plus haut).

Il en existe d'ailleurs beaucoup d'autres, que ce soit – comme ici – des logiciels que l'on télécharge sur son ordinateur, ou encore des outils en ligne (WooRank, par exemple).

Je le rappelle, **AUCUN** outil d'audit SEO n'est tout à fait complet. Et surtout, la clé de ce type de travail, c'est de pouvoir faire une analyse pertinente des données. Cela prend du temps, mais c'est le seul moyen de pouvoir référencer efficacement votre site sur le long terme.

Certains instruments tels que WooRank ont aussi tendance à mettre au même niveau différentes problématiques, alors que certaines ont bien plus d'impact que d'autres. Par exemple, il est essentiel, effectivement, d'avoir un site en HTTPS et compatible mobile, mais c'est bien moins important que de s'occuper d'un site sans aucune popularité ou ayant de très nombreuses erreurs 404.

Prendre le temps d'une analyse manuelle

Voici un autre point crucial dans Xenu et/ou Screaming Frog : le travail d'analyse manuel de chaque URL. Ces outils vont faire remonter des erreurs ou des oublis, mais jamais ils ne vous diront « ce contenu n'a aucun intérêt en SEO, car il ne cible pas une de vos expressions ».

Il est donc très important de contrôler les URL les unes après les autres et de se poser les questions suivantes :

- Ce contenu est-il unique ?
- Ce contenu est-il pertinent ?
- Ce contenu est-il redondant par rapport à un autre ?
- Ce contenu a-t-il été généré à tort par WordPress, mon thème ou une extension ?

Je sais que ce travail est chronophage, qu'il semble peu intéressant, mais il fera la différence.

Les autres outils utiles pour le social

Il existe d'autres outils que j'aime beaucoup, en plus de tous ceux déjà cités au travers de ce livre, et qui permettent cette fois-ci l'analyse des éléments sociaux de votre site. Les voici.

- Pour la vérification des données sociales :
  - le Twitter Card Validator : https://cards-dev.twitter.com/validator ;
  - le Facebook Debugger : https://developers.facebook.com/tools/debug/.
- Pour connaître les partages sociaux d'un site :
  - Social Count : http://www.socialcount.co/app

Un réel audit de WordPress

À ce niveau-là, la question est surtout de se demander si l'on peut aller plus loin. La réponse est évidemment oui.

Paramétrage, extensions et aspects techniques

Nous n'allons pas revenir en détail sur ce point, car plusieurs chapitres l'évoquent déjà. Au-delà de votre audit avec un logiciel de scan, avec la Search Console de Google et avec votre outil de web analytics, pensez à tout simplement passer en revue chaque menu de paramétrage de WordPress pour vérifier la configuration.

Ce qui est essentiel, ce sont surtout les extensions présentes sur votre site, mais dont nous n'avons pas parlé dans cet ouvrage. Demandez-vous quels contenus elles peuvent générer, et si ces derniers sont pertinents ou non.

Par exemple, chez nos clients ayant des extensions d'agenda, ces extensions génèrent très souvent des centaines d'URL qui, pour nombre d'entre elles, n'ont pas un contenu unique.

La popularité

C'est le nerf de la guerre : même si vous optimisez à la perfection votre site, votre thème, vos contenus et la structure globale, vous n'arriverez à rien sans un minimum de liens. Lorsque vous conduirez votre audit, vous devrez donc étudier la popularité de vos pages, cette dernière se mesurant de plusieurs façons :

- par le nombre de liens ;
- grâce à la qualité de ces liens ;
- en étudiant le nombre de pages de votre site ;
- par le biais des ancres utilisées dans ces liens.

RAPPEL **Qu'est-ce qu'une ancre de lien ?**

L'ancre du lien correspond au texte affiché dans ce lien. Voici quelques exemples, avec les ancres correspondantes indiquées en gras :

1. <a href="http://www.site.fr">**Cliquez-ici**</a>
2. <a href="http://www.site.fr">**Lire la suite**</a>
3. <a href="http://www.site.fr">**http://www.site.fr**</a>
4. <a href="http://www.site.fr">**Audit SEO de WordPress**</a>

Le nombre de pages est également important, car votre popularité se répartit sur l'ensemble de vos contenus. Plus vous aurez d'URL, plus il faudra augmenter par conséquent votre popularité, pour que chaque publication puisse être jugée pertinente et crédible par les moteurs de recherche. C'est notamment grâce au scan de votre site au moyen des outils précédents que vous obtiendrez ce nombre.

De même, la qualité des liens dépend de plusieurs facteurs, et notamment des suivants.

- Le lien est-il fait depuis une page et/ou un site populaire ?
- Le lien est-il fait sur un contenu ayant la même thématique ?
- Le lien est-il fait sur une page où il y a beaucoup ou peu de liens ?

Pour obtenir des informations sur vos liens, voici différents outils, tous payants :

- Ahrefs : https://ahrefs.com/ ;
- Majestic SEO : https://fr.majestic.com/ ;
- OpenSite Explorer : https://moz.com/researchtools/ose/.

REMARQUE **Les liens affichés par ces outils**

Comme les moteurs de recherche classiques, ces outils parcourent le Web pour trouver les liens affichés. Chacun possède sa propre base de données ; il est donc tout à fait normal de trouver un nombre de liens différents selon l'outil considéré.

Chaque outil vous liste les liens qui pointent vers votre site, les sites concernés ou encore les ancres correspondantes. Cela vous permettra ensuite de pouvoir mieux comprendre si le site est populaire ou non.

Pour rappel, certains outils vous affichent aussi des scores. J'aime notamment beaucoup celui affiché par Majestic SEO, avec d'une part le Citation Flow (le nombre de liens), de l'autre le Trust Flow (la qualité et la crédibilité des liens), qui génèrent des notes qui vous sont ensuite redonnées par thématique.

Figure 22–3
Majestic SEO nous permet de bien analyser la popularité d'un site.

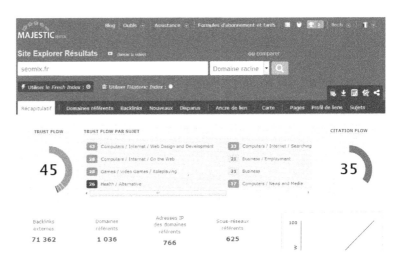

L'univers sémantique et les mots-clés

Bien entendu, tout bon audit et toute amélioration du référencement naturel d'un site WordPress reposent sur le fait d'avoir réalisé un audit de mots-clés efficace : sans cela, vous risquez d'avancer à tâtons pour tout le reste de votre travail. Le concept de l'audit de mot-clés est long à expliquer. Là encore, je vous conseille pour cette partie-là de vous tourner vers des livres dédiés au référencement naturel considéré de manière globale ou de relire les premiers chapitres.

Pour rappel, voici ce qu'il faut faire pour obtenir une première liste de termes.

- Listez la totalité des mots-clés que vous trouvez pertinents par rapport à votre secteur d'activité.
- Étoffez cette liste en discutant avec vos clients, partenaires, fournisseurs, salariés et confrères.
- Étoffez encore cette liste à l'aide des mots-clés et termes utilisés par vos concurrents.
- Étoffez une dernière fois votre liste en vous basant sur des outils de suggestion de mots-clés, par exemple Yooda Insight, l'outil de planification d'AdWords, ou Ubersuggest : http://ubersuggest.org/.

- Regardez les questions que se posent les internautes grâce à AnwserThePublic.
- Observez aussi l'univers sémantique autour d'un terme, avec par exemple 1.fr.
- Puis commencez par nettoyer une première fois votre liste en éliminant tous les mots peu pertinents au niveau sémantique (trop éloignés de votre secteur d'activité, ceux ayant plusieurs sens, etc.).

À ce stade-là, votre liste devrait être vraiment exhaustive. Maintenant, il faut la trier. Passez ainsi tous vos mots-clés dans l'outil de planification des mots-clés, gratuit et disponible à condition d'avoir un compte AdWords disposant de campagnes actives : https://adwords.google.com/. Sinon, utilisez un autre outil payant, comme SEMrush ou Yooda Insight.

Vous pouvez soumettre votre liste de mots-clés à cet outil : il vous donnera le volume moyen des recherches mensuelles pour tel ou tel terme, dans la langue et la zone géographique que vous ciblez. Ce volume vous permettra donc de trier par importance vos mots-clés. Ceux qui seront les plus tapés seront souvent utilisés comme mots-clés principaux, faisant ainsi office de silos dans votre structure de site.

> REMARQUE **Le volume de recherche**
>
> En règle générale, partez du principe qu'un mot-clé recherché moins de 100 fois par mois est peu pertinent : cela vous prendra en effet du temps pour le placer en premier, sans pour autant vous apporter ni beaucoup de trafic, ni beaucoup de conversions.

L'analyse des contenus

En suivant les préconisations du chapitre 11 consacré à la rédaction de contenu, et en analysant également le rendu réel de vos publications via un logiciel de crawl, vous devrez vérifier que chaque contenu est optimisé (longueur, expressions ciblées, textes alternatifs, balise `title`, balises `h1`, etc.).

L'analyse de la structure

Avoir un logiciel dédié

C'est sans doute la partie la plus complexe à appréhender lors d'un audit SEO : la capacité à analyser la pertinence de la structure du site et de l'ensemble du maillage interne. Là encore, plusieurs moyens sont à votre disposition pour analyser ce dernier.

- Vous pouvez naviguer comme le ferait un visiteur de contenu en contenu pour voir si chaque lien, bouton ou fonctionnalité est cohérent et se trouve à la bonne place.
- Vous pouvez faire appel aux outils de scan :

- pour observer le nombre de liens entrants et sortants au niveau de chaque URL : normalement, les « hauts » de silos doivent faire partie des pages qui reçoivent le plus de liens ;
- pour regarder la profondeur de chaque contenu au sein de l'arborescence, c'est-à-dire le nombre de clics nécessaire pour y accéder depuis la page d'accueil : plus le contenu est important, plus cette profondeur doit être courte ;
- pour recourir aux outils de popularité : vos pages importantes reçoivent-elles directement des liens ?

L'outil le plus complet pour approfondir ce point est disponible à partir du très complexe Gephi : http://gephi.github.io/. Ce logiciel est un outil de visualisation de données. Il vous sera ainsi possible d'exporter les données de vos outils de scan, de les importer dans cet outil, puis de les afficher pour vérifier que votre structure réelle correspond bien à la structure souhaitée.

Il existe des « équivalents », dont l'outil en ligne Cocon.se. Pour une utilisation courante, il est très bien et conviendra à la majorité d'entre vous. Gardez en tête, néanmoins, que Gephi est certes plus complexe, mais qu'il peut permettre d'avoir une analyse plus complète. On peut surtout décider nous-mêmes quelles informations importer et comment les visualiser.

Sachez enfin qu'il vous faudra du temps pour appréhender au mieux Gephi. Je vous invite donc, une fois de plus, à lire des ouvrages ou tutoriels dédiés, et notamment :

- le guide de l'audit SEO d'Abondance
  - http://www.boutique-abondance.com/livres-et-etudes/81-l-audit-seo-quels-points-analyser-pour-avoir-un-site-google-friendly.php
- les tutoriels Gephi
  - http://clementlevallois.net/gephi.html
  - http://www.seomix.fr/pourquoi-comment-utiliser-gephi-seo/

ATTENTION **Gephi est « instable »**

Gephi a malheureusement tendance à « planter » souvent, surtout lorsque beaucoup de données sont en jeu. Le raccourci Ctrl+Z est également inopérant si l'on veut annuler la dernière action. Pensez donc à sauvegarder souvent, et dans des fichiers différents.

Un exemple avec Gephi

Pour vous donner un ordre d'idée de ce que ce type de logiciel peut réaliser, voici un exemple d'audit de structure réalisé avec Gephi.

On affiche ici chaque URL du site avec un rond. Plus le rond est grand, plus cette URL reçoit de liens en interne. On demande ensuite au logiciel de colorer automatiquement chaque rond.

Si nos silos sont bien conçus, on devrait avoir des grappes de couleurs distinctes. À l'inverse, si notre structure est mal conçue, on aura soit un magnifique arc-en-ciel, soit une seule couleur ou presque.

Théoriquement, nous devrions donc avoir des grappes de couleurs clairement distinctes, quelques grands ronds (les têtes de silos), puis de nombreux ronds de plus en plus petits. Et dans notre exemple, c'est très loin d'être le cas.

Figure 22–4
Un exemple de structure
analysée avec Gephi

Dans l'exemple précédent, nous avons ensuite optimisé le site techniquement. Le rendu parle de lui-même, observez la figure suivante.

Figure 22–5
La même structure
après quelques optimisations
techniques

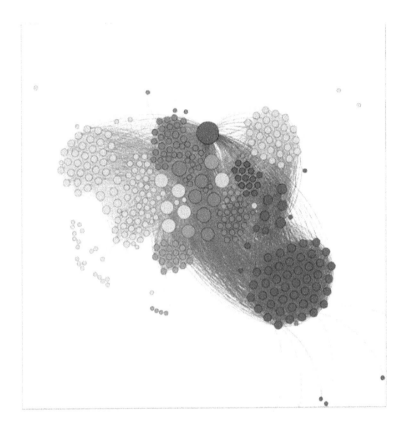

Et encore, nous n'avons pas fait grand-chose. Nous avons juste :

- paramétré correctement WordPress ;
- installé les bonnes extensions (avec le réglage approprié) ;
- supprimé quelques liens inutiles générés par le thème ;
- ajouté automatiquement des liens dans les silos, entre les contenus parents et enfants, et entre contenus de même niveau.

D'ores et déjà, on peut donc obtenir de bons résultats. Et dans cet exemple, nous n'avons pas encore réellement travaillé la structure de notre site (audit, conception d'arborescence, puis catégorisation et maillage interne) ni nos contenus (longueur, liens internes, pertinence, etc.).

Il ne vous reste plus qu'à vous mettre au travail.

Conclusion

WordPress est un CMS puissant et facilement personnalisable. Nous sommes bien loin du petit outil des premiers jours, avec lequel on créait son blog personnel pour y montrer des photos de chats, de sa famille à la plage et des selfies devant le miroir.

Depuis 2010, ce système de gestion de contenus est devenu réellement pratique et modulable : on peut le transformer en n'importe quel type de site, avec des contenus riches et variés. Cela va du simple blog ou site vitrine au portfolio, à la WebTV, au site de petites annonces, en passant par le réseau social, le site e-commerce, le forum ou l'intranet.

Quelle que soit l'utilité que vous en aurez, il faudra toujours l'optimiser pour le référencement naturel, comme nous l'avons vu tout au long de cet ouvrage.

J'espère que vous avez compris l'intérêt et l'importance du référencement naturel. Certes, certaines optimisations peuvent frôler la suroptimisation ou, à l'inverse, n'avoir que peu d'impact sur votre visibilité. Mais elles ont toutes ou presque un intérêt pour vos visiteurs.

D'ailleurs, c'est toujours eux qui doivent être à la base de toutes nos optimisations. Souvenez-vous donc d'une chose : quand vous optimisez un site, ses contenus ou sa charte graphique, faites-le toujours pour vos visiteurs avant de le faire pour les moteurs de recherche !

En utilisant un CMS correctement optimisé et avec de bons contenus, vous vous assurez d'avoir une base saine pour le référencement naturel. À vous ensuite de travailler vos contenus et surtout la création de liens entrants pour réellement booster votre visibilité sur Internet.

Le danger qui peut se présenter, à l'inverse, c'est justement de se reposer trop facile-ment sur son thème et sur les extensions que l'on utilise. Si vous voulez réellement réussir à bien référencer un site fonctionnant avec WordPress, il est impératif de pou-voir prendre du recul sur le rendu réel que vous voulez donner à votre structure, vos contenus et votre maillage interne.

S'il n'y avait qu'un seul conseil à garder en tête, ce serait le suivant : méfiez-vous de votre CMS, et encore plus de WordPress. Souvenez-vous bien qu'il y aura toujours une différence entre :

- ce que je fais sur WordPress ;
- ce que je veux faire ;
- ce que je crois faire ;
- ce que Google veut ;
- ce que Google voit ;
- ce que Google comprend ;
- ce que je veux faire comprendre à Google, enfin.

J'espère que vous aurez pris plaisir à lire ce livre et que vous aurez compris comment optimiser votre site. N'hésitez pas à suivre nos articles sur www.seomix.fr : nous faisons très souvent paraître de nouveaux tests, guides et tutoriels sur WordPress et sur le réfé-rencement naturel. Consultez aussi le site dédié à cet ouvrage pour retrouver nos codes, nos errata et nos actualités sur www.wp-referencement.fr. Et dans les mois qui viennent, nous publierons par ailleurs notre extension WordPress dédiée à l'audit et à l'optimisa-tion automatique : SEO KEY !

Index

www.ingramcontent.com/pod-product-compliance
Lightning Source LLC
LaVergne TN
LVHW080111070326
832902LV00015B/2531